FallSkript
Arbeitsrecht

2012

W0300201

Günter Marschollek

Vorsitzender Richter am Landesarbeitsgericht

ALPMANN UND SCHMIDT Juristische Lehrgänge Verlagsges. mbH & Co. KG
48149 Münster, Annette-Allee 35, 48001 Postfach 1169, Telefon (0251) 98109-33
AS-Online: www.alpmann-schmidt.de

Liebe Leserin, lieber Leser,

wir sind stets bemüht, unsere Produkte zu verbessern. Fehler lassen sich aber nie ganz ausschließen. Sie helfen uns, wenn Sie uns über Druckfehler in diesem Skript oder anderen Printprodukten unseres Hauses informieren.

E-Mail genügt an „druckfehlerteufel@alpmann-schmidt.de“

Danke
Ihr AS-Autorenteam

Marschollek, Günter

Grundlagen Fälle
Arbeitsrecht

4. Auflage 2012

ISBN: 978-3-86752-231-1

Verlag Alpmann und Schmidt Juristische Lehrgänge
Verlagsgesellschaft mbH & Co. KG, Münster

Benutzerhinweise

Die Skriptenreihe „Grundlagen Fälle" soll den Einstieg bzw. die Wiederholung des jeweiligen Rechtsgebiets anhand von Klausurfällen ermöglichen. Dies resultiert aus der Erkenntnis, dass allein das abstrakte Bearbeiten eines Rechtsgebiets nicht effektiv ist, weil unser Gehirn rein abstraktes Wissen nur unzureichend speichert. Andererseits bestehen Prüfungsaufgaben i.d.R. in dem Lösen von konkreten Fällen. Hier muss dann der Kandidat beweisen, dass er das Erlernte auf den konkreten Fall anwenden kann und die spezifischen Probleme des Falles entdeckt. Ferner muss er zeigen, dass er den Gutachtenstil beherrscht und an den Problemstellen überzeugend argumentieren kann. Während des Studiums besteht die Gefahr, dass man zu abstrakt lernt, sich verzettelt und letztlich gänzlich den Überblick über das wirklich Wichtige verliert.

Nutzen Sie die jahrzehntelange Erfahrung unseres Repetitoriums. Seit über 50 Jahren wenden wir konsequent die Fallmethode an. Denn ein **prüfungsorientiertes Lernen** muss „hart am Fall" ansetzen. Schließlich sollen Sie keine Aufsätze oder Dissertationen schreiben, sondern eine überzeugende Lösung des konkret gestellten Falles abgeben. Da wir nicht nur Skripten herausgeben, sondern in mündlichen Kursen Studenten ausbilden, wissen wir aus der täglichen Praxis, „wo der Schuh drückt".

Wir haben seit Jahrzehnten einen Fernklausurenlehrgang. Hier hat die **Analyse von Tausenden abgegebener Klausurlösungen** gezeigt, welche typischen Fehlerquellen bestehen. Gerade dieser Umstand hat uns bewogen, unsere jahrzehntelange Erfahrung umzusetzen und die vorliegende Skriptenreihe herauszugeben. Wir haben daher insofern eine einzigartige Sammlung von AS-Klausuren zusammengestellt.

Die AS-Klausuren enthalten eine **Fallsammlung von typischen Klausurproblemen**. Die Lösung ist jeweils kompakt und vermeidet – so wie es in einer Klausurlösung auch sein soll – überflüssigen, dogmatischen „Ballast". Die Lösungen sind, wie es gute Klausurlösungen erfordern, komplett durchgegliedert. Sie sind im Gutachtenstil ausformuliert, wobei die unproblematischen Stellen entsprechend kurz ausfallen und ggf. nicht ausformuliert sind, was dann kursiv gedruckt ist. Gleichwohl müssen diese Stellen in einer Klausurlösung ausformuliert werden!

Sie erhalten jeweils Zusatzhinweise zum Standort des Fallproblems sowie zu Quervernetzungen. Ferner haben Sie zu jedem Rechtsgebiet die wichtigsten Aufbauschemata, welche gewährleisten, dass die Falllösung strukturiert erfolgt und kein Problem des Falles übersehen wird. Die Aufbauschemata dienen auch dem besseren Abspeichern und Übertragen auf andere Fälle.

Das Skript soll Ratgeber und Leitfaden für den Aufbau von Klausurlösungen sein. Mithilfe der Aufbauübersichten kann einerseits der typische Fallaufbau nach Anspruchsgrundlagen eingeübt werden. Andererseits wird das Systemverständnis durch ergänzende Übersichten sowie Randtexte mit Tipps und Warnhinweisen gefördert und vertieft.

Zur **Optimierung des Lernerfolgs** mit diesem Skript empfehlen wir Ihnen, zunächst nur den Falltext der Klausur zu lesen und dann erst selbst eine Lösung zu finden. Wenn Sie dann im Anschluss die Lösung im Skript lesen, adaptieren Sie besser die Problemschwerpunkte des Falls.

Die einprägsamen Aufbauschemata ermöglichen es Ihnen dabei, jeweils die gesamte Materie zu erfassen und auf andere Fälle zu übertragen.

Achten Sie auf die Randbemerkungen, welche Ihnen Klausurtipps nicht nur in juristischer, sondern auch in taktischer Hinsicht geben.

Bitte beachten Sie, dass wir hier Klausuranwendung vermitteln. Die Skriptenreihe zu den AS-Klausuren **ersetzt** daher **nicht die Erarbeitung der gesamten Materie** sowie der Struktur des gesamten Rechtsgebiets. Übergreifende Aufbauschemata für das gesamte Zivilrecht finden Sie in unserer Skriptenreihe „Aufbauschemata Zivilrecht/ZPO".

Zur flächendeckenden, anspruchsvollen Vertiefung empfehlen wir unsere bewährten AS-Skripten zu dem jeweiligen Rechtsgebiet, s. unser Verlagsprogramm am Ende dieses Skripts. Zum Arbeitsrecht gibt es die Skripten Arbeitsrecht, 18. Aufl. 2011 und Kollektives Arbeitsrecht, 4. Aufl. 2012. Die Verweise in diesem Skript beziehen sich auf diese Skripten.

Klausurtechnik und -taktik

A. Oberste Klausurregel

„Ruhe bewahren – andere kochen auch nur mit Wasser."

B. Technischer Ablauf:

Der technische Ablauf einer Klausur stellt prinzipiell einen „Vierakter" dar; optimal mit folgendem Ablauf:

1. Akt:	Vollständiges Erfassen des Sachverhalts
2. Akt:	Erstellen einer vollständigen Lösungsskizze (Gliederung)
3. Akt:	Niederschrift des Gutachtens
4. Akt:	Durchlesen der eigenen Lösung u. „Feilen" an der Lösung

C. Die sieben Regeln für eine erfolgreiche Klausurbearbeitung:

I. Sachverhaltsaufbereitung

- Den Sachverhalt sorgfältig mind. **zwei- bis dreimal vollständig lesen**.
- **Sachverhaltsskizze und/oder Zeitstrahl** erstellen.
- Dabei auf gesondertem Blatt die ersten Ideen („§§ ... , konkludente Anfechtung" etc.) notieren.

⇨ **Klausurtipp:** Die ersten Ideen sind häufig die besten!

II. Fragestellung erarbeiten

Fragestellung genau **herausarbeiten und auch beachten**; dabei

- Aufgliederung nach Sachverhaltsteilen, Personen und erfragten Rechtsfolgen.
- Interessengegensätze herausfinden; worum geht es in dem Fall bzw. zwischen den Parteien?
- Dabei W-Fragen beachten:
  Wer-will-was-von wem-weswegen-woraus?

III. Rechtliches Durchdringen des Falles

Die rechtliche Durchdringung des Falles und die Erstellung der Lösungsskizze vollzieht sich in **zwei Phasen:**

1. Brainstorming (Kreative Phase):

- Auffinden und Ordnen der fallverdächtigen Rechtsnormen.
- Alle Gesetze – auch wenn hinlänglich bekannt – lesen, um nichts zu vergessen.

⇨ **Klausurtipp:** Auch immer „zwei §§ davor und zwei dahinter prüfen", was insb. im Arbeitsrecht wegen der Sonderregelungen wichtig ist. Sonst kann u.U. ein falsches Ergebnis herauskommen (vgl. z.B. § 85 SGB IX einerseits und § 90 Abs. 1 SGB IX andererseits)!!!

2. Disziplinierte Prüfung (Arbeitsphase)

- Akribische Prüfung der für lösungsrelevant erkannten Rechtsnormen.

IV. Der Sachverhalt ist mitteilsam und heilig!!!

1. Eine Klausurlösung muss sich ergeben wie eine **„Klickerbahn"**: Ein Teil muss sich aus dem anderen ergeben; wenn es bei der Lösung nicht richtig weitergeht, darf nicht der Sachverhalt dem gewollten Ergebnis angepasst werden, sondern der eigene Lösungsansatz muss überprüft werden.

2. **Ausnahmen:**

   - Im Sachverhalt **nicht genannte Formalien** dürfen als gegeben angenommen werden (z.B. formgerechte Klageerhebung).
   - Bei Lücken im Sachverhalt immer **lebensnahe Auslegung**; aber nur, wenn sie für die Lösung auch wirklich erforderlich ist.
   - An **Rechtsansichten der Beteiligten** ist man nicht gebunden, vielmehr können sie ein Tipp des Klausurstellers, aber auch eine Falle sein.

Es ist aber darauf zumindest kurz einzugehen, damit keine Fragen offen bleiben!

V. Schwerpunktbildung

1. Bereits bei der Erstellung der Gliederung problemorientiert prüfen, **Schwerpunkte bilden** und in der Lösungsskizze kennzeichnen (z.B. durch eine andere Farbe oder mit einem „P").
2. Als abwegig Erkanntes aussortieren!

Merke: Immer kritikfähig in Bezug auf die eigene Lösung bleiben!!!

VI. Prüfungsreihenfolge vom Speziellen zum Besonderen

1. **Prüfungsreihenfolge** im Zivilrecht, wozu auch das Arbeitsrecht als Sonderrecht gehört (sofern nicht durch Fragestellung eingeengt)
   - Primäranspruch vor Sekundäranspruch
   - Vertragliche immer vor gesetzlichen Ansprüchen etc.
2. **Spezialnormen vor Generalnormen** (Gewährleistungsrecht ist bei Sach- oder Rechtsmängeln spezieller und verdrängt den Generaltatbestand des § 280 Abs. 1 BGB.)
3. **Logische Vorränge** beachten
   - Verfahrensrechtliche Vorränge beachten (Zulässigkeit vor Begründetheit einer Klage).
   - Arbeitsrechtliche Sondergesetze schließen die Anwednung der allgemeinen BGB-Vorschriften aus, z.B. Entgeltfortzahlung im Krankheistfall nach dem EFZG, nicht nach § 616 BGB zu beurteilen.
4. **Konkrete Prüfungsaufhänger** suchen

   Keine abstrakten Erörterungen, sondern Probleme stets konkret am Tatbestandsmerkmal erörtern.

VII. Handwerkliches Können bei der Erstellung der Lösung

1. Bei der **Subsumtion** immer den Pendelblick bewahren zwischen der zu prüfenden Norm, der Fragestellung, dem Sachverhalt u. d. Gesetzestext.
2. **Gesetzesnorm genau bezeichnen** (nicht § 8 TzBfG, sondern § 8 Abs. 1 S. 1 TzBfG) und vollständig prüfen.
3. **Reihenfolge:** Definition, dann Subsumtion, dann (Zwischen-)Ergebnis („Somit besteht der Anspruch aus ...").

   Nicht Ergebnis voranstellen, da Urteilsstil („Der Anspruch besteht, denn ...")!
4. **Klare und geraffte Argumentationen** („dafür/dagegen; zu folgen ist")
5. **Meinungsstreite** nur nach vorheriger Herleitung und nur, wenn es für die Falllösung darauf ankommt. Nach der Darstellung der einzelnen Meinung Ergebnis zum konkreten Fall. Bei verschiedenen Ergebnissen: Stellungnahme nicht vergessen!
6. **Tatbestandsmerkmale** können offengelassen werden, wenn ihr Vorliegen problematisch und die Norm wegen eines anderen, gleichrangigen Tatbestandsmerkmals nicht vorliegt.
7. Wichtig: **Gliederungspunkte verwenden**, da nur so dem Prüfer klar wird, dass man die Systematik (z.B. Obervoraussetzung, Untervoraussetzung; Anwendbarkeit – Voraussetzungsseite – Rechtsfolge) beherrscht. Also nicht in „einer Soße" runterschreiben! Hingegen sind Überschriften, z.B. „Tatbestand", „Rechtswidrigkeit" entbehrlich.
8. Bilden Sie **Schwerpunkte**. D.h. ausführliche Argumentation an den „Knackpunkten" des Falles, hingegen Unproblematisches kurz erörtern. (Ausführlich zum Gutachtenstil s. AS-Skript „Methodik der Fallbearbeitung".)

INHALTSVERZEICHNIS

Arbeitnehmerbegriff: Prüfung der Zulässigkeit der Klage vor dem Arbeitsgericht

A. Prozessuale Grundlagen
- Arbeitsgerichtsgesetz (ArbGG) als Sonderregelung
- Zivilprozessordnung (ZPO), § 46 Abs. 2 ArbGG grds. anwendbar
- Gerichtsverfassungsgesetz (GVG)

B. Zulässigkeitsvoraussetzungen

I. Rechtsweg zu den Arbeitsgerichten im Urteilsverfahren, §§ 2, 3 ArbGG – Ausschließliche Zuständigkeit der Arbeitsgerichte

II. Örtliche Zuständigkeit des angerufenen Arbeitsgerichts nach § 46 Abs. 2 ArbGG i.V.m. §§ 12 ff. ZPO nach den Gerichtsständen

III. Parteifähigkeit
- § 46 Abs. 2 ArbGG i.V.m. § 50 ZPO
- grds. nur rechtsfähige Personen/Gesellschaften
- gem. § 50 Abs. 2 ZPO: nichtrechtsfähiger Verein nur passiv parteifähig
- § 10 ArbGG: Gewerkschaften und AG-Vereinigungen generell parteifähig

IV. Prozessvertretung: § 11 ArbGG ersetzt als Sonderregelung § 78 ZPO
- Beachte: gemäß § 12 a ArbGG in 1. Instanz kein Kostenerstattungsanspruch der obsiegenden Partei bzgl. der Rechtsanwaltskosten

V. Ordnungsgemäße Klageerhebung nach § 46 Abs. 2 ArbGG i.V.m. § 253 ZPO – Ggf. Auslegung des Klageantrags

VI. Statthafte Klageart
- **Allgemeine Feststellungsklage i.S.d. § 256 ZPO** beim Streit über das Bestehen/Nichtbestehen eines Arbeitsverhältnisses, wenn keine Sonderregelung eingreift. Das Feststellungsinteresse muss besonders begründet werden.
- **Sonderregelung bei schriftlicher Kündigung** (§ 4 S. 1 KSchG), **Befristung bzw. auflösender Bedingung,** § 17 TzBfG bzw. § 21 TzBfG (vgl. dazu Übersicht auf S. 78). Das Feststellungsinteresse muss nicht besonders begründet werden, weil Klageerhebung wegen Fiktionswirkung des § 7 KSchG erforderlich.
- **Leistungsklage,** insb. bei
  - Klage auf Zahlung der Vergütung einschl. Sonderzuwendungen, Prämien u.s.w. – Antrag auf Zahlung des Bruttobetrages als Regelfall, Anspruch auf Zinsen aus dem Bruttobetrag
  - Klage auf Beschäftigung/Weiterbeschäftigung (vgl. dazu Übersicht auf S. 39)
- Verfolgung mehrerer Ansprüche in einem Verfahren grds. möglich – **Klagehäufung** nach § 46 Abs. 2 ArbGG i.V.m. § 260 ZPO

VII. Gegebenenfalls **sonstige Zulässigkeitsprobleme**. Es gilt über § 46 Abs. 2 ArbGG die ZPO, sodass auch alle allgemeinen Zulässigkeitsvoraussetzungen vorliegen müssen.

C. Begründetheit der Klage

Hängt davon ab, ob dem Kläger der prozessual geltend gemachte Anspruch nach der materiellen Rechtslage zusteht.

Voraussetzungen für das Vorliegen eines wirksamen Arbeitsvertrages

I. Einigung über den Abschluss eines Arbeitsvertrages

- **Privatrechtlicher Vertrag**
  - Hier erfolgt die Abgrenzung zu öffentlich-rechtlichen Rechtsbeziehungen. Keine AN sind demnach Personen, die aufgrund öffentlich-rechtlicher Rechtsbeziehungen (z.B. Beamte, Richter), ausschließlich auf familiärer Basis (z.B. §§ 1353, 1360 BGB) oder aus religiösen Gründen (z.B. Ordensleute) Tätigkeiten erbringen
  - Bedienstete des öffentlichen Dienstes, deren Rechtsbeziehung zu einem Hoheitsträger nicht durch einen Hoheitsakt, sondern durch einen Vertrag begründet werden, sind als Arbeiter und Angestellte im öffentlichen Dienst selbstverständlich Arbeitnehmer.
- **Tätigkeit aufgrund eines Dienstvertrages für einen Anderen**
  - An dieser Stelle erfolgt die Abgrenzung von anderen Vertragstypen, insb. vom Werkvertrag, § 631 BGB (anders als beim Dienstvertrag nicht nur erfolgsorientierte Tätigkeit als solche, sondern der Tätigkeitserfolg geschuldet) und vom Gesellschaftsvertrag (Gesellschafter einer Personengesellschaft und daher Tätigkeit nach § 706 Abs. 3 BGB für sich selbst).
- **Unselbständigkeit der Dienstleistung** (i.d.R das Hauptproblem)
  - Nicht wirtschaftliche, sondern persönliche Abhängigkeit entscheidend
  - **Ausgangspunkt bei der vorzunehmenden Gesamtabwägung der Einzelfallumstände: § 84 Abs. 1 S. 2 HGB**, der insoweit einen allg. Rechtsgedanken enthält. Selbstständig danach, wer im Wesentlichen frei seine Tätigkeit gestalten und seine Arbeitszeit bestimmen kann.
  - Wichtige Indizien für die Arbeitnehmereigenschaft
    - Weisungsbindung bzgl. der Art u. Weise, der Zeit und Dauer sowie des Ortes der Tätigkeit
    - Eingliederung in einen fremden Produktionsbereich bzw. fremdbestimmte Arbeitsorganisation
    - Gesamte Arbeitskraft für fremdnützige Arbeit geschuldet
  - **Eindeutige Zuordnung anhand der o.g. Kriterien nicht möglich**, dann ergänzende Heranziehung nachfolgender Indizien, deren Vorliegen für ein Arbeitsverhältnis (Ausnahme: unternehmerisches Risiko des Dienstverpflichteten), deren Fehlen grds. nicht dagegen spricht: Festes Gehalt, Entgeltfortzahlung im Krankheitsfall, bezahlter Erholungsurlaub, Abführung von Lohnsteuern und Sozialversicherungsbeiträgen, Aushändigung von Arbeitspapieren, Behandlung vergleichbarer Mitarbeiter, Bezeichnung durch Vertragsparteien

II. Wirksamkeit der Einigung

1. **Allgemeine Nichtigkeitsgründe,** §§ 104 ff. BGB. Beim Verstoß gegen Arbeitnehmerschutzgesetze abw. von § 139 BGB keine Gesamtnichtigkeit, bei Vertragsnichtigkeit grds. faktisches Arbeitsverhältnis für die Vergangenheit
2. **Besonderheit bei Anfechtung** nach §§ 119 ff. BGB: Abweichend von § 142 BGB beim Vollzug des Arbeitsverhältnisses grds. nur Wirkung für die Zukunft, faktisches Arbeitsverhältnis für die Vergangenheit
3. **Schriftform nicht erforderlich**, § 2 NachweisG keine Formvorschrift. Bei befristeten AV nur die Befristungsabrede nach § 14 Abs. 4 TzBfG formbedürftig, beim Verstoß dagegen unbefristeter Arbeitsvertrag, § 16 TzBfG
4. **Zustimmung des Betriebsrates nach § 99 BetrVG keine Wirksamkeitsvoraussetzung des Arbeitsvertrages,** nur tatsächliche Beschäftigung unzulässig
5. **Bei Formularverträgen AGB-Kontrolle** nach §§ 305 ff. BGB, Inhaltskontrolle nach §§ 307 ff. BGB nur unter Berücksichtigung arbeitsrechtlicher Besonderheiten

1. Teil: Anwendungsbereich und Grundbegriffe des Arbeitsrechts

Fall 1: Rechtsweg beim Ein-Euro-Job

A, der arbeitsuchend ist und Leistungen nach dem SGB II erhält, schloss am 05.02. mit dem gemeinnützigen Verein V eine schriftliche Vereinbarung über eine Beschäftigung als sog. Ein-Euro-Jobber im Rahmen der Maßnahme „Geschichtswerkstatt". Als Mehraufwandsentschädigung war 1,50 € pro Stunde vorgesehen. Außerdem regelte die Vereinbarung eine wöchentliche Beschäftigungszeit von 30 Stunden, Urlaubsansprüche und Verpflichtungen des A bei Verhinderung. Am 10.02. schloss A mit dem zuständigen Job-Center eine Eingliederungsvereinbarung über die öffentlich geförderte Beschäftigung bei V ab. Nachdem es in der Folgezeit zwischen dem Vorsitzenden des V und A zu Differenzen gekommen war, erklärte V mit Schreiben vom 23.02., das von dem Vorstandsvorsitzenden eigenhändig unterschrieben und dem A am selben Tag zugestellt wurde, dass die Teilnahme des A an der Maßnahme mit sofortiger Wirkung beendet sei. A erhebt daraufhin am 26.02. beim örtlich zuständigen Arbeitsgericht Klage auf Feststellung der Unwirksamkeit der fristlosen Kündigung des Arbeitsverhältnisses. Wie wird das Arbeitsgericht entscheiden?

Das Arbeitsgericht wird der Klage stattgeben, wenn sie zulässig und begründet ist.

A. Zulässigkeit der Kündigungsschutzklage

I. Zulässigkeit d. Rechtsweges zu den Arbeitsgerichten nach § 2 ArbGG

Die Arbeitsgerichte sind u.a. nach § 2 Abs. 1 Nr. 3 b ArbGG ausschließlich zuständig für Streitigkeiten über das Bestehen oder Nichtbestehen eines Arbeitsverhältnisses. Da A die Unwirksamkeit der fristlosen Kündigung „seines" Arbeitsverhältnisses geltend macht, sich also darauf beruft, dass zwischen ihm und V ein Arbeitsverhältnis besteht, sind die den Rechtsweg begründenden Tatsachen dieselben, die auch den materiellen Anspruch begründen (sog. sic-non-Fall). Für die Begründung der Zuständigkeit des Arbeitsgerichts genügt daher in solchen Fällen die bloße Behauptung des A, dass er Arbeitnehmer des V sei. Ob das behauptete Arbeitsverhältnis tatsächlich vorliegt, wird erst im Rahmen der Begründetheit der Klage geprüft. Etwas anderes gilt nur dann, wenn nach der Klagebegründung ein Fall des § 5 Abs. 1 S. 3 ArbGG vorliegt, also ein Organvertreter eine Kündigungsschutzklage wegen der Kündigung des der Organbestellung zugrunde liegenden Anstellungsvertrages erhebt, weil in diesen Fällen die Arbeitsgerichte nicht zuständig sind, ohne dass es auf die Rechtsnatur des Vertragsverhältnisses ankommt.[1]

II. Das für jede Feststellungsklage nach § 256 ZPO erforderliche Feststellungsinteresse ist schon deshalb gegeben, weil die Erhebung der Kündi-

1 Vgl. BAG, Beschl. v. 23.08.2011 – 10 AZB 51/10, DB 2011, 2386 und zur Zuständigkeit des Arbeitsgerichts bei Klagen gegen die Kündigung eines neben dem Anstellungsvertrag bestehenden Arbeitsverhältnisses auch AS-Skript Arbeitsrecht, 18. Aufl., 2011, Rdnr. 42.

gungsschutzklage nach § 4 KSchG erforderlich ist, um den Eintritt der Fiktion der Wirksamkeit der Kündigung nach § 7 KSchG zu verhindern.

III. Da A die Kündigungsschutzklage am 26.02., also bereits drei Tage nach Zugang des Schreibens vom 23.02. erhoben hat, ist die 3-wöchige Klagefrist des § 4 S. 1 KSchG gewahrt. Es kann deshalb vorliegend offen bleiben, ob die Einhaltung der Klagefrist des § 4 S. 1 KSchG eine Zulässigkeitsvoraussetzung oder entsprechend der ganz h.M. eine Begründetheitsvoraussetzung der Kündigungsschutzklage ist.[2]

IV. A konnte gemäß § 11 ArbGG die Kündigungsschutzklage selbst bei dem nach dem Sachverhalt örtlich zuständigen Arbeitsgericht erheben.

V. Ergebnis zu A.: Die Kündigungsschutzklage ist zulässig.

B. Begründetheit der Kündigungsschutzklage

Die Kündigungsschutzklage ist nur dann begründet, wenn zwischen A und V ein Arbeitsverhältnis bestand, das nicht durch eine fristlose Kündigung vom 23.02. beendet worden ist.

I. Zwischen A und V müsste also ein Arbeitsverhältnis bestanden haben, was voraussetzt, dass A Arbeitnehmer des V war.

1. Eine gesetzliche Definition des Arbeitnehmerbegriffs fehlt zwar, Einigkeit besteht jedoch weitgehend darüber, dass Arbeitnehmer derjenige ist, der aufgrund eines privatrechtlichen Vertrages für einen anderen (in der Regel) gegen Entgelt unselbstständige Dienste leistet.[3]

2. Zwischen A und V müsste ein privatrechtlicher Vertrag vorliegen.

A war zwar für den V wegen der am 05.02. abgeschlossenen Vereinbarung tätig. Die rechtliche Grundlage der Tätigkeit des A war jedoch nicht ein privatrechtlicher Vertrag zwischen A und V, sondern die Eingliederungsvereinbarung zwischen A und der zuständigen Job-Agentur nach §§ 15, 16 Abs. 3 S. 2 SGB II, auf die die Vereinbarung vom 05.02. abstellte. Bei dieser Eingliederungsvereinbarung handelt es sich um ein öffentlich-rechtliches Rechtsverhältnis mit der Folge, dass zwischen V und A kein Arbeitsverhältnis bestand. Etwas anderes ergibt sich auch nicht bei einer möglichen Überschreitung der Zulässigkeitsschranken für Arbeitsangelegenheiten mit Mehraufwandsentschädigung nach § 16 Abs. 3 SGB II, weil die Überschreitung der Zulässigkeitsschranken allenfalls zur Rechtswidrigkeit des öffentlich-rechtlichen Rechtsverhältnisses, nicht dagegen zur Entstehung eines privatrechtlichen Vertrages zwischen V und A führt.[4]

II. Da zwischen den Parteien bereits kein Arbeitsverhältnis besteht, was zwingende Voraussetzung für den Erfolg der Kündigungsschutzklage ist, ist die vom A erhobene Kündigungsschutzklage schon aus diesem Grund unbegründet. Auf das Vorliegen eines wichtigen Kündigungsgrundes i.S.d. § 626 BGB kommt es nicht an.

III. Ergebnis zu B.: Die Kündigungsschutzklage ist unbegründet.

---

2 Vgl. dazu Gemeinschaftskommentar zum Kündigungsschutzrecht, 9. Aufl. 2009 = KR/Friedrich § 4 KSchG Rdnr. 217 ff., auch zu praktischen Konsequenzen des Meinungsstreits.

3 Vgl. ausführlich zum Arbeitnehmerbegriff AS-Skript Arbeitsrecht, Rdnr. 9 ff.

4 BAG, Urt. v. 26.09.2007 – 5 AZR 857/06, NZA 2007, 1422.

Fall 2: Arbeitnehmerbegriff

A ist Lehrerin und erteilt als „freie Mitarbeiterin" seit Jahren an der Volkshochschule der Stadt S Unterricht in Deutschkursen für Aussiedler und Asylberechtigte. A verdiente zuletzt im Durchschnitt 1.600 € pro Monat bei einer Vergütung pro Unterrichtsstunde zwischen 18 und 20 €. Schriftliche Verträge existieren nicht. Die inhaltliche Ausgestaltung der Kurse richtete sich nach dem „Lehrplan/Stoffverteilungsplan" für Deutsch-Sprachlehrgänge, der von der Bundesagentur für Arbeit, die die Kurse finanzierte, genehmigt wurde. Die im Unterricht verwendeten Lehrbücher wurden von den Lehrkräften ausgesucht, die während der Kurse Tests vornahmen und eine Abschlussprüfung durchzuführen hatten. Der Unterricht fand montags bis freitags zwischen 8.00 und 15.00 Uhr statt, wobei die Zuteilung der Kurse nach Absprache unter den Lehrkräften erfolgte. Die Vergütung der A richtete sich nach den tatsächlich geleisteten Stunden. A war verpflichtet, an den wöchentlichen Konferenzen der Lehrkräfte teilzunehmen, bei denen der Unterrichtsverlauf abgestimmt wurde. Außerdem musste A ein Klassenbuch führen, in dem die Unterrichtsinhalte nach einem vorgegebenen Dokumentationsschlüssel und die Fehlzeiten der Kursteilnehmer sowie deren Ursache festgehalten wurden. Die Vertretung bei Verhinderung eines Lehrers wurde intern geregelt, ohne dass die S über die einzelnen Abwesenheitszeiten informiert wurde. Die Vergütung in den Vertretungsfällen erhielt die jeweilige Vertretungskraft. Nachdem der Vertreter der S A in einem persönlichen Gespräch mitgeteilt hatte, dass beabsichtigt sei, künftig auf ihre Tätigkeit zu verzichten, erhob A beim Arbeitsgericht Klage auf Feststellung des Bestehens eines Arbeitsverhältnisses mit S. Ist die Klage begründet?

Die Klage ist begründet, wenn zwischen A und S ein Arbeitsverhältnis besteht.

I. Ein Arbeitsverhältnis wird durch einen Arbeitsvertrag begründet, sodass A Arbeitnehmerin der S sein müsste.

Arbeitnehmer ist, wer aufgrund eines privatrechtlichen Vertrages für einen anderen (i.d.R) gegen Entgelt unselbstständige Dienste leistet.[5]

1. Privatrechtlicher Vertrag

A und die Stadt S waren sich darüber einig, dass A den Deutschunterricht auf privatrechtlicher Basis gegen Entgelt erteilen sollte, was ausreichend ist. Die Tatsache, dass keine schriftliche Vereinbarung vorliegt, ist unerheblich, weil für den Abschluss eines Arbeitsvertrages keine bestimmte Form vorgeschrieben ist.

2. Dienstleistung für einen anderen

a) Bei einem Arbeitsvertrag handelt es sich um einen Sonderfall des Dienstvertrages i.S.d. § 611 BGB. Die Annahme der Arbeitnehmereigenschaft der A setzt deshalb zwingend die Verpflichtung zur Erbringung einer Dienstleistung i.S.d. § 611 BGB voraus.

---

5 Vgl. ausführlich zum Arbeitnehmerbegriff AS-Skript Arbeitsrecht, Rdnr. 9 ff.

b) Nach dem Inhalt der getroffenen Vereinbarung war A verpflichtet, den Kursteilnehmern Deutschunterricht zu erteilen, um deren Deutschkenntnisse zu verbessern. A schuldete dabei nicht einen bestimmten Tätigkeitserfolg, sondern lediglich eine erfolgsorientierte Tätigkeit, sodass ein Dienstvertrag i.S.d. § 611 BGB vorliegt.

3. Da A die Dienstleistung gegen Entgelt schuldete, kann offen bleiben, ob die Entgeltlichkeit der Dienstleistung eine zwingende Voraussetzung der Arbeitnehmereigenschaft ist.[6]

4. Unselbstständigkeit der Dienstleistung

a) Bei den Dienstleistungen i.S.d. § 611 BGB kann es sich um selbstständige oder um unselbstständige Dienstleistungen handeln, sodass eine Abgrenzung zwischen einem Selbstständigen und einem Arbeitnehmer vorzunehmen ist. Maßgeblich für die Abgrenzung ist dabei nicht die wirtschaftliche, sondern die persönliche Abhängigkeit des Dienstleistenden.

Das Merkmal der persönlichen Abhängigkeit ist regelmäßig der Schwerpunkt der Prüfung der Arbeitnehmereigenschaft. Die Einzelfallumstände (Indizien), die in die Gesamtbetrachtung einzubeziehen sind, sind daher sorgfältig herauszuarbeiten und zu gewichten, weil bei der Abgrenzung nicht jedem Indiz die gleiche Bedeutung zukommt.

b) Für die **Abgrenzung Arbeitnehmer/Selbstständiger** gibt es keine abstrakten Abgrenzungskriterien. Entscheidend ist vielmehr, ob aufgrund einer Gesamtbetrachtung der Einzelfallumstände von persönlicher Abhängigkeit des Dienstleistenden auszugehen ist. Maßgeblich sind dabei die objektiven Vertragsumstände, sodass der rechtlichen Qualifizierung des Vertrages durch die Parteien grds. keine Bedeutung zukommt. **Ausgangspunkt für die Prüfung der persönlichen Abhängigkeit ist** dabei **§ 84 Abs. 1 S. 2 HGB**, wonach selbstständig ist, wer im Wesentlichen frei seine Tätigkeit gestalten und seine Arbeitszeit bestimmen kann.[7]

A war zwar nach dem Inhalt der getroffenen Vereinbarung verpflichtet, an den wöchentlichen Konferenzen der Lehrkräfte teilzunehmen, ein Klassenbuch zu führen, in dem die Unterrichtsinhalte und die Fehlzeiten der Kursteilnehmer festgehalten wurden und die Vorgaben des „Lehrplanes/Stoffverteilungsplanes" zu berücksichtigen. Hierbei handelt es sich aber im Wesentlichen nur um allgemeine Vorgaben, die der Sicherstellung eines ordnungsgemäßen Unterrichtsablaufs dienen sollten. Bei der Gestaltung des Unterrichts selbst war dagegen A im Wesentlichen frei. A war auch nicht hinsichtlich der Gestaltung der Arbeitszeit an konkrete Weisung der S gebunden, sondern konnte frei nach Absprache mit den anderen Lehrkräften darüber entscheiden, ob und wann sie Unterricht erteilen wollte. Die Tatsache, dass A den Unterricht in den Räumlichkeiten der Volkshochschule zu erteilen hatte, spricht auch nicht zwingend für eine Eingliederung in eine fremdbestimmte Arbeitsorganisation, weil sich dieser Dienstort aus der eigenen Art der geschuldeten Tätigkeit ergab. Die Gesamtschau der Umstände ergibt, dass A nicht wie eine Lehrkraft an allgemeinbildenden Schulen in den Schulbetrieb der S eingegliedert und eingebunden war. Sie war vielmehr in der Arbeits- und Unterrichtsgestaltung im Wesentlichen frei und hatte nur äußere Rahmenbedingungen zu beachten. A ist deshalb keine Arbeitnehmerin.

II. Ergebnis: Die Klage ist unbegründet, weil zwischen A und S kein Arbeitsverhältnis besteht.

---

6 Dagegen die ganz h.M.; Meinungsübersicht bei AS-Skript Arbeitsrecht, Rdnr. 14.

7 BAG, Urt. v. 20.01.2010 – 5 AZR 99/09, DB 2010, 788.

Fall 3: Arbeitnehmerähnliche Personen

Die Schreibkraft S, die ihr eigenes Schreibbüro betreibt, wird seit Jahren vom Rechtsanwalt R regelmäßig mit dem Anfertigen von Schriftsätzen beauftragt, die sie zu Hause erstellt und entsprechend der getroffenen Rahmenvereinbarung auf Stundenbasis abrechnet. Der durchschnittliche Verdienst, den S bei R erzielt, beträgt ca. 850 € pro Monat. Darüber hinaus ist S auch für andere Auftraggeber auf der gleichen Basis tätig und verdient dabei im Durchschnitt ca. 350 € pro Monat. Nachdem S auf einer Feier einen Jurastudenten kennen gelernt hat, verlangt sie nunmehr vom R Gewährung bezahlten Erholungsurlaubs von 24 Werktagen im Jahr. Zu Recht?

I. Kein Urlaubsanspruch aufgrund einer besonderen Urlaubsvereinbarung

II. Anspruch auf Gewährung von Erholungsurlaub aus § 3 BUrlG?

1. Nach §§ 1, 3 Abs. 1 BUrlG hat jeder Arbeitnehmer einen Anspruch auf bezahlten Erholungsurlaub, der jährlich mindestens 24 Werktage beträgt.

2. Fraglich ist, ob S Arbeitnehmerin des R i.S.d. BUrlG ist.

a) Nach § 2 S. 1 BUrlG sind Arbeitnehmer i.S.d. Gesetzes Arbeiter und Angestellte sowie die zu ihrer Berufsausbildung Beschäftigten. Darüber hinaus gelten nach § 2 S. 2 BUrlG als Arbeitnehmer auch Personen, die wegen ihrer wirtschaftlichen Unselbstständigkeit als arbeitnehmerähnliche Personen anzusehen sind.

Bei der Prüfung des Rechtsweges im Rahmen der Zulässigkeit der Klage kann offen gelassen werden, ob es sich bei dem Kläger um einen Arbeitnehmer i.S.d. § 5 Abs. 1 S. 1 ArbGG oder eine arbeitnehmerähnliche Person handelt, weil diese Personen nach § 5 Abs. 1 S. 2 ArbGG als Arbeitnehmer gelten. Der Rechtsweg zu den Arbeitsgerichten ist daher für beide Personengruppen eröffnet. Die Abgrenzung Arbeitnehmer/arbeitnehmerähnliche Person ist bei der Prüfung der Begründetheit vorzunehmen, wenn die Rechtsfolge (z.B. Unwirksamkeit einer Kündigung nach § 1 KSchG) nur von einem Arbeitnehmer geltend gemacht werden kann.

b) S erbringt aufgrund eines privatrechtlichen Vertrages Schreibarbeiten für den R. Ob es sich bei den Schreibarbeiten um unselbstständige Dienstleistungen handelt mit der Folge, dass S Arbeitnehmerin des R ist, was nach der Vertragsgestaltung zweifelhaft ist, oder ob S lediglich Werkleistungen erbringt mit der Folge, dass sie jedenfalls aus diesem Grunde keine Arbeitnehmerin des R ist, kann offen bleiben, wenn S jedenfalls arbeitnehmerähnliche Person i.S.d. § 2 S. 2 BUrlG ist.

aa) Arbeitnehmerähnliche Personen i.S.d. § 2 S. 2 BUrlG sind solche Dienst- oder Werkleistende, die von ihrem Auftraggeber wirtschaftlich abhängig und auch der gesamten sozialen Stellung nach einem Arbeitnehmer vergleichbar sozial schutzwürdig sind. Die wirtschaftliche Abhängigkeit genügt also allein noch nicht.[8] Es ist zwar nicht erforderlich, dass sie nur für einen Auftraggeber tätig sind, das Schwergewicht der wirtschaftlichen Tätigkeit muss jedoch bei der Leistung für einen Auftraggeber liegen.[9] In diesem Verhältnis sind sie dann arbeitnehmerähnliche Personen.

bb) S ist zwar auch für andere Auftraggeber tätig, das Schwergewicht ihrer Schreibtätigkeit, mit der sie ihren Lebensunterhalt verdient, liegt aber bei den Leistungen für R, für den sie aufgrund eines Dienst- oder Werkvertrages tätig ist und bei dem sie fast 70% ihrer Einnahmen erzielt. S ist damit im Verhältnis zum R arbeitnehmerähnliche Person i.S.d. § 2 S. 2 BUrlG.

III. Ergebnis: S hat gegen den R einen Anspruch auf Gewährung bezahlten Erholungsurlaubs für die Dauer von 24 Werktagen im Jahr.

---

8 Vgl. BAG, Beschl. v. 21.12.2010 – 10 AZB 14/10, NZA 2011, 309.

9 Vgl. zu arbeitnehmerähnlichen Personen AS-Skript Arbeitsrecht, Rdnr. 31 ff.

Rechtsquellen des Arbeitsrechts und die Lösung der Rechtsquellenkonkurrenzen

I. Rangfolge der arbeitsrechtlichen Rechtsquellen

- EG-Recht
- Verfassung
- Zwingendes Gesetzesrecht
- Tarifvertrag
- Tarifdispositives Gesetzesrecht, d.h. Gesetze, die Abweichungen zum Nachteil der Arbeitnehmer durch einen Tarifvertrag, nicht aber durch den Arbeitsvertrag zulassen, z.B. § 13 Abs. 1 S. 1 BUrlG
- Betriebsvereinbarung (Privatwirtschaft) und Dienstvereinbarung (öffentlicher Dienst)
- Arbeitsvertrag ergänzt durch:
  - Allgemeine Arbeitsbedingungen (Kontrolle nach §§ 305 ff. BGB)
  - Betriebliche Übung und Gesamtzusagen
  - Arbeitsrechtlichen Gleichbehandlungsgrundsatz
- Dispositives Gesetzesrecht, d.h. Gesetze, die eine Abweichung zum Nachteil der Arbeitnehmer auch in einem Arbeitsvertrag grds. zulassen, z.B. §§ 615, 616 BGB. Bei Formulararbeitsverträgen: Kontrolle nach §§ 305 ff. BGB, sonst nur Generalklauseln der §§ 138, 242 BGB
- Direktionsrecht, § 106 GewO, das keine Rechtsquelle im Rechtssinne ist, weil es sich dabei um eine einseitige Befugnis des AG handelt
  - Anmerkung zum Richterrecht: Das Richterrecht stellt nach h.L. keine eigenständige Rechtsquelle dar, weil durch Gerichtsurteile keine bindenden Rechtsnormen geschaffen werden. Es spielt aber im Arbeitsrecht eine sehr wichtige Rolle (Gamillscheg: „Das Richterrecht ist unser Schicksal") und hat jedenfalls faktische Bindungswirkung. Beispiele für richterliche Rechtsfortbildung: Grundsätze zum innerbetrieblichen Schadensausgleich, Arbeitskampfrecht, Betriebsrisikolehre

II. Lösung der Rechtsquellenkonkurrenzen

1. Konkurrenz der Rechtsquellen auf verschiedenen Rangstufen:

- **Grundsatz: Rangprinzip**, d.h. die ranghöhere Rechtsquelle geht der rangniedrigeren Rechtsquelle vor. Ausnahme: Regelungssperre des § 77 Abs. 3 BetrVG
- **Ausnahme: Günstigkeitsprinzip**, d.h. die rangniedrigere Rechtsquelle geht der ranghöheren Rechtsquelle vor, wenn sie für den Arbeitnehmer günstiger ist, vgl. auch § 4 Abs. 3 TVG

2. Konkurrenz der Rechtsquellen auf derselben Rangstufe:

a) **Spezialitätsgrundsatz**, d.h. die speziellere Rechtsquelle (Regelung) geht der allgemeinen Rechtsquelle vor. Beispiel: Der Firmentarifvertrag geht dem Verbandstarifvertrag vor.

b) **Ordnungsprinzip** (Ablösungsprinzip), d.h. die neuere Rechtsquelle geht der älteren Rechtsquelle vor, sie löst sie also ab.

c) **Kein Raum für die Anwendung des Günstigkeitsprinzips** bei Rechtsquellenkonkurrenz auf derselben Stufe

2. Teil: Die Rechtsquellen des Arbeitsrechts und die Lösung der Rechtsquellenkonkurrenz

Fall 4: Anwendbare Rechtsquelle

Das Gewerkschaftsmitglied A ist seit Firmengründung bei U beschäftigt, der Mitglied des zuständigen Arbeitgeberverbandes ist. Der schriftliche Arbeitsvertrag sieht u.a. eine jährliche Sonderzuwendung in Höhe von 75% des Monatsbruttoeinkommens vor. Im Betrieb des U existiert eine Betriebsvereinbarung, nach der nach 20-jähriger Betriebszugehörigkeit ein Anspruch auf eine jährliche Sonderzuwendung in Höhe von 150% des Monatsbruttoeinkommens besteht. Diese Betriebsvereinbarung, die kurz nach Gründung des Betriebes des U vor 23 Jahren geschlossen wurde, kam bisher nie zum Tragen und geriet in Vergessenheit. Nach dem einschlägigen Manteltarifvertrag (MTV) beträgt die jährliche Sonderzuwendung 100% des Jahreseinkommens. Nachdem U vor drei Jahren in wirtschaftliche Schwierigkeiten geraten war, schloss er mit der zuständigen Gewerkschaft G einen Firmentarifvertrag (FirmenTV) ab, der eine Sonderzuwendung von lediglich 50% des Monatsbruttoeinkommens vorsieht. Welcher Sonderzuwendungsanspruch steht dem A zu?

Die Höhe des Sonderzuwendungsanspruchs des A hängt davon ab, welche arbeitsrechtliche Rechtsquelle für seinen Sonderzuwendungsanspruch maßgeblich ist.

I. Da der höchste Sonderzuwendungsanspruch nach der Betriebsvereinbarung besteht, ist fraglich, ob diese Rechtsquelle maßgeblich ist.

1. Bei **Konkurrenzen arbeitsrechtlicher Rechtsquellen auf verschiedenen Stufen** gilt das sog. **Rangprinzip**. Danach geht die ranghöhere der rangniedrigeren Rechtsquelle grundsätzlich vor. Eine rangniedrigere Rechtsquelle geht ausnahmsweise dann der ranghöheren vor, wenn sie eine für den Arbeitnehmer günstigere Rechtsfolge vorsieht. In diesem Fall gilt das **Günstigkeitsprinzip** (vgl. auch § 4 Abs. 3 TVG).

2. Da jährliche Sonderzuwendungen im EG-Recht, der Verfassung und arbeitsrechtlichen Gesetzen als den in dieser Rangfolge höchsten arbeitsrechtlichen Rechtsquellen nicht geregelt sind, könnte sich der Sonderzuwendungsanspruch aus der Betriebsvereinbarung ergeben. Diese ist zwar rangniedriger als der Tarifvertrag, enthält aber vorliegend für A die günstigste Regelung.

Beachte: Adressat der Grundrechte ist grds. nur der Staat, sodass sie im Verhältnis Arbeitgeber/Arbeitnehmer nur mittelbar bei der Anwendung und Auslegung von Generalklauseln (z.B. § 138 BGB) oder sonstigen unbestimmten Rechtsbegriffen (z.B. wichtiger Grund i.S.d. § 626 BGB) zu berücksichtigen sind.

Nach § 77 Abs. 3 BetrVG dürfen aber Arbeitsentgelte und sonstige Arbeitsbedingungen, die Gegenstand eines Tarifvertrages sind oder üblicherweise tariflich geregelt werden nicht Gegenstand einer Betriebsvereinbarung sein. Da die Sonderzuwendung vorliegend in einem Tarifvertrag geregelt ist, der aufgrund beiderseitiger Verbandszugehörigkeit auf das Arbeitsverhältnis zwischen den Parteien nach § 3 Abs. 1 TVG anwendbar ist, verstößt die vorliegende Betriebsvereinbarung gegen die zugunsten der Tarifautonomie bestehende Regelungssperre des § 77 Abs. 3 BetrVG und ist deshalb wegen Verstoßes gegen ein gesetzliches Verbot nach § 134 BGB nichtig. Die Tatsache, dass die Betriebsvereinbarung günstiger als der Tarifvertrag ist, ist unerheblich, weil für das Günstigkeitsprinzip im Anwendungsbereich der Regelungssperre des § 77 Abs. 3 BetrVG kein Raum ist.[10] Die Betriebsvereinbarung scheidet demnach als Anspruchsgrundlage für den Sonderzuwendungsanspruch des A aus.

II. Dem A könnte ein Anspruch auf Zahlung einer Sonderzuwendung in Höhe von 100% des Monatsbruttoeinkommens aus dem MTV zustehen.

1. Der MTV gilt wegen der beiderseitigen Tarifbindung von A und U nach § 3 Abs. 1 TVG gemäß § 4 Abs. 1 TVG unmittelbar und zwingend.

2. Im Verhältnis zu dem FirmenTV enthält zwar der MTV die günstigere Regelung, weil er einen Sonderzuwendungsanspruch in Höhe eines Monatsbruttoeinkommens vorsieht, während der Sonderzuwendungsanspruch nach dem FirmenTV nur 50% des Monatsbruttoeinkommens beträgt. Die konkurrierenden Tarifverträge stehen aber auf derselben Rangstufe. Bei **Konkurrenzen von Rechtsquellen auf derselben Stufe gelten das Spezialitäts- und Ablösungsprinzip** (auch Ordnungsprinzip bzw. Zeitkollisionsregel genannt). Danach geht die neuere der älteren und die speziellere der allgemeinen Regelung vor. **Für die Anwendung des Günstigkeitsprinzips** ist bei Rechtsquellenkonkurrenzen auf derselben Rangstufe dagegen **kein Raum.**[11] Nach dem vorliegend eingreifenden Spezialitätsprinzip verdrängt der speziellere FirmenTV den allgemeinen MTV, auch wenn er für die Arbeitnehmer ungünstiger ist. Der MTV scheidet demnach als Anspruchsgrundlage für die Sonderzuwendung ebenfalls aus.

III. Der Sonderzuwendungsanspruch des A könnte sich aus dem FirmenTV ergeben.

Der FirmenTV ist zwar ranghöher als der Arbeitsvertrag. Der Arbeitsvertrag ist aber für A günstiger als der FirmenTV, weil er eine Sonderzuwendung in Höhe von 75% des Monatsbruttoeinkommens vorsieht. Der Arbeitsvertrag geht daher als die günstigere Regelung dem FirmenTV nach § 4 Abs. 3 TVG, der eine gesetzliche Anerkennung des Günstigkeitsprinzips enthält, vor. Die Tatsache, dass der FirmenTV viel später als der Arbeitsvertrag geschlossen wurde, ist unerheblich, weil das Ablösungsprinzip (Ordnungsprinzip bzw. Zeitkollisionsregel) beim Konkurrenzverhältnis auf verschiedenen Rangstufen nur dann zu einer Ablösung des günstigeren Arbeitsvertrages führt, wenn im Arbeitsvertrag ein entsprechender Änderungsvorbehalt enthalten ist. Fehlt – wie hier – ein solcher Änderungsvorbehalt im Arbeitsvertrag, verbleibt es bei dem Günstigkeitsprinzip.

IV. Ergebnis: A steht nach dem Arbeitsvertrag ein Anspruch auf eine jährliche Sonderzuwendung in Höhe von 75% des Monatsbruttoeinkommens zu.

---

10 Vgl. zur Regelungssperre des § 77 Abs. 3 BetrVG AS-Skript Arbeitsrecht, Rdnr. 130 ff.

11 Vgl. BAG, Urt. v. 07.06.2011 – 1 AZR 34/10, NZA 2011, 1370.

Fall 5: Arbeitsvertragliche Bezugnahme auf Tarifverträge

A ist seit dem 01.01.2009 im Metallbetrieb des U beschäftigt, der Mitglied des zuständigen Arbeitgeberverbandes war. Der schriftliche Formularvertrag des A, der nicht Gewerkschaftsmitglied ist, beinhaltet u.a. die Regelung, dass auf das Arbeitsverhältnis die Tarifverträge für die Metallindustrie in der jeweiligen Fassung anwendbar sind, soweit der Arbeitsvertrag selbst keine abweichende Regelung enthält. In der Folgezeit trat U mit Wirkung zum 31.12.2011 aus dem Arbeitgeberverband aus. Anfang Januar 2012 vereinbarten die Tarifvertragsparteien aufgrund einer Änderung des Lohntarifvertrages eine Tariflohnerhöhung mit Wirkung zum 01.01.2012. U lehnte die Zahlung der Tariflohnerhöhung unter Hinweis auf seine fehlende Verbandsmitgliedschaft im Zeitpunkt der Änderung des LohnTV ab. A ist der Ansicht, dass U jedenfalls aufgrund der Verweisung auf die „Tarifverträge in der jeweiligen Fassung" zur Zahlung der Tariflohnerhöhung verpflichtet ist. Hat A einen Anspruch auf die Tariflohnerhöhung ab dem 01.01.2012?

I. Ein nach § 4 Abs. 1 TVG tariflich zwingender Anspruch auf Gewährung der Tariflohnerhöhung aus dem Arbeitsvertrag i.V.m. dem geänderten LohnTV scheidet aus, weil **keine beiderseitige Tarifbindung i.S.d. § 3 Abs. 1 TVG** vorliegt und der **LohnTV** mangels entsprechender Angabe im Sachverhalt **nicht allgemein verbindlich nach § 5 TVG** ist.

II. Dem A könnte aber ein **Anspruch** auf Gewährung der Tariflohnerhöhung **aus dem Arbeitsvertrag i.V.m. dem geänderten LohnTV aufgrund der einzelvertraglichen Bezugnahme „auf die Tarifverträge in der jeweiligen Fassung"** zustehen.

Bei TV, die aufgrund beiderseitiger TV-Bindung nach § 3 Abs. 1 TVG bzw. bei Allgemeinverbindlichkeit des TV nach § 5 TVG gem. § 4 Abs. 1 TVG zwingend gelten, sind Abweichungen zulasten des AN nach § 4 Abs. 3 TVG unzulässig. Bei der bloßen einzelvertraglichen Bezugnahme besteht diese zwingende Wirkung nicht, sodass Abweichungen zulasten der AN („soweit nicht anderes vereinbart, gilt der TV") grds. zulässig sind. In diesen Fällen kommt aber eine Inhaltskontrolle nach §§ 307 ff. BGB in Betracht.

1. Da nach dem **Wortlaut des Formulararbeitsvertrages** „die Tarifverträge in der jeweiligen Fassung" ohne Rücksicht auf die Tarifbindung des U gelten sollen, steht A der Anspruch auf die Tariflohnerhöhung ab dem 01.01.2012 zu, wenn für den Inhalt der einzelvertraglichen Bezugnahme der Wortlaut der einzelvertraglichen Bezugnahmeklausel maßgeblich ist.

2. Bedenken dagegen könnten aber deshalb bestehen, weil der tarifgebundene U mit der formularmäßigen Bezugnahme auf die Tarifverträge in der jeweiligen Fassung mangels gegenteiliger Anhaltspunkte eine Gleichstellung der nicht gewerkschaftlich organisierten Arbeitnehmer mit den bei ihm beschäftigten Gewerkschaftsmitgliedern bezweckt hat, auf deren Arbeitsverhältnisse die jeweiligen Tarifverträge aufgrund der beiderseitigen Tarifgebundenheit nach § 3 Abs. 1 TVG anwendbar waren. Da für den Arbeitgeber beim Abschluss der Arbeitsverträge nicht erkennbar ist, welche Arbeitnehmer Gewerkschaftsmitglieder sind und die Frage nach der Gewerkschaftsmitgliedschaft grds. unzulässig ist, könnte die Bezugnahme nach ihren **Sinn und Zweck** so zu verstehen sein, dass sie nur die möglicherweise fehlende Tarifbindung des Arbeitnehmers ersetzen sollte, d.h. ihn mit den tarifgebundenen Arbeitnehmern gleichstellen sollte. Eine solche, nicht primär auf den Wortlaut des Arbeitsvertrages, sondern auf den Sinn und Zweck der einzelvertraglichen Bezugnahme abstellende Auslegung war nach der bisher h.M., insb. der Rspr. des BAG vorzunehmen.[12]

12 BAG, Urt. v. 14.12.2005 – 4 AZR 536/04, NZA 2006, 607 mit Meinungsübersicht.

Da die tarifgebundenen Arbeitnehmer nach einem Verbandsaustritt des Arbeitgebers mangels beiderseitiger Tarifbindung nach § 3 Abs. 1 TVG keinen Anspruch auf Tariflohnerhöhung aufgrund der danach abgeschlossenen Tarifverträge haben, steht A bei Auslegung der formularmäßigen Bezugnahmeklausel als sog. Gleichstellungsabrede kein Anspruch auf die Tariflohnerhöhung ab dem 01.01.2012 mehr zu.

3. Dieser Ansicht ist zwar zuzugeben, dass der tarifgebundene Arbeitgeber mit der Aufnahme der Verweisung auf die für ihn gültigen Tarifverträge regelmäßig tatsächlich eine Gleichstellung der nicht organisierten Arbeitnehmer mit den bei ihm beschäftigten Gewerkschaftsmitgliedern bezweckt. Sie stellt aber zu einseitig auf den mit der Gleichstellungsabrede verfolgten Zweck ab und vernachlässigt den eindeutigen Wortlaut der Bezugnahmeklausel, der Ausgangspunkt jeder Vertragsauslegung ist. Da nach dem eindeutigen Wortlaut der vorliegenden Bezugnahmeklausel „die Tarifverträge für die Metallindustrie in der jeweiligen Fassung" ohne Einschränkungen gelten sollen und der vom U mit der Bezugnahmeklausel verfolgte Zweck nicht andeutungsweise erkennbar ist, ist schon fraglich, ob die vorliegende Bezugnahmeklausel wegen des eindeutigen Wortlauts überhaupt auslegungsfähig ist. Spätestens seit dem In-Kraft-Treten der Schuldrechtsreform am 01.01.2002 kann jedenfalls aufgrund des klaren Wortlauts und unter Berücksichtigung der Unklarheitsregel des § 305 c Abs. 2 BGB die vorliegende Bezugnahmeklausel nicht mehr im Sinne einer Gleichstellungsabrede ausgelegt werden. Vielmehr ist entsprechend dem eindeutigen Wortlaut davon auszugehen, dass die vereinbarten Tarifverträge „in der jeweiligen Fassung" ohne Rücksicht auf den Verbleib des Arbeitgebers in dem Arbeitgeberverband gelten. Die Interessen des Arbeitgebers werden dabei nicht unangemessen beeinträchtigt, weil er in dem Formularvertrag ohne weiteres klar zum Ausdruck bringen kann, dass die Geltung der Tarifverträge in der jeweiligen Fassung von seiner Mitgliedschaft in dem zuständigen Arbeitgeberverband abhängig ist. Angesichts dieser Möglichkeit ist es spätestens seit dem In-Kraft-Treten der Schuldrechtsreform nicht mehr zulässig, dem Arbeitnehmer die Aufgabe zuzuweisen, sich gegenüber dem eine an sich eindeutige Bezugnahmeklausel vorgebenden Arbeitgeber zu vergewissern, ob die Bezugnahme im Hinblick auf eine mögliche Tarifgebundenheit oder unabhängig davon gelten soll. Es ist daher mit der neuesten Rechtsprechung des BAG und einem Teil der Literatur davon auszugehen,[13] dass entsprechend dem eindeutigen Wortlaut der Bezugnahmeklausel die Tarifverträge in der jeweiligen Fassung unabhängig von der Tarifgebundenheit des U gelten.

III. Ergebnis: Dem A steht der Anspruch auf die Tariflohnerhöhung ab dem 01.01.2012 nach dem Arbeitsvertrag i.V.m. dem LohnTV zu.

Anmerkung:

Nach der o.g. Rspr. des BAG sind Bezugnahmeklauseln in den vor dem 01.01.2002 abgeschlossenen „Altverträgen" aus Gründen des Vertrauensschutzes weiterhin im Sinne einer Gleichstellungsabrede auszulegen, aber nur dann, wenn der Arbeitgeber tarifgebunden war und sich die Bezugnahme auf den fachlich und räumlich einschlägigen TV erstreckt.[14]

---

13 BAG, Urt. v. 23.02.2011 – 4 AZR 536/09, NZA-RR 2011, 510; Giesen ZfA 2010, 657 ff.

14 BAG, Urt. v. 17.11.2010 – 4 AZR 127/09, NZA 2011, 457.

Fall 6: Betriebsvereinbarung über Verteilung der Arbeitszeit

A ist seit Jahren bei U beschäftigt, der nicht Mitglied des zuständigen Arbeitgeberverbandes ist. Der Tarifvertrag, der bei Verbandsmitgliedschaft des U gelten würde, sieht u.a. eine 36-Stunden-Woche vor, in der nur montags bis freitags gearbeitet wird. U möchte wegen der teilweise sehr kurzfristig eingehenden Aufträge flexiblere Arbeitszeiten und einigt sich deshalb mit dem bei ihm gewählten Betriebsrat u.a. auf eine 6-Tage-Woche und eine tägliche Arbeitszeit einschließlich der Pausen von 06.00 bis 14.30 Uhr. Die Vereinbarung wird nach einem entsprechenden Beschluss des Betriebsrates von dem Betriebsratsvorsitzenden B und U eigenhändig auf derselben Vertragsurkunde unterzeichnet und anschließend am „Schwarzen Brett" im Betrieb ausgehängt. A, dessen Arbeitsvertrag eine wöchentliche Arbeitszeit von 36 Stunden zu den betriebsüblichen Zeiten vorsieht, weigerte sich, an einem Samstag zu arbeiten, und erhält deshalb eine schriftliche Abmahnung wegen Arbeitsverweigerung, die in seine Personalakte aufgenommen wird. Kann A Entfernung der Abmahnung aus seiner Personalakte verlangen?

A könnte ein Anspruch auf Entfernung der Abmahnung aus seiner Personalakte in entsprechender Anwendung der § 1004 BGB i.V.m. §§ 241 Abs. 2, 242 BGB zustehen.

I. Der Arbeitgeber hat aufgrund der ihm nach §§ 241 Abs. 2, 242 BGB obliegenden Fürsorgepflicht u.a. auch das allgemeine Persönlichkeitsrecht des Arbeitnehmers in Bezug auf Ansehen, soziale Geltung und berufliches Fortkommen durch seine Handlungen zu beachten. Da das Persönlichkeitsrecht durch unrichtige, das berufliche Fortkommen beeinträchtigende Äußerungen des Arbeitgebers, die sich in der Personalakte befinden, beeinträchtigt wird, kann der Arbeitnehmer entspr. § 1004 BGB verlangen, dass eine unwirksame Abmahnung aus seiner Personalakte entfernt wird.

II. Die dem A wegen Arbeitsverweigerung erteilte Abmahnung müsste unwirksam sein.

Die Abmahnung ist zu Unrecht erteilt worden, wenn A nicht verpflichtet war, am Samstag zu arbeiten.

1. Nach dem **Arbeitsvertrag** war A verpflichtet, die **Arbeitsleistung während der betriebsüblichen Arbeitszeiten** zu erbringen. Da die Betriebsvereinbarung eine 6-Tage-Woche vorsieht und nach § 77 Abs. 4 S. 1 BetrVG unmittelbar und zwingend gilt, war auch A verpflichtet, samstags zu arbeiten, wenn die Betriebsvereinbarung wirksam ist.

2. Fraglich ist somit, ob eine **wirksame Betriebsvereinbarung** hinsichtlich der Verteilung der Arbeitszeit auf die einzelnen Wochentage vorliegt.

a) Eine **Einigung der Betriebsparteien** über die Verteilung der regelmäßigen wöchentlichen Arbeitszeit von 36 Stunden auf die einzelnen Wochentage liegt vor.

b) Da die Vereinbarung sowohl von U als auch von dem Betriebsratsvorsitzenden B nach einem entsprechenden Betriebsratsbeschluss als dem Vertreter des Betriebsrates gem. § 26 Abs. 2 S. 1 BetrVG eigenhändig auf derselben Vertragsurkunde unterzeichnet wurde, ist die **Schriftform des § 77 Abs. 2 S. 1, 2 BetrVG** erfüllt.

c) Ob die in § 77 Abs. 2 S. 3 BetrVG vorgesehene **Bekanntgabe der Betriebsvereinbarung** entgegen der h.M. eine Wirksamkeitsvoraussetzung der Betriebsvereinbarung ist oder ob es sich dabei nur um eine Ordnungsvorschrift handelt, kann offen bleiben, weil die Betriebsvereinbarung durch Aushang am „Schwarzen Brett" bekannt gemacht wurde.

d) Die **Betriebsvereinbarung müsste einen zulässigen Inhalt haben,** insbesondere darf sie nicht gegen höherrangiges Recht verstoßen.

aa) Betriebsvereinbarungen dürfen nur über solche Fragen abgeschlossen werden, die zum Aufgabenbereich des Betriebsrates nach dem BetrVG gehören. Da die Verteilung der regelmäßigen wöchentlichen Arbeitszeit nach § 87 Abs. 1 Nr. 2 BetrVG der Mitbestimmung des Betriebsrates unterliegt, könnte die Betriebsvereinbarung einen zulässigen Inhalt haben.

bb) Eine **Regelungsbefugnis der Betriebsparteien scheidet** allerdings **aus, wenn die in den §§ 77 Abs. 3, 87 Abs. 1 S. 1 BetrVG ausdrücklich geregelten Regelungssperren eingreifen**.

(1) Nach § 77 Abs. 3 BetrVG kann Inhalt einer Betriebsvereinbarung nicht sein, was tariflich geregelt ist oder üblicherweise durch Tarifvertrag geregelt wird, sofern keine sog. Öffnungsklausel vorliegt. Danach könnte die Regelungsbefugnis der Betriebsparteien ausgeschlossen sein, weil die Verteilung der Arbeitszeit auf die einzelnen Wochentage in dem Tarifvertrag geregelt ist, der gelten würde, wenn U Mitglied des Arbeitsgeberverbandes wäre, also „üblicherweise tariflich geregelt" i.S.d. § 77 Abs. 3 BetrVG ist.

(2) Insoweit ist aber zu beachten, dass im Anwendungsbereich des § 87 Abs. 1 BetrVG nach dem eindeutigen Wortlaut dieser Vorschrift nur eine für den Arbeitgeber aufgrund der Tarifgebundenheit nach § 3 Abs. 1 TVG bindende Regelung die Regelungsbefugnis der Betriebsparteien ausschließt, weil § 87 Abs. 1 BetrVG – anders als § 77 Abs. 3 BetrVG die bloße Tarifüblichkeit nicht erwähnt. Im Umkehrschluss folgt daraus nach der herrschenden Vorrangtheorie, dass in den Bereichen, die nur „üblicherweise tariflich geregelt sind", also bei fehlender Tarifbindung des Arbeitgebers, die Regelungsbefugnis der Betriebsparteien nicht ausgeschlossen ist.[15] Da U nicht Mitglied des zuständigen Arbeitgeberverbandes ist und daher nicht tarifgebunden i.S.d. § 3 Abs. 1 TVG ist, ist aufgrund des Anwendungsvorrangs des § 87 Abs. 1 BetrVG die Regelungsbefugnis der Betriebsparteien nach § 87 Abs. 1 Nr. 2 BetrVG hinsichtlich der Lage der Arbeitszeit und deren Verteilung auf die einzelnen Wochentage nicht ausgeschlossen. Die Betriebsvereinbarung hat demnach einen nach § 87 Abs. 1 Nr. 2 BetrVG zulässigen Inhalt, sodass auch die Samstagsarbeit betriebsüblich ist.

3. Da A zur Samstagsarbeit nach dem Inhalt des Arbeitsvertrages und der Betriebsvereinbarung verpflichtet war, ist die wegen Verweigerung der geschuldeten Arbeitsleistung erklärte Abmahnung wirksam.

III. Ergebnis: A hat keinen Anspruch auf Entfernung der Abmahnung aus seiner Personalakte aus § 1004 BGB i.V.m. §§ 241 Abs. 2, 242 BGB.

---

15 Vgl. BAG, Urt. v. 23.03.2011 – 4 AZR 268/09, ArbR 2011, 515; AS-Skript Arbeitsrecht, Rdnr. 131 f.

Fall 7: Tariflohnerhöhung aufgrund betrieblicher Übung?

A, der Mitglied der zuständigen Gewerkschaft ist, ist seit mehreren Jahren in dem Chemiebetrieb des U beschäftigt, der nicht Mitglied des zuständigen Arbeitgeberverbandes ist. Trotz der fehlenden Verbandsmitgliedschaft gewährte U den bei ihm beschäftigten Arbeitnehmern die von den Tarifvertragsparteien vereinbarten Lohnerhöhungen zunächst teilweise und seit dem Jahr 2005 vollständig, nachdem er zuvor durch einen Aushang am „Schwarzen Brett" mitgeteilt hatte, dass die Löhne entsprechend der Tariflohnerhöhung in der Chemieindustrie erhöht werden. Weitere Hinweise enthielten die Aushänge an dem „Schwarzen Brett" nicht. Der schriftliche Arbeitsvertrag des A enthält keine Verweisung auf die Tarifverträge für die chemische Industrie, die auch nicht allgemein verbindlich sind. Nachdem sich die Auftragslage des U im Jahr 2011 verschlechtert hatte, teilte U den Mitarbeitern durch einen Aushang am „Schwarzen Brett" Ende Dezember 2011 mit, dass im Jahr 2012 keine Lohnerhöhung erfolgen werde. A ist der Ansicht, dass U jedenfalls aufgrund der uneingeschränkten Weitergabe der Tariflohnerhöhungen in den letzten sieben Jahren zur Erhöhung der Vergütung im Jahr 2012 verpflichtet sei. U ist demgegenüber der Ansicht, dass er dazu wegen der fehlenden Tarifbindung und mangels einer vertraglichen Regelung nicht verpflichtet sei. Steht A der Anspruch auf Gewährung der Tariflohnerhöhung für das Jahr 2012 zu?

I. Dem A könnte ein **Anspruch auf Gewährung der Tariflohnerhöhung aus dem Arbeitsvertrag i.V.m. § 4 Abs. 1 TVG** zustehen.

1. Voraussetzung für einen solchen tariflichen Anspruch gemäß § 3 Abs. 1 TVG ist die beiderseitige Tarifbindung der Arbeitsvertragsparteien oder die Allgemeinverbindlichkeit des Tarifvertrages nach § 5 TVG.

2. A ist zwar Mitglied der zuständigen Gewerkschaft, U aber nicht Mitglied des zuständigen Arbeitgeberverbandes, sodass keine beiderseitige Tarifbindung i.S.d. § 3 Abs. 1 TVG vorliegt. Da die Tarifverträge für die chemische Industrie auch nicht allgemein verbindlich nach § 5 TVG sind, sind sie auf das Arbeitsverhältnis nicht gemäß § 4 Abs. 1 TVG unmittelbar und zwingend anwendbar, sodass ein tariflicher Anspruch auf die Gewährung der Tariflohnerhöhung ausscheidet.

II. Der schriftliche Arbeitsvertrag des A enthält **keine Bezugnahme auf die Tarifverträge der Chemieindustrie.** Der Anspruch des A auf die Tariflohnerhöhung kann deshalb auch nicht mit einer einzelvertraglichen Vereinbarung der Geltung der Tarifverträge für die Chemieindustrie begründet werden.

III. Da U die Tariflohnerhöhungen in den letzten sieben Jahren uneingeschränkt gewährt hat, könnte dem A ein **Anspruch auf die Tariflohnerhöhung für das Jahr 2012 aus dem Arbeitsvertrag i.V.m. den Grundsätzen der betrieblichen Übung** zustehen.

Nach heute ganz h.M. ist betriebliche Übung ein schuldrechtlicher Verpflichtungstatbestand, kein Gewohnheitsrecht.

1. Es besteht heute im Ergebnis Einigkeit darüber, dass aufgrund ständiger betrieblicher Übung Ansprüche der Arbeitnehmer entstehen können. Umstritten ist zwar, ob in diesem Fall der Arbeitsvertrag aufgrund einer stillschweigenden Willensübereinstimmung abgeändert wird (sog. Vertragstheorie) oder ob der Arbeitgeber aufgrund des erweckten Vertrauens zur Fortsetzung der bisherigen Übung verpflichtet ist (sog. Vertrauenshaftungstheorie).[16] Dieser Meinungsstreit über die dogmatische Einordnung der betrieblichen Übung kann offen bleiben, wenn es – wie hier – um die Begründung eines Anspruchs des Arbeitnehmers geht, weil nach beiden Theorien die gleichen Voraussetzungen erfüllt sein müssen.

2. Voraussetzung für die Begründung eines vertraglichen Anspruchs aufgrund der betrieblichen Übung ist, dass der Arbeitgeber bestimmte „gleichförmige" Verhaltensweisen regelmäßig wiederholt und damit den objektiven Tatbestand einer verbindlichen Zusage gesetzt hat, die die Arbeitnehmer stillschweigend nach § 151 BGB angenommen haben bzw. auf deren Fortsetzung sie nach Treu und Glauben vertrauen durften.[17]

a) Da U in den letzten sieben Jahren die von den Tarifvertragsparteien vereinbarten Tariflohnerhöhungen uneingeschränkt gewährt hat, liegt eine „gleichförmige" Gewährung der Tariflohnerhöhung über einen längeren Zeitraum vor, wofür bei jährlichen Sonderleistungen (z.B. Weihnachtsgeld) eine mindestens dreimalige Wiederholung erforderlich ist.

Ein Anspruch auf eine Leistung aufgrund betrieblicher Übung scheidet aus, wenn der AG erkennbar nur eine (vermeintlich) bestehende Verpflichtung (z.B. aufgrund einer nach § 77 Abs. 3 BetrVG unwirksamen Betriebsvereinbarung) erfüllen wollte, weil in diesem Fall nur ein Wille zum „Normvollzug" bestand.

b) Fraglich ist, ob U mit der Gewährung der Tariflohnerhöhungen den objektiven Tatbestand einer verbindlichen Zusage gesetzt bzw. bei den Arbeitnehmern Vertrauen auf die Weitergewährung der Leistung erweckt hat, das nicht enttäuscht werden darf.

aa) U hat die Tariflohnerhöhungen seit sieben Jahren uneingeschränkt gewährt, ohne ausdrücklich darauf hinzuweisen, dass aus der wiederholten Weitergabe der Tariflohnerhöhung kein Rechtsanspruch für die Zukunft abgeleitet werden kann. Ein sog. Freiwilligkeitsvorbehalt, durch den die Entstehung der betrieblichen Übung verhindert werden könnte,[18] liegt also nicht vor.

bb) Fraglich ist aber, ob die Arbeitnehmer aufgrund der wiederholten Gewährung der Tariflohnerhöhungen durch den nicht tarifgebundenen U davon ausgehen durften, dass dadurch auf Dauer eine Verpflichtung zur Weitergabe der Tariflohnerhöhungen begründet werden sollte.

Der nicht tarifgebundene Arbeitgeber will sich grundsätzlich nicht auf Dauer der Regelungsmacht der Tarifvertragsparteien unterwerfen, was durch den unterbliebenen Beitritt zu einem Arbeitgeberverband deutlich zum Ausdruck gebracht wird. Die nicht vorhersehbare Entwicklung der Tarifvergütung und die fehlende Kalkulierbarkeit der dadurch entstehenden Personalkosten sprechen deshalb grundsätzlich gegen einen objektiv erkennbaren Willen des Arbeitgebers für eine dauerhafte Anhebung der Vergütungen entsprechend den künftigen Tariflohnerhöhungen. Die fehlende Tarifbindung des Arbeitgebers verdeutlicht vielmehr den Willen des Arbeitgebers, die Erhöhung der Vergütungen nicht ohne Beitrittsprüfung bzw. Prüfung der Auswirkungen der jeweiligen Tariflohnerhöhungen auf die wirtschaftliche Lage des Betriebes vorzunehmen. Da der tarifgebunde-

16 Vgl. ausführlich zur betrieblichen Übung AS-Skript Arbeitsrecht, Rdnr. 155 ff.
17 BAG, Urt. v. 23.08.2011 – 3 AZR 650/09, juris; Hromadka NZA 2011, 65 ff.
18 Vgl. dazu AS-Skript Arbeitsrecht, Rdnr. 150 m.w.N.

ne Arbeitgeber durch einen Austritt aus dem Arbeitgeberverband die Möglichkeit hat, sich den künftigen Tariflohnerhöhungen zu entziehen, kann grundsätzlich nicht angenommen werden, dass der nicht tarifgebundene Arbeitgeber, der die Austrittmöglichkeit nicht hat, sich auf Dauer der Regelungsmacht der Tarifvertragsparteien unterwerfen und sich deshalb im Ergebnis schlechter stellen will als der tarifgebundene Arbeitgeber. Aufgrund dieser Umstände ist deshalb davon auszugehen, dass die Arbeitnehmer bei einer wiederholten Weitergabe der Tariflohnerhöhungen nur dann berechtigterweise davon ausgehen dürfen, dass der nicht tarifgebundene Arbeitgeber auf Dauer die von den Tarifvertragsparteien ausgehandelten Tariflohnerhöhungen übernehmen will, wenn es dafür klare Anhaltspunkte im Verhalten des Arbeitgebers gibt.[19] Dies gilt erst recht dann, wenn der Arbeitgeber – wie hier U – nicht nur kommentarlos die Tariflohnerhöhungen weitergibt, sondern deren Weitergabe jeweils durch einen Aushang am „Schwarzen Brett" bekannt gibt, weil diesem Verhalten objektiv zu entnehmen ist, dass die Weitergabe der für das bestimmte Jahr vereinbarten Tariflohnerhöhung erst nach einer Überprüfung erfolgt ist, die auch in Zukunft möglich sein soll.

Durch die wiederholte Gewährung der Tariflohnerhöhungen nach einem entsprechenden Aushang am „Schwarzen Brett" hat somit U nicht den objektiven Tatbestand einer verbindlichen Zusage gesetzt bzw. bei den Arbeitnehmern Vertrauen auf Weitergewährung der Leitung erweckt, das nicht enttäuscht werden darf.

3. Ergebnis: A hat auch keinen Anspruch auf Zahlung der Tariflohnerhöhung für das Jahr 2012 aus dem Arbeitsvertrag i.V.m. betrieblicher Übung.

19 BAG, Urt. v. 23.03.2011 – 4 AZR 268/09, ArbR 2011, 515; Urt. v. 19.10.2011 – 5 AZR 359/10, juris.

Fall 8: Der arbeitsrechtliche Gleichbehandlungsgrundsatz

U zahlt seit Jahren an die bei ihm beschäftigten Arbeitnehmer Weihnachtsgeld in unterschiedlicher Höhe. In den Arbeitsverträgen der Arbeitnehmer ist ausdrücklich geregelt, dass es sich bei einem gezahlten Weihnachtsgeld um eine freiwillige Leistung handelt, auf die auch bei wiederholten Zahlungen kein Rechtsanspruch begründet wird. Im Jahr 2011 zahlte U an die bei ihm beschäftigten Angestellten Weihnachtsgeld in Höhe eines Monatsbruttogehalts, während die Arbeiter Weihnachtsgeld in Höhe eines halben Monatsbruttolohnes erhielten. Diese Differenzierung rechtfertigte U damit, dass der Krankheitsstand der Arbeiter im Jahr 2011 erheblich höher als der der Angestellten war, wodurch ihm erhebliche Mehrkosten ohne Gegenleistung entstanden sind. Der Arbeiter A ist der Ansicht, dass die Differenzierung jedenfalls deswegen sachlich nicht gerechtfertigt sei, weil der Ursache der Erkrankungen (z.B. Arbeitsbedingungen) keine Bedeutung beigemessen werde. U ist der Ansicht, dass allein die Tatsache, dass die Entgeltfortzahlungskosten der Arbeiter drei Mal so hoch wie die der Angestellten waren, die vorgenommene Differenzierung rechtfertige. Steht A ein Anspruch auf Nachzahlung des Weihnachtsgeldes in Höhe eines halben Monatsbruttolohnes zu?

I. Aus dem Arbeitsvertrag allein steht A kein Nachzahlungsanspruch zu, weil nach dem Arbeitsvertrag ein Rechtsanspruch auf Weihnachtsgeld, das eine freiwillige Leistung ist, ausdrücklich ausgeschlossen ist.

II. Dem A steht auch **kein Nachzahlungsanspruch aus dem Arbeitsvertrag i.V.m. betrieblicher Übung** zu, weil der ausdrückliche Freiwilligkeitsvorbehalt die Entstehung einer bindenden betrieblichen Übung verhindert (vgl. dazu Fall 7).

III. Dem A könnte der **Nachzahlungsanspruch aus dem Arbeitsvertrag i.V.m. dem allgemeinen arbeitsrechtlichen Gleichbehandlungsgrundsatz zustehen.**

Liegt eine unzulässige Benachteiligung nach § 7 Abs. 1 AGG vor, richten sich die Rechtsfolgen nach dem AGG, insb. nach § 15 AGG. Das Verhältnis des allgemeinen arbeitsrechtlichen Gleichbehandlungsgrundsatzes zum AGG ist allerdings noch nicht geklärt.

1. Es besteht Einigkeit darüber, dass der Arbeitgeber aufgrund des arbeitsrechtlichen Gleichbehandlungsgrundsatzes, dessen dogmatische Herleitung streitig ist, verpflichtet ist, alle vergleichbaren Arbeitnehmer grds. gleich zu behandeln, sodass Differenzierungen nur beim Vorliegen eines sachlichen Grundes gerechtfertigt sind. Einigkeit besteht ferner darüber, dass der Arbeitnehmer **bei einer sachlich nicht gerechtfertigten Benachteiligung einen Anspruch auf die Gewährung der vorenthaltenen Leistung** hat.[20]

2. Fraglich ist somit, ob U **vergleichbare Sachverhalte ohne sachlichen Rechtfertigungsgrund ungleich behandelt** und damit den arbeitsrechtlichen Gleichbehandlungsgrundsatz verletzt hat.

a) Das Weihnachtsgeld ist als eine freiwillige Leistung den Arbeitnehmern aufgrund einer einseitigen Entscheidung des U generell gewährt worden, sodass eine **„Behandlung" der Arbeitnehmer** vorliegt. Der arbeitsrechtli-

20 Vgl. BAG, Urt. v. 10.11.2011 – 6 AZR 481/09, juris; AS-Skript Arbeitsrecht, Rdnr. 162 ff.

che Gleichbehandlungsgrundsatz wird also im vorliegenden Fall nicht durch den vorrangigen Grundsatz der Vertragsfreiheit verdrängt, weil die Arbeitnehmer nichts mit U „ausgehandelt" haben, sondern von diesem einseitig „behandelt" worden sind.

b) Nach heute nahezu einhelliger Ansicht handelt es sich bei den Arbeitern und den Angestellten um vergleichbare Arbeitnehmergruppen, die ohne sachlichen Rechtfertigungsgrund nicht unterschiedlich behandelt werden dürfen. Die Gruppenzugehörigkeit selbst ist also kein **sachliches Differenzierungskriterium** hinsichtlich der Höhe des Weihnachtsgeldes. Es müssen vielmehr andere Umstände als die Gruppenzugehörigkeit vorliegen, wenn die Differenzierung gerechtfertigt sein soll.[21]

c) Fraglich ist somit, ob der erheblich höhere Krankenstand der Arbeiter eine unterschiedliche Höhe des Weihnachtsgeldes rechtfertigt.

Da die erheblichen krankheitsbedingten Fehlzeiten eine Verpflichtung des Arbeitgebers zur Entgeltfortzahlung ohne Arbeitsleistung nach § 3 Abs. 1 EFZG und damit zusätzliche wirtschaftliche Belastungen des Arbeitgebers begründen, kann die unterschiedliche Höhe des Weihnachtsgeldes grundsätzlich mit unterschiedlich hohen Entgeltfortzahlungskosten der Angestellten und der Arbeiter gerechtfertigt werden. Da aber die unterschiedlichen Entgeltfortzahlungskosten unterschiedliche Ursachen haben, insbesondere auch in der Sphäre des Arbeitgebers begründet sein können, kann die Differenzierung nicht pauschal damit begründet werden. Solange nicht ausgeschlossen ist, dass der hohe Krankenstand der Arbeiter auf gesundheitsschädlichen Arbeitsbedingungen beruht, für die der Arbeitgeber allein verantwortlich ist, ist es offensichtlich ungerechtfertigt, dass der Arbeitgeber den Arbeitern wegen der aus diesen Risiken erwachsenden Schadensfolgen auch noch finanzielle Nachteile auferlegt.[22] Da U sich zur Rechtfertigung der unterschiedlichen Behandlung der Arbeiter und der Angestellten lediglich pauschal auf die unterschiedlichen Entgeltfortzahlungskosten beruft, liegt kein sachlicher Rechtfertigungsgrund vor. Die Schlechterstellung der Arbeiter verstößt daher gegen den arbeitsrechtlichen Gleichbehandlungsgrundsatz und kann nur durch eine Anpassung nach „oben" beseitigt werden, indem A der Anspruch auf Gewährung der vorenthaltenen Leistung gewährt wird.[23]

3. Ergebnis: A steht ein Anspruch auf Nachzahlung des Weihnachtsgeldes in Höhe eines halben Monatsbruttolohnes aus dem Arbeitsvertrag i.V.m. dem arbeitsrechtlichen Gleichbehandlungsgrundsatz zu.

---

21 BAG, Urt. v. 16.02.2010 – 3 AZR 216/09, BB 2010, 499.

22 BVerfG, Beschl. v. 01.09.1997 – 1 BvR 1929/95, NZA 1997, 1339.

23 BAG, Urt. v. 10.11.2011 – 6 AZR 481/09, juris; Urt. v. 13.04.2011 – 10 AZR 88/10, NZA 2011, 1047.

Fall 9: Das Direktionsrecht des Arbeitgebers

A wurde vom U, bei dem 200 Arbeitnehmer beschäftigt sind, zum 01.01.2005 als Personalsachbearbeiterin eingestellt und erhält eine Vergütung nach der Vergütungsgruppe K 6. Der schriftliche Formularvertrag enthält u.a. eine Regelung, nach der U berechtigt ist, „falls erforderlich, nach Abstimmung der beiderseitigen Interessen Art und Ort der Tätigkeit der A zu ändern". Nachdem es in der Personalabteilung zu Unstimmigkeiten kam, teilte U nach eingeholter Zustimmung des Betriebsrates der A mit, dass sie mit sofortiger Wirkung unter Beibehaltung der Vergütungsgruppe K 6 nicht mehr in der Personalabteilung, sondern als Sachbearbeiterin in der Lohnbuchhaltung arbeiten solle. A erklärte sich mit der Änderung der Tätigkeit unter Vorbehalt einverstanden und beantragte beim Arbeitsgericht die Feststellung der Unwirksamkeit der Tätigkeitsänderung. U ist der Ansicht, dass er zu einer Änderung der Tätigkeit der A aufgrund des ihm nach dem Arbeitsvertrag zustehenden Direktionsrechts berechtigt gewesen sei, da die neue Tätigkeit in der Lohnbuchhaltung gleichwertig sei. A ist der Ansicht, dass U zu einer derartig grundlegenden Änderung der Tätigkeit nicht berechtigt sei, ohne dass es auf die Gleichwertigkeit der Tätigkeit ankomme. Ist die Feststellungsklage der A begründet?

Die Feststellungsklage der A ist begründet, wenn U nicht berechtigt war, der A die Tätigkeit in der Lohnbuchhaltung einseitig zuzuweisen.

I. U könnte bereits deshalb berechtigt gewesen sein, der A die Tätigkeit in der Lohnbuchhaltung einseitig zuzuweisen, weil diese **Zuweisung mit Zustimmung des Betriebsrates** erfolgt ist.

Beachte: Eine einseitige Anordnung des AG ist nach der Theorie der sog. doppelten Wirksamkeitsvoraussetzung grds. nur dann für den AN verbindlich, wenn sie sowohl kollektivrechtlich nach dem BetrVG als auch individualrechtlich nach dem Arbeitsvertrag zulässig ist.

Nach § 99 Abs. 1 BetrVG bedarf die Versetzung eines Arbeitnehmers i.S.d. § 95 Abs. 3 BetrVG in Unternehmen mit mehr als 20 Arbeitnehmern der vorherigen Zustimmung des Betriebsrates, die vorliegend vom Betriebsrat erteilt wurde. Die Zustimmung des Betriebsrates zu einer personellen Maßnahme hat aber nur zur Folge, dass die Maßnahme in kollektivrechtlicher Hinsicht zulässig ist und hat deshalb keine Auswirkungen auf die individualrechtliche Zulässigkeit der Maßnahme. Diese richtet sich ausschließlich nach dem Inhalt des Arbeitsvertrages, sodass die Versetzung der A nur dann wirksam ist, wenn U dazu auch individualrechtlich nach dem Arbeitsvertrag berechtigt war.

II. U könnte zu der einseitigen **Versetzung** der A individualrechtlich **nach dem Arbeitsvertrag i.V.m. § 106 GewO**, der das Weisungsrecht des Arbeitgebers regelt,[24] berechtigt sein.

1. Nach § 106 GewO kann der Arbeitgeber einseitig aufgrund des ihm zustehenden Direktionsrechts Inhalt, Ort und Zeit der Arbeitsleistung nach billigem Ermessen näher bestimmen, soweit diese Arbeitsbedingungen nicht durch den Arbeitsvertrag oder höherrangigere Rechtsquellen festgelegt sind.

2. Das **Direktionsrecht nach § 106 GewO** berechtigt den Arbeitgeber nach dem eindeutigen Gesetzeswortlaut nur zu einer **Konkretisierung der Tä-**

24 Vgl. dazu AS-Skript Arbeitsrecht, Rdnr. 170 ff.

tigkeit im Rahmen des Arbeitsvertrages, nicht dagegen zu einer Änderung der vertraglich vereinbarten Tätigkeit. Da A als Personalsachbearbeiterin eingestellt wurde, war U aufgrund des allgemeinen Direktionsrechts nach § 106 GewO nur berechtigt, die Tätigkeit der A als Personalsachbearbeiterin näher zu bestimmen. Bei der Zuweisung der Tätigkeit als Sachbearbeiterin in der Lohnbuchhaltung handelt es sich dagegen nicht um eine Konkretisierung der bisherigen Tätigkeit als Personalsachbearbeiterin, sondern um eine Änderung des bisherigen Aufgabenbereichs, die von dem Direktionsrecht des Arbeitgebers nach § 106 GewO nicht gedeckt ist.

III. U könnte zu einer **Versetzung** der A in die Lohnbuchhaltung **aufgrund des in dem Arbeitsvertrag vereinbarten Versetzungsvorbehalts** (sog. einzelvertraglich erweitertes Direktionsrecht) berechtigt sein.

1. Nach dem Wortlaut des Arbeitsvertrages war U berechtigt, die Tätigkeit der A „falls erforderlich nach Abstimmung der beiderseitigen Interessen nach Art und Ort" einseitig zu ändern. Fraglich ist deshalb, ob eine derartige einzelvertragliche Erweiterung des Direktionsrechts zulässig ist.

2. Aufgrund des auch im Arbeitsvertragsrechts geltenden Grundsatzes der **Vertragsfreiheit** kann das Direktionsrecht des Arbeitgebers grundsätzlich auch einzelvertraglich erweitert werden, sofern zwingende Kündigungsschutzbestimmungen, insb. § 2 KSchG (Änderungskündigung) nicht umgangen werden. Ist allerdings der einzelvertragliche Versetzungsvorbehalt – wie hier – in einem **Formularvertrag i.S.d. § 305 Abs. 1 BGB** enthalten, ist er nur dann wirksam, wenn er einer **Inhaltskontrolle nach §§ 307 ff. BGB** stand hält.

a) Da die Versetzungsklauseln den im Arbeitsrecht bestehenden spezifischen Anpassungs- und Flexibilisierungsbedürfnissen Rechnung tragen, sind sie jedenfalls nach Berücksichtigung der arbeitsrechtlichen Besonderheiten i.S.d. § 310 Abs. 4 S. 2 BGB grundsätzlich auch in Formulararbeitsverträgen wirksam.

b) Vorliegend hat sich U nach dem Wortlaut des Formularvertrages das Recht zu einer einseitigen Änderung der Tätigkeit der A vorbehalten, ohne dass der Versetzungsklausel zu entnehmen ist, dass eine Versetzung nur auf einen gleichwertigen Arbeitsplatz erfolgen kann. Nach dem Wortlaut der Versetzungsklausel war also U berechtigt, A auch eine geringwertigere Tätigkeit zuzuweisen, was einen Eingriff in den gesetzlich durch § 2 KSchG gewährleisteten Inhaltsschutz darstellt. Die so weit formulierte Versetzungsklausel ist deshalb mit den wesentlichen Grundgedanken des Inhaltsschutzes des Arbeitsverhältnisses nach § 2 KSchG nicht vereinbar und deshalb an sich nach § 307 Abs. 2 Nr. 1 BGB unwirksam.[25]

Ist der vertragliche Versetzungsvorbehalt wirksam, unterliegt die konkrete Versetzung noch einer sog. Ausübungskontrolle, d.h. es ist im Einzelfall zu überprüfen, ob sie auch dem billigen Ermessen entspricht, § 106 S. 1 GewO.

c) Ob die Versetzungsklausel nach § 307 BGB zulässig wäre, wenn U sich nur die Zuweisung einer gleichwertigen Tätigkeit vorbehalten hätte, bedarf keiner Entscheidung, weil eine geltungserhaltende Reduktion der vorliegenden Versetzungsklausel nach § 306 Abs. 2 BGB unzulässig ist.

IV. Ergebnis: Die Klage ist begründet, weil die einseitige Versetzung der A in die Lohnbuchhaltung unwirksam ist.

25 Vgl. BAG, Urt. v. 25.08.2010 – 10 AZR 275/09, NJW 2011, 329.

3. Teil: Die Begründung und die Rechtsmängel des Arbeitsvertrages

Fall 10: Fehlerhafter oder nichtiger Arbeitsvertrag

A, der das Medizinstudium abgebrochen hatte, bewarb sich bei dem Krankenhausträger K um die Stelle eines Arztes in Weiterbildung mit der Vorlage einer gefälschten Approbationsurkunde. Die für die Ausübung des Arztberufs gesetzlich zwingend vorgeschriebene Erlaubnis besaß A nie. Die Ausübung des ärztlichen Berufs ohne die nach § 2 BÄO erforderliche Approbation, Erlaubnis oder sonstige Berechtigung ist verboten und durch § 5 HeilprG mit Freiheitsstrafe bis zu einem Jahr oder mit Geldstrafe bedroht. Einen Monat nach Aufnahme der Tätigkeit gab A die fehlende Berechtigung zur Ausübung des Arztberufs in einem Gespräch zu. K erklärte daraufhin das Vertragsverhältnis mündlich mit sofortiger Wirkung für beendet und verweigerte jegliche Zahlung. A ist der Ansicht, dass zwischen ihm und dem K mangels einer wirksamen Kündigung ein Arbeitsverhältnis fortbestehe, K zumindest jedoch zur Zahlung der Vergütung für den einen Monat verpflichtet sei. K ist dagegen der Ansicht, dass wegen Verstoßes gegen ein gesetzliches Verbot kein wirksamer Arbeitsvertrag und auch kein sog. faktisches Arbeitsverhältnis vorliege, sodass für die geltend gemachte Vergütung keine Anspruchsgrundlage bestehe. Wie ist die Rechtslage?

A. Bestand des Arbeitsverhältnisses zwischen A und K?

I. Eine **Einigung** über den Abschluss eines Arbeitsvertrags liegt vor.

II. Wirksamkeit der Einigung?

1. Da A die für die Ausübung des ärztlichen Berufs zwingend vorgeschriebene Erlaubnis nicht besaß, könnte die Einigung wegen eines Verstoßes gegen ein gesetzliches Verbot nach § 134 BGB nichtig sein.

2. Nach § 134 BGB ist ein Rechtsgeschäft, das gegen ein gesetzliches Verbot verstößt, nichtig, wenn sich nicht aus dem Gesetz etwas anderes ergibt. Das ist dann der Fall, wenn sein Inhalt gegen ein gesetzliches Verbot verstößt, insbes. wenn der mit dem Rechtsgeschäft bezweckte Erfolg, z.B. die Vertragserfüllung, verbotswidrig ist. Nach § 2 Abs. 1 BÄO darf der ärztliche Beruf nur von einer Person ausgeübt werden, die die Approbation besitzt. Nach § 5 HeilprG ist die Ausübung der Heilkunde ohne Approbation oder einer sonstigen Berechtigung verboten und unter Strafe gestellt. Dementsprechend begründet das Fehlen der Erlaubnis zur Ausübung des Arztberufs nicht nur ein Beschäftigungsverbot, sondern führt zur Vertragsnichtigkeit wegen Verstoßes gegen ein gesetzliches Verbot.[26]

III. Ergebnis zu A.: Der Arbeitsvertrag ist nichtig. Er muss daher nicht erst durch eine nach § 623 BGB formwirksame Kündigung beendet werden.

26 Vgl. dazu BAG, Urt. v. 03.11.2004 – 5 AZR 592/03, NZA 2005, 1409.

B. Anspruch des A auf Zahlung der Vergütung für einen Monat der Beschäftigung?

I. Ein **Vergütungsanspruch aus dem Arbeitsvertrag i.V.m. § 611 BGB** scheidet wegen der Nichtigkeit des Arbeitsvertrages aus.

II. Dem A könnte ein **Vergütungsanspruch aus einem sog. faktischen Arbeitsverhältnis** zustehen.

1. Die **Nichtigkeit eines Arbeitsvertrages hat i.d.R. keine rückwirkende Kraft**, sodass das Arbeitsverhältnis für die Zeit, in der es trotz der ihm anhaftenden Mängel tatsächlich abgewickelt worden ist, wie ein fehlerfrei zustande gekommenes Arbeitsverhältnis zu behandeln ist. Ausnahmen bestehen allerdings dann, wenn die Annahme des faktischen Arbeitsverhältnisses mit dem Sinn und Zweck des Verbotsgesetzes nicht zu vereinbaren wäre.

2. Ausnahmsweise kein faktisches Arbeitsverhältnis wegen Unvereinbarkeit mit Sinn und Zweck des Verbotsgesetzes?

Die Ausübung des Arztberufs ohne die erforderliche Approbation bzw. Erlaubnis ist schon nach ihrer Art gesetzeswidrig, ohne dass eine Schutzwürdigkeit unter Vertrauensgesichtspunkten besteht. Da vorliegend Sinn und Zweck des Verbotsgesetzes der Schutz des Lebens und der Gesundheit der Patienten ist, schließt es die durch das Verbotsgesetz beabsichtigte Spezial- und Generalprävention aus, wirksame vertragliche Ansprüche für die Vergangenheit unter dem Gesichtspunkt des faktischen Arbeitsverhältnisses anzuerkennen.[27]

III. Dem A könnte ein **Anspruch auf Wertersatz nach § 818 Abs. 2 BGB für die geleistete Arbeit** zustehen.

1. Bei der Rückabwicklung nichtiger Verträge erfolgt grds. eine Saldierung der beiderseitigen Leistungen. Da K die von A erbrachte Arbeitsleistung nicht zurückgewähren kann, könnte dem A ein Wertersatzanspruch nach § 818 Abs. 2 BGB zustehen.

2. Nach § 817 S. 2 BGB ist jedoch die Rückforderung ausgeschlossen, wenn der Leistende gegen ein gesetzliches Verbot oder die guten Sitten verstoßen hat, es sei denn, dass die Leistung in der Eingehung einer Verbindlichkeit bestand. Nach Sinn und Zweck des § 817 S. 2 BGB soll derjenige, der sich außerhalb der Rechtsordnung stellt, keinen Rechtsschutz bzgl. der Rückabwicklung beanspruchen können. Da A sich den Abschluss des Arbeitsvertrages durch Vorlage einer gefälschten Approbation erschlichen hat und die Behandlung von Patienten beim Fehlen der erforderlichen Erlaubnis in jeder Hinsicht unerlaubt ist, kann der Zweck des Verbotsgesetzes am Besten dadurch erreicht werden, dass dem Leistenden der Bereicherungsanspruch insgesamt versagt wird.

IV. Ergebnis zu B.: A kann für die geleisteten Dienste keine Vergütung verlangen.

---

27 Vgl. BAG, Urt. v. 03.11.2004, FN 26.

Fall 11: Falschbeantwortung der Schwangerschaftsfrage

Die Schwangere F bewarb sich bei U, der einen Chemie-Betrieb betreibt, in dem nahezu ausschließlich verschiedene Säuren hergestellt werden, als Chemielaborantin. Die Frage nach der Schwangerschaft beantwortete F bewusst mit nein, obwohl sie bereits in der 8. Woche schwanger war. Bei der vereinbarten Aufnahme der Tätigkeit am 01.04. offenbarte F dem U die Schwangerschaft, der sie unter Hinweis darauf nach Hause schickte, dass er sie wegen der Schwangerschaft und des zwingend notwendigen Umgangs mit giftigen Stoffen nicht beschäftigen könne. Als U am 2. Mai vom Rechtsanwalt der F die Aufforderung erhielt, die Vergütung für April zu zahlen, lehnte er mit Schreiben vom 03.05. die Vergütungszahlung unter Hinweis auf die Nichtigkeit des Arbeitsvertrages ab. Darüber hinaus erklärte er vorsorglich die Anfechtung des Arbeitsvertrages wegen arglistiger Täuschung. Muss U die Vergütung zahlen?

I. Grundsatz: „Ohne Arbeit kein Lohn"

Da F im April keine Arbeitsleistung erbracht hat, die Vergütung aber gemäß § 614 BGB grds. nach Erbringung der Arbeitsleistung zu zahlen ist (Grundsatz: „Ohne Arbeit kein Lohn"), steht der F kein Vergütungsanspruch aus § 611 BGB in Verbindung mit dem Arbeitsvertrag zu.

II. Vergütungsanspruch nach einem Ausnahmetatbestand „Lohn ohne Arbeit"

F könnte einen Vergütungsanspruch aus dem Arbeitsvertrag i.V.m. § 11 Abs. 1 S. 1 MuSchG zustehen.

1. Wirksame Begründung eines Arbeitsverhältnisses?

a) Einigung zwischen F und U über den Abschluss eines Arbeitsvertrages liegt vor, weil F und U darin überein gekommen waren, dass F als Chemielaborantin zu einem monatlichen Bruttoeinkommen von 2.500 € in der 40-Stunden-Woche beschäftigt werden sollte.

b) Wirksamkeit der Einigung

Die F kann zwar während der Schwangerschaft in dem Chemie-Betrieb des U wegen der schädlichen Einwirkung von gesundheitsgefährdenden Stoffen nach § 4 Abs. 1 MuSchG nicht beschäftigt werden. Bei den zum Schutz der Schwangeren bestehenden Beschäftigungsverboten nach §§ 3, 4 und 6 MuSchG handelt es sich aber nur um gesetzliche Verbote hinsichtlich der tatsächlichen Beschäftigung der schwangeren Arbeitnehmerin, nicht dagegen um gesetzliche Vertragsabschlussverbote i.S.d. § 134 BGB. Wenn der Arbeitsvertrag als solcher nichtig wäre, würden sich die zum Schutz der Schwangeren bestehenden Beschäftigungsverbote im Ergebnis zu ihrem Nachteil auswirken. Der Arbeitsvertrag ist also wirksam zustande gekommen.

c) Wirksame Anfechtung des Arbeitsvertrages wegen arglistiger Täuschung nach § 123 BGB?

aa) Die Anfechtungsregeln der §§ 119 ff. BGB sind auf den Arbeitsvertrag nach allgemeiner Ansicht anwendbar.[28]

---

28 Vgl. dazu ausführlich AS-Skript Arbeitsrecht, Rdnr. 238 ff.

bb) Die bewusste Falschbeantwortung einer zulässigerweise gestellten Einstellungsfrage berechtigt den Arbeitgeber zur Anfechtung der auf den Vertragsabschluss gerichteten Willenserklärung wegen arglistiger Täuschung nach § 123 Abs. 1 BGB, wenn die Täuschung für den Vertragsabschluss ursächlich war.[29] Vorliegend hat zwar die F die Frage nach der Schwangerschaft bewusst falsch beantwortet, eine rechtswidrige arglistige Täuschung i.S.d. § 123 BGB liegt aber nur dann vor, wenn F die Schwangerschaftsfrage wahrheitsgemäß beantworten musste.

(1) Beim Abschluss eines Arbeitsvertrages stehen sich das Aufklärungsinteresse des Arbeitgebers und das Interesse des Arbeitnehmers an der Wahrung seiner Menschenwürde (Art. 1 Abs. 1 GG) und seines allgemeinen Persönlichkeitsrechts (Art. 2 Abs. 1 GG) gegenüber. Der Arbeitgeber ist regelmäßig daran interessiert, möglichst viel über die Person des Bewerbers zu erfahren, der Arbeitnehmer hat dagegen regelmäßig ein Interesse daran, seine persönlichen Belange nicht gegenüber einer ihm fremden Person zu offenbaren. Aus diesem Interessenwiderstreit folgt, dass dem Arbeitgeber kein uneingeschränktes Fragerecht zusteht. Vielmehr darf er nur nach solchen Tatsachen fragen, die für ihn von berechtigtem, billigenswertem und schützenswertem Interesse im Hinblick auf das angestrebte Arbeitsverhältnis sind, wobei gesetzgeberische Wertentscheidungen dem Fragerecht des Arbeitgebers nicht entgegenstehen dürfen.[30]

(2) Ausgehend von diesen Grundsätzen ist die Frage nach der Schwangerschaft, die naturgemäß nur weiblichen Bewerberinnen gestellt werden kann, mit dem geschlechtbezogenen Diskriminierungsverbot des § 7 Abs. 1 AGG (früher § 611 a BGB) unvereinbar. Dies gilt nach heute ganz h.M. auch dann, wenn der tatsächlichen Beschäftigung Beschäftigungsverbote nach dem MuSchG entgegenstehen, weil diese nur vorübergehender Natur sind.[31]

Die Frage des U nach der Schwangerschaft war demnach unzulässig mit der Folge, dass die bewusste Falschbeantwortung dieser unzulässigen Frage keine rechtswidrige arglistige Täuschung i.S.d. § 123 BGB darstellt – sog. Recht zur Lüge bei unzulässigen Einstellungsfragen.

(3) Die Einigung zwischen U und F ist demnach auch nicht aufgrund der vom U erklärten Anfechtung wegen arglistiger Täuschung nach § 123 Abs. 1 BGB i.V.m. § 142 Abs. 1 BGB nichtig. Ein wirksamer Arbeitsvertrag liegt damit zwischen A und U vor.

2. U kann zwar die F wegen des bestehenden Beschäftigungsverbots nach § 4 Abs. 1 MuSchG nicht beschäftigen, der F steht aber ein Anspruch auf Mutterschutzlohn aus dem Arbeitsvertrag i.V.m. § 11 Abs. 1 S. 1 MuSchG zu, weil insoweit eine gesetzliche Ausnahme von dem Grundsatz „Ohne Arbeit kein Lohn" vorliegt.

3. Ergebnis zu II.: U muss der A Mutterschutzlohn nach dem Arbeitsvertrag i.V.m. § 11 Abs. 1 S. 1 MuSchG zahlen.

---

29 Vgl. BAG, Urt. v. 07.07.2011 – 2 AZR 396/10, NZA 2012, 34 = ArbR 2011, 376 m. Anm. Bauer.

30 BAG, Urt. v. 13.06.2002 – 2 AZR 234/01, DB 2003, 396.

31 Vgl. BAG, Urt. v. 06.02.2003 – 2 AZR 621/01, NZA 2003, 848 und LAG Hamm DB 2001, 2451 m. Anm. Thüsing.

Schutz vor Benachteiligung im Arbeitsrecht

Schutz vor Benachteiligung im Arbeitsrecht

1. Anwendungsbereich

a) Persönlicher Anwendungsbereich, § 6 AGG

- Beschäftigte i.S.d. 6 Abs. 1, 3 AGG– Arbeitgeber, § 6 Abs. 2 AGG
  ⇨ § 6 Abs. 3 AGG für Selbstständige / Organvertreter!

b) Sachlicher Anwendungsbereich

- **Benachteiligung** i.S.v. § 1 AGG im Anwendungsbereich des § 2 Abs. 1 Nr. 1–4 AGG
- **Ausn.:** – betriebliche Altersversorgung § 2 Abs. 2 S. 2 AGG
  – Kündigung, § 2 Abs. 4 AGG, aber Wertungen des § 7 Abs. 1 AGG bei Anwendung der unbestimmten Rechtsbegriffe bei § 1 KSchG, § 626 BGB, §§ 138, 242 BGB beachten

2. Verstoß gegen das Benachteiligungsverbot des § 7 Abs. 1 AGG

a) Inhalt des Benachteiligungsverbots

- Definition: Benachteiligungsverbot im Anwendungsbereich des § 2 Abs. 1 Nr. 1–4 AGG nur bzgl. der Kriterien aus § 1 AGG

b) Benachteiligung = Verstoß, §§ 3, 4 AGG

- § 3 Abs. 1 AGG: unmittelbarer Verstoß
- § 3 Abs. 2 AGG: mittelbarer Verstoß
- § 3 Abs. 3 AGG: Belästigung
- § 3 Abs. 4 AGG: sexuelle Belästigung
- § 3 Abs. 5 AGG: Anweisung zur Benachteiligung
- § 4 AGG: Mehrere Gründe

Beweislast, § 22 AGG
⇨ zunächst reichen nur Indizien!

c) Rechtfertigung durch sachlichen Grund

- § 8 AGG: berufliche Anforderungen
- § 9 AGG: Religion / Weltanschauung (sog. Kirchenklausel)
- § 10 AGG: Alter
- § 5 AGG: Positive Ausgleichsmaßnahmen

3. Rechtsfolge bei verbotswidriger Benachteiligung

a) Allgemeine Sanktionen

- § 7 Abs. 2 AGG: Vereinbarung ist unwirksam
- § 13 AGG: Beschwerderecht
- § 14 AGG: Leistungsverweigerungsrecht

b) Ersatzansprüche, § 15 AGG

Schadensersatz, § 15 Abs. 1 AGG
Verschulden vermutet bis zur Exkulpation

Immaterieller Schaden, § 15 Abs. 2 AGG
nach Wortlaut verschuldensunabhängig!

§ 15 Abs. 3 AGG bei Anwendung kollekt. Vereinbarungen Haftung nur bei Vorsatz/grober Fahrlässigkeit

Ausschlussfrist
1. Stufe: § 15 Abs. 4 AGG: 2 Monate für schriftliche Geltendmachung
2. 2.Stufe: § 61 b Abs. 1 ArbGG: Klage – innerhalb von 3 Monaten nach erfolgloser Geltendmachung

Allg. Ansprüche, z.B. § 280 Abs. 1 BGB
- bleiben unberührt, § 15 Abs. 5 AGG
- beachte aber: §§ 611 a, 611 b, 612 Abs. 3 BGB wurden aufgehoben!

Maßregelungsverbot, § 16 AGG

Fall 12: Benachteiligungsverbot

Die türkische Arbeitnehmerin A bewarb sich Mitte Februar bei U um die Stelle einer Reinigungskraft, obwohl U nach der Zeitungsanzeige eine „zuverlässige deutsche Reinigungskraft" suchte. U lehnte die Einstellung der A ab und stellte die ältere Reinigungskraft D ein, die bei ihm bis Ende letzten Jahres 15 Jahre beschäftigt und sehr zuverlässig war. Zur Begründung der Einstellungsentscheidung gab U außerdem an, dass er die Stelle gar nicht ausgeschrieben hätte, wenn er gewusst hätte, dass die aufgrund einer Eigenkündigung ausgeschiedene D ihren neuen Arbeitsplatz verloren hat. Denn in diesem Fall hätte er die D, deren Eigenkündigung er sehr bedauert habe, direkt angesprochen. A unternahm zunächst nichts, weil sie die Begründung für überzeugend hielt und ihr lediglich Briefkosten entstanden waren. Nachdem sie jedoch im März von einer Bekannten erfuhr, dass ein neues „Diskriminierungsgesetz" gelte, sucht A Mitte März den Rechtsanwalt R auf und fragt, ob und ggf. welche Ansprüche ihr zustehen.

I. Kein Einstellungsanspruch der A

Nach § 11 AGG darf zwar ein Arbeitsplatz nicht unter Verstoß gegen das Benachteiligungsverbot des § 7 Abs. 1 AGG ausgeschrieben werden. Ob die Stellenausschreibung des U gegen § 7 Abs. 1 AGG verstieß, kann an dieser Stelle aber noch offen bleiben, weil § 15 Abs. 6 AGG ausdrücklich regelt, dass ein Verstoß des Arbeitgebers gegen das Benachteiligungsverbot des § 7 Abs. 1 AGG keinen Einstellungsanspruch begründet.

II. Der A könnte ein Anspruch auf Ersatz des materiellen Schadens aus § 15 Abs. 1 AGG zustehen.

1. Voraussetzung dafür ist zunächst, dass ein **Verstoß des Arbeitgebers U gegen das Benachteiligungsverbot des § 7 Abs. 1 AGG** vorliegt.

a) Nach § 7 Abs. 1 AGG dürfen Beschäftigte i.S.d. § 6 Abs. 1 AGG nicht wegen eines in § 1 AGG genannten Grundes benachteiligt werden.

aa) A ist als Bewerberin um die vom U ausgeschriebene Stelle nach § 6 Abs. 1 S. 2 AGG **Beschäftigte i.S.d. AGG**.

bb) U müsste gegen das **Benachteiligungsverbot des § 7 Abs. 1 AGG** verstoßen haben.

Nach § 1 AGG sind u.a. Benachteiligungen wegen der Rasse und der ethnischen Herkunft verboten. Da U die Stelle ausschließlich für deutsche Reinigungskräfte ausgeschrieben hat, sollten ausländische Beschäftigte von dem Stellenbesetzungsverfahren ausgeschlossen werden. Nach der Stellenausschreibung sollte also die ethnische Herkunft ein entscheidendes Einstellungskriterium sein. Sind die Chancen einer/eines Beschäftigten bereits durch ein diskriminierendes Verfahren beeinträchtigt worden, kommt es für das Vorliegen einer Benachteiligung nicht mehr darauf an, ob das nach § 1 AGG verpönte Merkmal bei der Einstellungsentscheidung selbst eine nachweisbare Rolle gespielt hat.[32] Die Stellenausschreibung des U ist somit entgegen § 11 AGG unter Verstoß gegen § 7 Abs. 1 AGG erfolgt, weil

32 BVerfG, Beschl. v. 16.11.1993 – 1 BvR 258/86, NZA 1994, 745. Auf die Beweislastregelung des § 22 AGG kommt es wegen der positiv feststehenden Benachteiligung nicht an.

ausländische Beschäftigte und damit auch A von dem Bewerbungsverfahren ausgeschlossen waren.

2. Nach § 15 Abs. 1 S. 2 AGG ist zwar der Schadensersatzanspruch ausgeschlossen, wenn der Arbeitgeber den Verstoß gegen das Benachteiligungsverbot nicht zu vertreten hat. Vorliegend bestehen aber gegen ein schuldhaftes Verhalten des U keine Bedenken, weil die Stellenausschreibung des U gegen § 11 AGG verstieß, was ohne weiteres erkennbar war. Da U schuldhaft gehandelt hat, kann offen bleiben, ob das **Verschuldenserfordernis** entgegen der wohl h.M. mit dem EG-Recht vereinbar ist.

3. A müsste durch den Verstoß des U gegen das Benachteiligungsverbot des § 7 Abs. 1 AGG ein **Vermögensschaden** entstanden sein.

a) Ob durch die Benachteiligung ein nach §§ 249 ff. BGB ersatzfähiger Vermögensschaden entstanden ist, ist nach der sog. Differenztheorie zu beurteilen. Fraglich ist deshalb, wie sich die Vermögenslage der A ohne die Benachteiligung dargestellt hätte.

b) Da A nach dem Sachverhalt auch bei einem benachteiligungsfreien Stellenbesetzungsverfahren nicht eingestellt worden wäre, scheidet als Vermögensschaden der entgangene Verdienst aus. Es kann deshalb offen bleiben, ob es sich dabei im Hinblick auf § 15 Abs. 6 AGG um einen nach § 15 Abs. 1 AGG ersatzfähigen Vermögensschaden handelt, der ggf. zeitlich zu begrenzen ist. Die Bewerbungskosten und damit auch die Briefkosten der A dürften dagegen als sog. „Sowieso-Kosten" nicht nach § 15 Abs. 1 AGG ersatzfähig sein.[33]

4. Ergebnis zu II.: A hat mangels eines ersatzfähigen Vermögesschadens keinen Schadensersatzanspruch gegen U aus § 15 Abs. 1 AGG.

III. Entschädigungsanspruch der A gegen U nach § 15 Abs. 2 AGG

1. Da U durch das Stellenbesetzungsverfahren gegen das Benachteiligungsverbot des § 7 Abs. 1 AGG verstoßen hat, steht der benachteiligten Beschäftigten A ein Anspruch auf angemessene Entschädigung in Geld nach § 15 Abs. 2 AGG zu. Dieser Entschädigungsanspruch darf allerdings nach § 15 Abs. 2 S. 2 AGG drei Monatsgehälter nicht überschreiten, weil A auch bei benachteiligungsfreier Auswahl nicht eingestellt worden wäre.

2. Um den Untergang des Entschädigungsanspruchs zu verhindern, muss ihn A zunächst innerhalb der 2-monatigen **Ausschlussfrist des § 15 Abs. 4 S. 1 AGG,** die mit dem EG-Recht vereinbar ist,[34] schriftlich gegenüber U geltend machen. Darüber hinaus muss A beachten, dass der Entschädigungsanspruch auch dann erlischt, wenn sie nicht entsprechend **§ 61 b Abs. 1 ArbGG innerhalb von drei Monaten nach Zugang der schriftlichen Geltendmachung eine Entschädigungsklage** erhebt.

3. Ergebnis zu III.: A steht ein Anspruch auf angemessene Entschädigung, höchstens drei Monatsverdienste, nach § 15 Abs. 2 AGG zu. Um den Untergang des Anspruchs zu verhindern, muss A die Verfallfristen des § 15 Abs. 4 AGG und des § 61 b ArbGG beachten.

---

33 Vgl. zum Entschädigungs- und Schadensersatzanspruch nach § 15 AGG AS-Skript Arbeitsrecht Rdnr. 198 ff.

34 Vgl. dazu EuGH, Urt. v. 08.07.2010 – C-246/09, NZA 2010, 869; Kolbe EuZA 2011, 65.

Pflichten des Arbeitnehmers und des Arbeitgebers

Pflichten des Arbeitnehmers (AN)

1. **Arbeitsleistung**

   a) **Inhalt**

   - Arbeitspflicht aus Arbeitsvertrag
   - konkretisiert durch Direktionsrecht des AG oder allgemeine Arbeitsbedingungen
   - höchstpersönliche Pflicht, § 613 BGB

   b) **Untergang der Arbeitspflicht**

   - **§ 275 Abs. 1 BGB:** Unmöglichkeit
     ⇨ Fixschuldcharakter der Arbeitsleistung!
   - **§ 275 Abs. 3 BGB:** persönl. Unzumutbarkeit
     ⇨ persönl. Leistungshindernisse des AN (z.B. Beerdigung der Eltern, Krankheit des Kindes)
   - **§ 615 BGB:** Keine Nachleistungspflicht bei Annahmeverzug des AG
   - **Krankheit** des AN oder **Feiertag**, §§ 2, 3 EFZG
   - **Urlaub** des AN, BUrlG
   - **Betriebsausfall**, § 615 S. 3 BGB i.V.m. Betriebsrisikolehre
   - **bei rechtmäßigem Arbeitskampf:** Suspendierung der Arbeitspflicht

   c) **Konsequenzen bei Verletzung der Arbeitspflicht**

   - **Schadensersatzpflicht statt der Leistung aus § 280 Abs. 1, Abs. 3 BGB i.V.m. § 283 BGB**, bei Nichterfüllung der Arbeitspflicht
     ⇨ i.d.R. Unmöglichkeit wegen Fixschuldcharakter!
     ⇨ Verschulden des AN wird nicht vermutet, **§ 619 a BGB!**

Pflichten des Arbeitgebers (AG)

1. **Lohnzahlung** und **Beschäftigungspflicht**

   a) **Inhalt**

   - **Lohn:** aus Arbeitsverhältnis ggf. i.V.m. Tarifvertrag
   - **Beschäftigung:**
     - Pflicht des AG aus § 242 BGB i.V.m. Art. 1 GG!
     - Besonderheiten während des KSch-Prozesses

   b) **Untergang der Lohnzahlungspflicht:**

   - **§ 326 Abs. 1 BGB:** grds. bei Nichtarbeit
   - **Ausn.: Lohn ohne Arbeit:**
     - **§ 326 Abs. 2 BGB:** Unmöglichkeit vom AG zu vertreten
     - **§ 616 BGB:** persönl. Verhinderung des AN für kurzen Zeitraum
     - **§ 615 BGB:** Annahmeverzug des AG
     - **§§ 2, 3 EFZG:** Entgeltfortzahlung bei Krankheit des AN oder Feiertage
     - **§ 11 BUrlG:** Urlaubsentgelt
     - **§ 615 S. 3 BGB** i.V.m. Betriebsrisikolehre bei Betriebsstörungen, die weder vom AN noch vom AG zu vertreten sind; bei Vertretenmüssen des AG greift schon § 326 Abs. 2 BGB, s.o.
   - **beim Arbeitskampf ruht Lohnzahlungspflicht**

   c) **Konsequenzen bei Verletzung der Lohnzahlungspflicht**

   - **Ersatz der Verzögerungsschäden aus § 280 Abs. 1, Abs. 2 BGB i.V.m. § 286 BGB**
     ⇨ bei Verzug des AG mit Lohnzahlung
     ⇨ Verschulden des AG wird vermutet, § 280 Abs. 1 S. 2 BGB, § 286 Abs. 4 BGB
     ⇨ Verzugszinsen gem. **§ 288 BGB!**

Pflichten des Arbeitnehmers (AN)	Pflichten des Arbeitgebers (AG)
⇨ **Schadensersatz neben der Leistung aus § 280 Abs. 1 BGB, wenn Schlechterfüllung** der Arbeitspflicht ⇨ in §§ 611 ff. BGB ist keine Minderung des Lohns vorgesehen! ■ Kündigungsrecht des AG	
2. **Nebenpflichten des AN** ■ **Schutz-, Sorgfaltspflichten aus §§ 241 Abs. 2, 242 BGB**, insbesondere: ■ keine Schädigung der Rechtsgüter des AG ■ Abwehr fremder Schädigungen ■ keine Verleitung von Kollegen zum Vertragsbruch ■ Verschwiegenheit ■ kein Wettbewerb	2. **Nebenpflichten des AG** ■ **Schutz-, Sorgfaltspflichten aus §§ 241 Abs. 2, 242 BGB**, insbesondere ■ keine Schädigung der Rechtsgüter des AN, Sicherheit von Arbeitsmitteln, § 618 BGB ■ Wahrung der Interessen des AN (Fürsorgepflicht des AG) ■ Keine Diskriminierung, §§ 6 ff. AGG
■ **Konsequenzen bei Verletzung der Pflichten** ■ Schadensersatz gem. § 280 Abs. 1 BGB ⇨ Verschulden des AN nicht vermutet, § 619 a BGB ⇨ Besonderheiten: innerbetrieblicher Schadensausgleich ■ u.U. KündigungsR des AG	■ **Konsequenzen bei Verletzung der Pflichten** ■ Schadensersatz gem. § 280 Abs. 1 BGB ⇨ Besonderheiten bei Arbeitsunfall: §§ 104 ff. SGB VII
3. **Obliegenheit des AN, den Urlaub zu nehmen, um sein Erlöschen nach § 7 Abs. 3 BUrlG durch Fristablauf zu verhindern**	3. **Pflicht des AG, Urlaub entspr. dem Wunsch des AN zu gewähren, § 7 Abs. 1 BUrlG** 4. Verpflichtung des AG, die Arbeitszeit auf Wunsch des AN nach Maßgabe der §§ 8, 9 TzBfG zu verkürzen oder zu verlängern

4. Teil: Rechte und Pflichten der Arbeitsvertragsparteien

Fall 13: Umfang der Arbeitspflicht

Der Dreher A ist seit zwei Jahren bei dem Automobilzulieferanten U beschäftigt, bei dem kein Betriebsrat besteht. Der schriftliche Formulararbeitsvertrag sieht u.a. eine regelmäßige wöchentliche Arbeitszeit von 40 Stunden und eine Verpflichtung zur Leistung von Überstunden bei betrieblicher Notwendigkeit vor. Als U an einem Mittwoch einen Auftrag erhielt, der spätestens am Montag der folgenden Woche ausgeführt werden musste, ordnete U unter Hinweis auf den dringenden Auftrag für Donnerstag bis einschließlich Samstag eine tägliche Arbeitszeit von zwölf Stunden an. A möchte wissen, ob und ggf. inwieweit er an diesen Tagen länger als 8 Stunden pro Tag arbeiten muss.

A könnte zu einer Arbeitsleistung von zwölf Stunden am Donnerstag bis Samstag nach dem Arbeitsvertrag verpflichtet sein.

I. Nach dem **Arbeitsvertrag** ist A verpflichtet, regelmäßig 40 Stunden pro Woche zu arbeiten und bei Bedarf auch Überstunden zu leisten, ohne dass die Anzahl der Überstunden festgelegt worden ist. Danach könnte A verpflichtet sein, der Anordnung des U Folge zu leisten. Fraglich ist aber, ob der Arbeitsvertrag so auszulegen ist.

1. Nach § 3 S. 1 ArbZG darf die werktägliche Arbeitszeit grundsätzlich acht Stunden pro Werktag, also 48 Stunden pro Woche nicht überschreiten. Sie kann aber nach § 3 S. 2 ArbZG bis auf zehn Stunden werktäglich verlängert werden, wenn innerhalb von sechs Kalendermonaten oder von 24 Wochen im Durchschnitt acht Stunden werktäglich nicht überschritten werden. Da nach dem Wortlaut des Arbeitsvertrages die Zahl der zu leistenden Überstunden nicht begrenzt ist, könnte die Überstundenvereinbarung wegen Verstoßes gegen die **Höchstarbeitszeiten des § 3 ArbZG** und des Verbots der geltungserhaltenden Reduktion des § 306 Abs. 2 BGB insgesamt nichtig sein. A müsste dann überhaupt keine Überstunden leisten, weil eine Verpflichtung zur Ableistung von Überstunden grds. nur beim Vorliegen einer entsprechenden Vereinbarung (Ausnahme: Not- und Katastrophenfälle) besteht. Der Arbeitgeber kann also Überstunden nicht allein unter Berufung auf sein Direktionsrecht nach § 106 GewO einseitig anordnen.[35]

2. Da A bei Abschluss des Formulararbeitsvertrages mangels gegenteiliger Anhaltspunkte nicht annehmen konnte, dass eine Arbeitszeit vereinbart werden sollte, die die nach dem ArbZG gesetzlich zulässige Höchstarbeitszeit überschreiten, also gesetzeswidrig sein sollte, ist der Arbeitsvertrag nach §§ 133, 157 BGB so auszulegen, dass eine Verpflichtung zur Ableistung von Überstunden nur innerhalb der nach dem ArbZG zulässigen Höchstgrenzen, also gesetzlich zulässige Arbeitszeit vereinbart wurde. Da durch **Auslegung des Arbeitsvertrages** ein **eindeutiges Ergebnis** zu erzielen ist, ist für die Anwendung der **Unklarheitsregel des § 305 c Abs. 2 BGB kein Raum.**[36]

---

35 Vgl. BAG, Urt. v. 03.06.2003 – 1 AZR 349/02, NZA 2003, 1155.

36 Vgl. BAG, Urt. v. 21.06.2011 – 9 AZR 203/10, NJW 2012, 103; Hunold NZA-RR 2008, 449, 450.

Dementsprechend muss A am Donnerstag bis Samstag auf keinen Fall zwölf Stunden, sondern höchstens zehn Stunden arbeiten.

II. Fraglich ist, ob A an den drei Tagen zehn Stunden arbeiten muss, also überhaupt zur **Leistung von Überstunden** verpflichtet ist.

Beachte: Bei Berufung des AG auf eine Weisung aufgrund des Arbeitsvertrages doppelte Prüfung:
1. Stufe: Generelle Wirksamkeit der Vertragsklausel
2. Stufe: Ausübung im Einzelfall nach billigem Ermessen

Trifft der Arbeitgeber eine Anordnung unter Berufung auf den Formulararbeitsvertrag, ist zwischen der generellen Wirksamkeit der Vertragsklausel (Klauselkontrolle nach §§ 305 ff. BGB) und der Wirksamkeit der Maßnahme im Einzelfall (Ausübungskontrolle: Billiges Ermessen nach § 315 Abs. 3 BGB) zu unterscheiden.

1. Nach dem ausgelegten Inhalt des Formulararbeitsvertrages ist A verpflichtet, Überstunden in den Grenzen des § 3 ArbZG bei betrieblicher Notwendigkeit ohne weitere Einschränkungen zu leisten. Da die Überstundenklausel ausschließlich auf betriebliche Notwendigkeiten abstellt, ist fraglich, ob sie einer Inhaltskontrolle nach §§ 307-309 BGB stand hält, die gemäß § 310 Abs. 4 S. 2 BGB unter Berücksichtigung arbeitsrechtlicher Besonderheiten vorzunehmen ist.

a) Klauseln in Formulararbeitsverträgen, die dem Arbeitgeber das Recht einräumen, die Hauptleistungspflichten auszugestalten oder zu verändern, unterliegen einer Inhaltskontrolle nach §§ 307-309 BGB, weil sie eine Abweichung von dem allgemeinen Rechtsgrundsatz „pacta sunt servanda" (Verträge sind einzuhalten) enthalten. Der an sich verbindliche Vertragsinhalt wird durch eine solche Flexibilisierungsklausel „aufgeweicht".

b) Unwirksamkeit der Überstundenklausel nach § 308 Nr. 4 BGB?

Nach § 308 Nr. 4 BGB kann zwar eine Klausel, mit der sich der Verwender das Recht vorbehält, die versprochene Leistung zu ändern, unwirksam sein. Das Recht zur Anordnung der Überstunden betrifft aber nicht die Leistungspflicht des U als Verwender des Formularvertrages, sondern den Umfang der Arbeitspflicht des A. § 308 Nr. 4 BGB ist also bereits nach seinem Wortlaut auf die Überstundenklausel nicht anwendbar.[37]

c) Die Überstundenklausel könnte aber wegen einer gegen Treu und Glauben verstoßenden unangemessenen Benachteiligung des A nach § 307 Abs. 1 S. 1 BGB unwirksam sein.

Ob eine **unangemessene Benachteiligung des Arbeitnehmers i.S.d. § 307 Abs. 1 S. 1 BGB** vorliegt, ist **nach einer umfassenden Abwägung der berechtigten Interessen beider Vertragspartner festzustellen**.

aa) Der Arbeitgeber hat bei dem Arbeitsverhältnis als einem Dauerschuldverhältnis ein berechtigtes Interesse an einer Flexibilisierung der Arbeitszeit, weil er die Möglichkeit haben muss, auf unterschiedlichen Arbeitsanfall möglichst schnell und angemessen reagieren zu können. Flexible Arbeitszeiten sind deshalb in der betrieblichen Praxis in vielen Tarifverträgen und Betriebsvereinbarungen vorgesehen, sodass die Überstundenklausel eine übliche Regelung ist, an der U ein berechtigtes Interesse hat.

---

37 BAG, Urt. v. 13.06.2007 – 5 AZR 564/06, NZA 2007, 974.

bb) Andererseits hat der Arbeitnehmer ein berechtigtes Interesse an einer möglichst feststehenden Arbeitszeit, weil er bei festen Arbeitszeiten in finanzieller Hinsicht eine größere Planungssicherheit hat und auch die Freizeit besser planen kann.

cc) Das Interesse des Arbeitgebers an einer Flexibilisierung der Arbeitszeitdauer und das Interesse des Arbeitnehmers an einer festen Regelung der Dauer der Arbeitszeit und der sich daraus ergebenden Vergütungshöhe sind nach h.M. in der Weise zu lösen, dass die nach der Formularklausel zusätzlich geschuldete Arbeitszeit 25% der vereinbarten regelmäßigen Arbeitszeit nicht überschreiten darf.[38] Da A nach dem Formulararbeitsvertrag eine regelmäßige wöchentliche Arbeitszeit von 40 Stunden hat und ausgehend von der Höchstarbeitszeit des § 3 S. 1 ArbZG wöchentlich höchstens acht Überstunden leisten muss, hält die formularmäßige Überstundenklausel einer Inhaltskontrolle nach § 307 BGB stand und ist daher als solche wirksam.

2. Da U die Überstunden im Hinblick auf einen kurzfristig eingegangenen eiligen Auftrag angeordnet hat, entspricht die Anordnung der Überstunden in dem nach § 3 ArbZG gesetzlich zulässigen Umfang billigen Ermessen i.S.d. §106 GewO i.V.m. § 315 Abs. 3 BGB und hält daher auch einer Ausübungskontrolle im Einzelfall stand. A ist daher verpflichtet, am Donnerstag, Freitag und Samstag zehn Stunden zu arbeiten. Da nach § 3 ArbZG eine wöchentliche Arbeitszeit von 48 Stunden zulässig ist, wird der nach § 3 S. 2 ArbZG erforderliche Arbeitszeitausgleich bereits in der folgenden Woche erreicht.

3. Ergebnis: A ist lediglich verpflichtet, am Donnerstag, Freitag und Samstag zehn Stunden zu arbeiten. Die darüber hinaus gehende Arbeitszeitanordnung ist dagegen nach § 134 BGB i.V.m. § 3 ArbZG unzulässig, sodass insoweit keine Arbeitspflicht des A besteht.

---

38 BAG, Urt. v. 11.02.2009 – 10 AZR 222/08, NZA 2009, 428; Urt. v. 05.12.2005 – 5 AZR 535/04, NZA 2006, 423; vom BVerfG, Beschl. v. 23.11.2006 – 1 BvR 1909/06, NZA 2007, 85 bestätigt.

Fall 14: Anspruch auf gewünschte Arbeitszeitverkürzung

A ist seit acht Jahren bei dem Pharmaunternehmen U mit insgesamt 300 Arbeitnehmern als Pharmareferent im Außendienst zu einem Monatsverdienst von ca. 8.500 € in der 40-Stunden-Woche beschäftigt. Ihm ist zur Akquisition und Kundenbetreuung ein Gebiet zugewiesen, das das gesamte Bundesland L erfasst. Neben A beschäftigt U weitere 17 Pharmareferenten in Vollzeit, denen ebenfalls ein festes Gebiet zugewiesen ist. U stellt den Pharmareferenten einen Laptop, eine Drucker-/Faxkombination, ein Handy und eine ISDN-Anlage zur Verfügung. Jeder Pharmareferent erhält außerdem zur Lagerung der vom U vertriebenen Arzneimittel eine jährliche Lagerraumpauschale von 1.000 €. Um die Kunden hinsichtlich der von U angebotenen Arzneimittel ordnungsgemäß beraten zu können, müssen die Pharmareferenten jährlich an 7 eintägigen Arbeitskreisen, 6 zweitägigen Regionaltagungen und 2 dreitägigen Gesamttagungen mit insgesamt 145 Tagungsstunden teilnehmen, wobei die Zeiten vergütet werden. Die neu eingestellten Pharmareferenten werden von U im Rahmen eines zweiwöchigen Grundkurses geschult. A möchte mehr Freizeit haben und beantragte mit Schreiben vom 08.01. die Verringerung der bisherigen Arbeitszeit auf 30 Stunden pro Woche verteilt auf drei Arbeitstage mit Wirkung ab dem 01.05. U lud A darauf hin mit Schreiben vom 10.02. zu einem persönlichen Gespräch, in dem die gewünschte Verkürzung der Arbeitszeit erörtert wurde. Nachdem A auch in der Folgezeit trotz mehrerer schriftlicher Alternativvorschläge des U bei seinem Wunsch blieb, hat U die gewünschte Verkürzung der Arbeitszeit mit Schreiben vom 10.03. abgelehnt. Begründet hat U die Ablehnung u.a. damit, dass ihm eine Umorganisation der feststehenden Bezirke nicht möglich sei, weil die anderen Pharmareferenten als Vollzeitkräfte ausgelastet seien. Die Einstellung einer Ersatzkraft für 10 Stunden pro Woche sei ihm dagegen schon wegen der unverhältnismäßigen Kostenbelastung nicht zumutbar, zumal A keinen Grund für den Teilzeitwunsch habe. Steht A der Anspruch auf die gewünschte Arbeitszeitverkürzung zu?

Dem A könnte ein Anspruch auf die gewünschte Verkürzung seiner Arbeitszeit aus § 8 Abs. 1 TzBfG zustehen.

I. Allgemeine Voraussetzungen für eine Verringerung der Arbeitszeit nach § 8 Abs. 1 TzBfG

1. Mindestbeschäftigungsdauer

Das Arbeitsverhältnis zwischen A und U bestand im Zeitpunkt des Teilzeitverlangens acht Jahre, also länger als sechs Monate, § 8 Abs. 1 TzBfG.

2. Erforderliche Beschäftigtenzahl

U beschäftigt insgesamt 300 Arbeitnehmer, also weit mehr als die nach § 8 Abs. 7 TzBfG erforderliche Mindestzahl von 16 Arbeitnehmern.

3. Ordnungsgemäßer Antrag

A hat entsprechend § 8 Abs. 2 S. 1 TzBfG mit Schreiben vom 08.01. die Verringerung seiner regelmäßigen Arbeitszeit von 40 auf 30 Wochenstunden ab dem 01.05. beantragt und damit die dreimonatige Antragsfrist des § 8 Abs. 2 S. 1 TzBfG gewahrt. A hat zwar im dem Antrag nicht die Arbeitszeiten an den einzelnen Tagen sowie die drei Tage konkret benannt, an denen er künftig die Arbeitsleistung erbringen soll. Nach dem eindeutigen Wortlaut des § 8 Abs. 2 S. 2 TzBfG soll der Antrag, muss also nicht, Angaben zu der gewünschten Verteilung der verringerten Arbeitszeit enthalten. Da A den Wunsch nach Verteilung der Arbeitszeit auf drei Tage geäußert hat, hat er die Festlegung der Lage der Arbeitszeit im Übrigen dem U aufgrund des diesem nach § 106 GewO zustehenden Direktionsrechts überlassen, was nach § 8 Abs. 1 S. 2 TzBfG zulässig ist.[39] Ein ordnungsgemäßer Teilzeitantrag i.S.d. § 8 Abs. 2 TzBfG liegt damit vor.

4. Kein Grund für den Teilzeitwunsch erforderlich

Nach dem Wortlaut des § 8 TzBfG kommt es nicht darauf an, aus welchem Grund der Arbeitnehmer die Verringerung der Arbeitszeit verlangt. Vielmehr wird in § 8 Abs. 4 S. 1, 2 TzBfG lediglich geregelt, aus welchen Grund der Arbeitgeber die gewünschte Verkürzung der Arbeitszeit ablehnen kann. Dementsprechend kommt es auch entgegen der Ansicht des U nicht darauf an, aus welchen Grund A die Arbeitszeitverkürzung verlangt.

II. Keine fingierte Einigung hinsichtlich der gewünschten Arbeitszeitverkürzung nach § 8 Abs. 5 S. 2, 3 TzBfG

1. Nach § 8 Abs. 5 S. 2 und 3 TzBfG wird die Einigung hinsichtlich der gewünschten Verringerung und Verteilung der Arbeitszeit fingiert, wenn keine Einigung erzielt worden und der Arbeitgeber nicht spätestens einen Monat vor dem Beginn der gewünschten Teilzeit den Teilzeitwunsch schriftlich ablehnt.

Beachte: Die Verletzung der in § 8 Abs. 3 TzBfG vorgesehenen Erörterungspflicht allein löst nach h.M. weder die Fiktion der Zustimmung aus noch hat sie die Verwirkung des Rechts zur Folge, den Teilzeitwunsch abzulehnen.[40]

2. Da U die gewünschte Arbeitszeitverkürzung mit dem ausführlich begründeten Schreiben vom 10.03 nach einer Erörterung entsprechend § 8 Abs. 3 TzBfG rechtzeitig abgelehnt hat, hat er die Fiktion der Einigung nach § 8 Abs. 5 S. 2, 3 TzBfG verhindert. Es kann daher offen bleiben, ob die schriftliche Ablehnung entgegen der h.M. begründet werden muss, obwohl dies nach dem Wortlaut des § 8 Abs. 5 S. 2, 3 TzBfG – anders als nach § 15 Abs. 7 S. 4 BEEG – nicht erforderlich ist.[41]

III. Entgegenstehende betriebliche Gründe i.S.d. § 8 Abs. 4 TzBfG?

1. Der Arbeitgeber kann die Ablehnung nicht allein mit einer abweichenden unternehmerischen Vorstellung von der „richtigen" Arbeitszeitverteilung begründen. Vielmehr muss er nach § 8 Abs. 4 S. 1 TzBfG der Verkürzung der Arbeitszeit zustimmen und ihre Verteilung entsprechend dem Wunsch des Arbeitnehmers festlegen, soweit betriebliche Gründe nicht entgegen stehen. Betriebliche Gründe liegen dabei nach § 8 Abs. 4 S. 2 TzBfG insb. dann vor, wenn die Verringerung der Arbeitszeit die Organisa-

39 BAG, Urt. v. 15.12.2009 – 9 AZR 72/09, NZA 2010, 447.
40 BAG, Urt. v. 08.05.2007 – 9 AZR 1112/06, NJW 2007, 3661.
41 MünchKomm/Henssler, Band 4, 5. Aufl. 2009, § 8 TzBfG Rdnr. 21 m.w.N.

tion, den Arbeitsablauf oder die Sicherheit im Betrieb wesentlich beeinträchtigt oder unverhältnismäßige Kosten verursacht. Nach dem Wortlaut des § 8 Abs. 4 TzBfG sind zwar dringende betriebliche Gründe nicht erforderlich, sie müssen aber hinreichend gewichtig sein. Maßgeblich ist dafür nach h.M. der Zeitpunkt der Ablehnungsentscheidung.[42]

2. Fraglich ist somit, ob die vom U geltend gemachten Gründe die Ablehnung des Teilzeitwunsches rechtfertigen.

Ob betriebliche Gründe die Ablehnung des Teilzeitwunsches rechtfertigen, ist in 3 Stufen zu prüfen:
1. Stufe: Ob und wenn ja, welches betriebliche Organisationskonzept liegt der vom AG als erforderlich angesehenen Arbeitszeit zugrunde
2. Stufe: Inwieweit steht die Arbeitszeitregelung dem Teilzeitwunsch des AN entgegen; dabei ist auch der Frage nachzugehen, ob der Teilzeitwunsch durch zumutbare Änderungen unter Wahrung des Organisationskonzepts mit der als betrieblich erforderlich angesehenen Arbeitszeit in Einklang gebracht werden kann
3. Stufe: Gewicht der betrieblichen Gründe; werden durch den Teilzeitwunsch betriebliche Belange oder das Organisationskonzept und die ihm zugrundeliegende unternehmerische Aufgabenstellung wesentlich beeinträchtigt?

U beruft sich zur Ablehnung des Teilzeitwunsches des A auf die Unzumutbarkeit der Änderung der Organisation der bisherigen Bezirke sowie auf die Unzumutbarkeit der Kosten, die bei Einstellung einer Ersatzkraft mit 10 Wochenstunden entstehen würden.

a) Dem wirtschaftlichen Risiko des Arbeitgebers entspricht die unternehmerische Befugnis, das Arbeitszeitvolumen festzulegen, das für die Erreichung des unternehmerischen Zieles für erforderlich erachtet wird. Dementsprechend ist es nicht zu beanstanden, wenn U für die Betreuung des dem A zugewiesenen Bezirks ein Arbeitszeitvolumen von 40 Stunden pro Woche für erforderlich hält (1. Prüfungsstufe).

b) U könnte zwar den Teilzeitwunsch des A durch eine Verkleinerung seines Bezirks und eine Verteilung der Aufgaben auf andere Pharmareferenten oder durch die Einstellung einer Ersatzkraft ermöglichen (2. Prüfungsstufe), dies müsste ihr aber möglich und zumutbar sein (3. Prüfungsstufe).

aa) Da die anderen Pharmareferenten als Vollzeitkräfte andere Bezirke betreuen und damit ausgelastet sind, würde die Verkleinerung des Bezirks mangels einer personellen Überkapazität zu einer Verringerung des Betreuungsaufwandes und der Betreuungsintensität in anderen Bezirken führen, was U wegen des damit verbundenen Risikos der Unzufriedenheit der Kunden nicht zumutbar ist.

bb) U könnte zwar die Einstellung einer Ersatzkraft für 10 Wochenstunden möglich sein, um die bestehende Betreuung der Kunden zu aufrecht zu erhalten. Angesichts des erforderlichen Schulungsbedarfs und der damit verbundenen Kosten sowie der Kosten, die für die gleiche technische Ausstattung erforderlich wären, würde dies bei einer Ersatzkraft mit 10 Wochenstunden zu einer unverhältnismäßigen Kostenbelastung führen. Die Einstellung einer Ersatzkraft ist deshalb U ebenfalls nicht zumutbar, sodass offen bleiben kann, ob eine Ersatzkraft mit 10 Wochenstunden für diese Tätigkeit überhaupt zu finden wäre.

IV. Ergebnis: A hat keinen Anspruch auf die gewünschte Verkürzung und Verteilung der Arbeitszeit, weil diesem Verlangen betriebliche Gründe i.S.d. § 8 Abs. 4 TzBfG entgegen stehen.

---

42 Vgl. BAG, Urt. v. 13.10.2010 – 9 AZR 910/08, NZA 2010, 339; AS-Skript Arbeitsrecht, Rdnr. 274 ff.

Fall 15: Höhe der Vergütung

Der 55-jährige Hilfsarbeiter A, der seit drei Jahren arbeitslos ist, schloss mit U, der einen Metallbetrieb unterhält, einen Formulararbeitsvertrag ab, der u.a. eine Hilfsarbeitertätigkeit in der 40-Stunden-Woche bei einem Bruttostundenlohn von 7 € vorsieht. Bei den Vertragsverhandlungen wollte A zwar einen höheren Lohn vereinbaren, U lehnte dies jedoch unter Hinweis darauf ab, dass er mangels Verbandsmitgliedschaft an keine Tarifverträge gebunden sei und A angesichts der langen Arbeitslosigkeit, der fehlenden Ausbildung und der schlechten Lage auf dem lokalen Arbeitsmarkt froh sein könne, wenn er von ihm eingestellt werde. Nach Arbeitsaufnahme stellte A fest, dass er eine sehr schwere körperliche Arbeit verrichten muss, und kommt zu der Überzeugung, dass dafür der in der Region üblicherweise gezahlte Tariflohn von 13 € die angemessene Vergütung wäre. Einen verbindlichen gesetzlichen bzw. tariflichen Mindestlohn gibt es für diese Branche nicht. Kann A einen Stundenlohn in Höhe von 13 € verlangen?

I. Ein **Anspruch aus dem Arbeitsvertrag i.V.m. dem einschlägigen Lohntarifvertrag** steht A mangels beiderseitiger Tarifbindung i.S.d. § 3 Abs. 1 TVG bzw. der Allgemeinverbindlichkeit des Lohntarifvertrages nicht zu.

II. Ein **Vergütungsanspruch aus dem Arbeitsvertrag i.V.m. § 611 BGB** in Höhe von 13 € steht A schon deswegen nicht zu, weil im Arbeitsvertrag ein Stundenlohn von lediglich 7 € vereinbart worden ist.

III. A könnte ein **Anspruch auf Zahlung einer üblichen Stundenvergütung i.H.v. 13 € aus dem Arbeitsvertrag i.V.m. §§ 611, 612 Abs. 2 BGB** zustehen.

§ 612 Abs. 2 BGB greift nicht nur dann ein, wenn überhaupt keine Vergütungsvereinbarung vorliegt, sondern auch dann, wenn die Vergütungsvereinbarung unwirksam ist.

1. Eine **wirksame Einigung über die wesentlichen Merkmale eines Arbeitsvertrages** liegt vor. Eine eventuelle Sittenwidrigkeit und damit Nichtigkeit der Lohnvereinbarung nach § 138 BGB hat keine Gesamtnichtigkeit des Arbeitsvertrages nach § 139 BGB zur Folge, weil sich anderenfalls die aus Gründen des Arbeitnehmerschutzes ergebende Nichtigkeit der Lohnvereinbarung im Ergebnis zum Nachteil des Arbeitnehmers auswirken würde.

2. Da A und U eine **Vergütungsvereinbarung** getroffen haben, ist § 612 Abs. 2 BGB nur bei **Nichtigkeit** der Vereinbarung anwendbar.

a) Da es nach dem Sachverhalt keinen verbindlichen gesetzlichen oder tariflichen Mindestlohn gibt, scheidet eine Unwirksamkeit der Vergütungsvereinbarung wegen eines Verstoßes gegen ein gesetzliches Verbot nach § 134 BGB insoweit aus. Es kommt zwar eine Nichtigkeit der Lohnvereinbarung nach § 134 BGB wegen Verstoßes gegen den strafrechtlichen Lohnwuchertatbestand des § 291 Abs. 1 Nr. 3 StGB in Betracht. Da jedoch die Anpassung dieses strafrechtlichen Wuchertatbestandes an den zivilrechtlichen Wuchertatbestand des § 138 Abs. 2 BGB nicht den Sinn hatte, die Vorschrift des § 138 Abs. 2 BGB zivilrechtlich gegenstandlos zu machen, geht die wohl h.L. zu Recht davon aus, dass § 138 Abs. 2 BGB als eine zivilrechtli-

Beachte: § 134 BGB ist im Verhältnis zu § 138 BGB grds. die speziellere Norm, sodass eine Nichtigkeit einer Vereinbarung nach § 134 BGB zuerst zu prüfen ist.[43]

43 Palandt/Heinrichs § 138 BGB Rdnr. 65.

che Sonderregelung des Wuchertatbestandes gegenüber dem sachlich übereinstimmenden § 291 StGB Vorrang hat mit der Folge, dass sich die Nichtigkeit der Lohnvereinbarung wegen Lohnwuchers nicht aus § 134 BGB i.V.m. § 291 Abs. 1 Nr. 3 StGB, sondern nur aus dem insoweit vorrangigen § 138 Abs. 2 BGB ergeben kann.[44]

Inhaltskontrolle nach §§ 307 BGB ff. hat nach h.M. Vorrang gegenüber § 138 BGB

b) Unwirksamkeit der Vergütungsvereinbarung wegen einer unangemessenen Benachteiligung des A nach § 307 Abs. 1 S. 1 BGB?

Der Formulararbeitsvertrag enthält zwar Allgemeine Geschäftsbedingungen i.S.d. § 305 Abs. 1 BGB. Nach § 307 Abs. 3 S. 1 BGB findet jedoch die Inhaltskontrolle nach den §§ 307 Abs. 1, 2, 308, 309 BGB nur dann statt, wenn von Rechtsvorschriften abweichende oder diese ergänzende Regelungen vereinbart werden. Da Abreden über den unmittelbaren Gegenstand der Hauptleistung und des dafür zu zahlenden Entgelts aufgrund der Vertragsfreiheit von den Parteien festgelegt werden müssen und daher ihrer Art nicht der Regelung durch Rechtsvorschriften unterliegen, sind sie nach § 307 Abs. 1 S. 1 BGB der Inhaltskontrolle entzogen. Damit ist eine Inhaltskontrolle hinsichtlich der Lohnhöhe nach § 307 Abs. 3 S. 1 BGB ausgeschlossen.

c) Die Vergütungsvereinbarung könnte wegen Lohnwuchers sittenwidrig und damit nach § 138 BGB nichtig sein.

aa) Voraussetzung für die Erfüllung des speziellen zivilrechtlichen Lohnwuchertatbestandes des § 138 Abs. 2 BGB sowie des lohnwucherähnlichen Rechtsgeschäfts nach § 138 Abs. 1 BGB ist ein auffälliges Missverhältnis zwischen der Leistung und der Gegenleistung.[45]

Beachte: Innerhalb des § 138 BGB ist zwischen dem vorrangigen speziellen Wuchertatbestand des § 138 Abs. 2 BGB und der Generalklausel des § 138 Abs. 1 BGB zu unterscheiden.

bb) Da die zwischen A und U vereinbarte Vergütung lediglich rd. 54% der in der Region üblicherweise gezahlten Tarifvergütung beträgt und U diese erhebliche Unterschreitung der üblichen Vergütung (Richtwert für auffälliges Missverhältnis: Unterschreitung des üblichen Tariflohns um 1/3[46]) unter Hinweis auf die sehr schlechten Aussichten des A auf dem Arbeitsmarkt durchgesetzt hat, ist der zivilrechtliche Lohnwuchertatbestand des § 138 Abs. 2 BGB erfüllt. Zumindest liegt aber nach seinem der Zusammenfassung von Inhalt, Beweggrund und Zweck zu entnehmenden Gesamtcharakter ein lohnwucherähnliches Rechtsgeschäft nach § 138 Abs. 1 BGB vor, sodass die Vergütungsvereinbarung nichtig ist.

d) Da keine wirksame Vergütungsvereinbarung vorliegt, steht A ein Anspruch auf Zahlung der üblichen Vergütung zu. Dies ist die in der Region übliche Tarifvergütung von 13 €.

3. Ergebnis: A hat gegen U einen Anspruch auf Zahlung der üblichen Vergütung i.H.v. 13 € aus dem Arbeitsvertrag i.V.m. §§ 611, 612 Abs. 2 BGB.

---

44 MünchKomm/Armbrüster, Band 1, 6. Aufl. 2012, § 138 BGB Rdnr. 4; Palandt/Heinrichs § 138 BGB Rdnr. 65 m.w.N.; a.A. Jauernig/Jauernig, 14. Aufl. 2011, § 138 BGB Rdnr. 19; vgl. auch BAG, Urt. v. 23.05.2001 – 5 AZR 527/01, ARST 2002, 75: „Als Grund für die Nichtigkeit einer Lohnvereinbarung kommen sowohl ein Verstoß gegen den strafrechtlichen Wuchertatbestand des § 302 Abs. 1 S. 1 Nr. 3 StGB a.F. als auch ein Verstoß gegen die guten Sitten nach § 138 BGB in Betracht" und BAG, Urt. v. 22.04.2009 – 5 AZR 436/08, NZA 2009, 837, das Nichtigkeit nach § 138 Abs. 2 BGB annimmt.

45 BAG, Urt. v. 22.04.2009, FN 44; Urt. v. 26.04.2006 – 5 AZR 549/05, NZA 2006, 1354.

46 BAG, Urt. v. 22.04.2009, FN 44, das entgegen der bisherigen Rspr. einen solchen Richtwert annahm.

Der Beschäftigungsanspruch

I. Allgemeiner Beschäftigungsanspruch

1. Anspruch entstanden

- zwar in § 611 BGB nicht als Hauptleistungspflicht erwähnt
- aber **Herleitung** des Anspruchs Arbeitnehmer gegen Arbeitgeber auf Beschäftigung aus Art. 1, 2 GG i.V.m. § 242 BGB i.V.m. allg. Persönlichkeitsrecht des Arbeitnehmers i.V.m. Arbeitsvertrag
- Beschäftigungsanspruch kann **im Wege der Leistungsklage** eingeklagt werden

2. Anspruch ausgeschlossen

- **Falls Beschäftigung durch den Arbeitgeber unmöglich, § 275 BGB**
- **Falls Beschäftigung durch den Arbeitgeber ausnahmsweise unzumutbar**
  - § 275 Abs. 1 (technische/rechtliche Unmöglichkeit)
  - § 275 Abs. 2 (wirtschaftlich unmöglich, z.B. keine Aufträge)
  - § 275 Abs. 3 (persönliche Leistungshindernisse des Arbeitnehmers)
  - Besondere Beschäftigungshindernisse (Feiertag, Krankheit, Urlaub = EFZG, BUrlG)
- u.U. dann aber dennoch Lohnzahlungspflicht nach Grundsatz Lohn ohne Arbeit

II. Weiterbeschäftigungsanspruch des AN bei Kündigung durch den AG – Differenzierung

1. Allgemeiner WBA

a) Bestehen/Entstehung

Wegen Unsicherheit über Wirksamkeit oder Unwirksamkeit der Kündigung nur, wenn das Beschäftigungsinteresse des AN das Nichtbeschäftigungsinteresse des AG überwiegt – i.d.R. anzunehmen

- bei offensichtlicher Unwirksamkeit der Kündigung und Erhebung der Kündigungsschutzklage binnen der 3-Wochen-Frist des § 4 KSchG (ggf. i.V.m. § 13 Abs. 1 S. 2 KSchG)
- andernfalls: Weiterbeschäftigungsanspruch erst ab Feststellung der Unwirksamkeit der Kündigung durch Urteil des ArbG oder des LAG

  ⇨ Anspruch wird i.d.R. durch sog. unechten Hilfsantrag eingeklagt

b) Ausschluss/ Untergang

- bei Unmöglichkeit der Weiterbeschäftigung durch Arbeitgeber, § 275 BGB s.o.
- Änderung des klagestattgebenden Urteils und Klageabweisung in der Rechtsmittelinstanz
- Neue Kündigung, sofern nicht offensichtlich unwirksam
- Statthafter Antrag des AG oder des AN auf Auflösung des Arbeitsverhältnisses nach §§ 9, 10 KSchG

  ⇨ bei unwirksamer ordentlicher Kündigung:
  Antrag des AN möglich, wenn ordentliche Kündigung zumindest auch sozial ungerechtfertigt ist; Auflösungsantrag des AG nur, wenn Kündigung nur sozialwidrig und nicht auch aus anderen Gründen unwirksam

  ⇨ bei unwirksamer außerordentlicher Kündigung:
  nur auf Antrag des AN, § 13 Abs. 1 S. 3 KSchG

  ⇨ bei Auflösung: nur Abfindung, §§ 10, 11 KSchG

2. Gesetzlicher WBA nach § 102 Abs. 5 BetrVG

a) Entstehung

- Ordentliche Kündigung
- ordnungsgemäßer Widerspruch des BR nach § 102 Abs. 3 BetrVG
- Weiterbeschäftigungsverlangen des AN
- Erhebung der Kündigungsschutzklage innerhalb der Klagefrist des § 4 KSchG

b) Ausschluss/Untergang

- Unmöglichkeit der Weiterbeschäftigung, § 275 BGB
- Entbindung von der Weiterbeschäftigungspflicht auf Antrag des AG durch das ArbG im Wege der einstw. Verfügung nach § 102 Abs. 5 S. 2 BetrVG
- Rechtskräftige Abweisung der Kündigungsschutzklage
- Neue Kündigung, sofern nicht offensichtlich unwirksam
- Statthafter Auflösungsantrag, §§ 9, 10 KSchG, s.o.

Fall 16: Der Beschäftigungsanspruch

A ist seit 01.01.2004 im Betrieb des U als Programmierer beschäftigt. Nach dem Formulararbeitsvertrag ist das Arbeitsverhältnis nur mit einer Kündigungsfrist von sechs Monaten zum Quartalsende kündbar. Außerdem regelt der Arbeitsvertrag u.a., dass U berechtigt ist, den A bei einer Kündigung ohne besondere Begründung unter Fortzahlung der Bezüge freizustellen. Nachdem es zu Unstimmigkeiten zwischen U und A kam, kündigte U mit Schreiben vom 12.04.2011 fristgerecht zum 31.12.2011 und stellte den A unter Berufung auf den Arbeitsvertrag bis zum Ablauf der Kündigungsfrist frei. A erhob gegen die Kündigung fristgerecht Kündigungsschutzklage verbunden mit einem Weiterbeschäftigungsantrag. Außerdem forderte er U außergerichtlich zu einer Beschäftigung bis zum Ablauf der Kündigungsfrist auf. Steht A der Beschäftigungsanspruch zu?

A könnte der Anspruch auf Beschäftigung bis zum Ablauf der Kündigungsfrist aus dem Arbeitsvertrag i.V.m. § 611 BGB zustehen

I. Ein **Arbeitsverhältnis** liegt bis zum Ablauf der Kündigungsfrist vor.

Beachte: Es ist begrifflich zwischen dem Beschäftigungsanspruch im unstreitig bestehenden Arbeitsverhältnis und dem Weiterbeschäftigungsanspruch zu unterscheiden, der trotz des Streits über die Beendigung des Arbeitsverhältnisses über den streitigen Beendigungszeitpunkt hinaus bestehen kann.

II. Der Arbeitnehmer hat aufgrund des Arbeitsvertrages nach ganz h.M. nicht nur einen Anspruch auf Zahlung der vereinbarten Vergütung, sondern im Hinblick auf den durch Art. 1, 2 Abs. 1 GG verfassungsrechtlich garantierten Persönlichkeitsschutz auch darauf, sich am Arbeitsplatz zu entfalten und seine Leistungsfähigkeit zu erhalten. Dieser **Beschäftigungsanspruch** entfällt ausnahmsweise nur dann, wenn dem Arbeitgeber die Beschäftigung des Arbeitnehmers nicht möglich oder nicht zumutbar ist. Dafür liegen nach dem Sachverhalt keine Anhaltspunkte vor.

III. Der Beschäftigungsanspruch des A könnte aufgrund der **Freistellungsklausel in dem Arbeitsvertrag** ausgeschlossen sein.

1. Der Beschäftigungsanspruch kann aufgrund der Vertragsfreiheit grds. jedenfalls für die Dauer der Kündigungsfrist ausgeschlossen werden.

2. Die vorliegend in einem Formulararbeitsvertrag i.S.d. § 305 Abs. 1 BGB vereinbarte Freistellungsklausel könnte wegen einer unangemessenen Benachteiligung des A nach § 307 Abs. 1 S. 1 BGB unwirksam sein.

Der Arbeitgeber mag zwar bei einer ordentlichen Kündigung, insb. wenn sie aus verhaltensbedingten Gründen erfolgt, ein berechtigtes Interesse an der Freistellung des Arbeitnehmers haben. Da aber der Beschäftigungsanspruch aus dem Persönlichkeitsschutz folgt und der Arbeitnehmer insb. dann ein Interesse an der Beschäftigung bis zum Ablauf der Kündigungsfrist hat, wenn er – wie hier A – einen Beruf ausübt, der ständige berufliche Praxis erfordert, stellt ein generelles und einschränkungsloses Freistellungsrecht des Arbeitgebers in einem Formulararbeitsvertrag nach h.M. eine unangemessene Benachteiligung des Arbeitnehmers dar.[47] Eine derartige Freistellungsklausel ist deshalb nach § 307 Abs. 1 S. 1 BGB unwirksam. Eine geltungserhaltende Reduktion scheidet nach § 306 Abs. 2 BGB aus.

IV. Ergebnis: A steht bis zum Ablauf der Kündigungsfrist ein Beschäftigungsanspruch zu.

---

47 Vgl. dazu Erfurter Kommentar zum Arbeitsrecht, 12. Aufl. 2012 = ErfK/Preis § 611 BGB Rdnr. 568 ff.

Fall 17: Der Weiterbeschäftigungsanspruch

A ist seit zehn Jahren im Betrieb des U beschäftigt. Mit Schreiben vom 10.02. leitete U die Anhörung des Betriebsrates zu einer betriebsbedingten Kündigung des Arbeitsverhältnisses mit dem A zum 30.06. unter Hinweis darauf ein, dass die Beschäftigungsabteilung des A zum 30.06. geschlossen wird. Der Betriebsrat widersprach der Kündigung nach einem ordnungsgemäßen Betriebsratsbeschluss mit dem vom Betriebsratsvorsitzenden unterschriebenen Schreiben vom 15.02, das dem U am 16.02. zuging. Zur Begründung trug der Betriebsrat vor, dass A in der Abteilung X weiterbeschäftigt werden könnte, in der er in der Vergangenheit auch eingesetzt wurde, da in dieser Abteilung wegen einer Eigenkündigung des Arbeitnehmers B ein freier Arbeitsplatz vorhanden sei. U, der den A für die Aufgabe auf dem freien Arbeitsplatz für nicht geeignet hielt, kündigte das Arbeitsverhältnis mit A form- und fristgerecht zum 30.06. A erhob dagegen fristgerecht Kündigungsschutzklage und forderte den U zu seiner Weiterbeschäftigung bis zu einer rechtskräftigen Entscheidung des Kündigungsschutzprozesses unter Hinweis auf den Widerspruch des Betriebsrates auf. Das Arbeitsgericht wies die Klage nach einer durchgeführten Beweisaufnahme zur Eignung des A zur Tätigkeit auf dem zwischenzeitlich besetzten Arbeitsplatz mit einem am 30.11. rechtskräftig gewordenen Urteil ab. A, der nahtlos eine neue Stelle fand, dort aber 250 € pro Monat weniger verdient, fordert U zur Zahlung von Annahmeverzugslohn auf. Stehen dem A insoweit Zahlungsansprüche, ggf. welche zu?

I. Da das ursprünglich durch den Arbeitsvertrag begründete Arbeitsverhältnis aufgrund der rechtskräftigen Entscheidung des ArbG zum 30.06. wirksam gekündigt wurde, scheiden Vergütungsansprüche aus diesem vertraglich begründeten Arbeitsverhältnis für die Zeit nach Ablauf der Kündigungsfrist aus.

II. Dem A könnte jedoch ein **Anspruch auf Zahlung der Vergütungsdifferenz** für die Zeit vom 01.07. bis zum 30.11. **aus einem kraft Gesetzes bestehenden Arbeitsverhältnis i.V.m. §§ 611, 615 BGB** zustehen.

1. Nach § 102 Abs. 5 S. 1 BetrVG steht dem Arbeitnehmer bei einem ordnungsgemäßen Widerspruch des Betriebsrates gegen eine ordentliche Kündigung auf Verlangen ein Weiterbeschäftigungsanspruch bis zu einer rechtskräftigen Abweisung der erhobenen Kündigungsschutzklage zu. Bei einem Weiterbeschäftigungsanspruch nach § 102 Abs. 5 S. 1 BetrVG besteht also das bisherige Arbeitsverhältnis mit allen Rechten und Pflichten kraft Gesetzes auflösend bedingt durch die rechtskräftige Abweisung der Kündigungsschutzklage fort.

Die Stellungnahme des BR hat auf die Wirksamkeit der Kündigung keinen Einfluss, ein Widerspruch des BR nach § 102 Abs. 3 BetrVG verbessert aber wegen des Weiterbeschäftigungsanspruchs nach § 102 Abs. 5 S. 1 BetrVG die Rechtsposition des AN, vgl. auch zur Entbindungsmöglichkeit des AG § 102 Abs. 5 S. 2 BetrVG.

2. Fraglich ist somit, ob die **Voraussetzungen des § 102 Abs. 5 S. 1 BetrVG** vorliegen.

a) A hat gegen die ordentliche Kündigung **fristgerecht Kündigungsschutzklage erhoben**.

b) Ein **Weiterbeschäftigungsverlangen** des A liegt ebenfalls vor.

c) Frist- und ordnungsgemäßer Widerspruch des Betriebsrates nach § 102 Abs. 3 BetrVG gegen die ordentliche Kündigung?

aa) Der Betriebsrat hat nach einem ordnungsgemäßen Betriebsratsbeschluss mit Schreiben vom 15.02., das von dem Betriebsratsvorsitzenden entspr. § 26 Abs. 2 S. 1 BetrVG unterzeichnet wurde, Widerspruch erhoben. Da der Widerspruch dem U am 16.02., also innerhalb der Wochenfrist des § 102 Abs. 3 S. 1 i.V.m. § 102 Abs. 1 S. 1 BetrVG zugegangen ist, liegt ein **frist- und formgerechter Widerspruch des Betriebsrates** vor.

bb) Der Betriebsrat müsste der ordentlichen Kündigung ordnungsgemäß i.S.d. § 102 Abs. 2 S. 1 BetrVG **aus den in § 102 Abs. 3 BetrVG aufgezählten Gründen unter Angabe der Widerspruchsgründe** widersprochen haben.

(1) Ein ordnungsgemäßer Widerspruch liegt vor, wenn der Widerspruch des Betriebsrates es aufgrund einer einzelfallbezogenen Begründung als möglich erscheinen lässt, dass einer der abschließend in § 102 Abs. 3 BetrVG aufgezählten Gründe vorliegt. Nicht erforderlich ist dagegen, dass der Widerspruchsgrund tatsächlich vorliegt, weil dies eine Frage der Begründetheit der Kündigungsschutzklage ist.[48]

(2) Vorliegend hat der Betriebsrat der ordentlichen Kündigung unter Hinweis darauf widersprochen, dass in der Abteilung X aufgrund der Eigenkündigung des Arbeitnehmers B ein freier Arbeitsplatz vorhanden ist, auf dem A in der Vergangenheit bereits gearbeitet hat. Es liegt deshalb ein ordnungsgemäßer Widerspruch nach § 102 Abs. 3 Nr. 3 BetrVG vor.

Dem A stand damit ein Weiterbeschäftigungsanspruch nach § 102 Abs. 5 BetrVG zu, sodass ein durch rechtskräftige Abweisung der Kündigungsschutzklage auflösend bedingtes Arbeitsverhältnis bestand. Das Arbeitsverhältnis bestand also bis zum 30.11. fort.

3. Da U trotz des Beschäftigungsverlangens dem A keinen Arbeitsplatz zugewiesen und damit die ihm nach § 296 BGB obliegende Mitwirkungshandlung unterlassen hat, ist er auch ohne ein tatsächliches Arbeitsangebot in Annahmeverzug nach §§ 293 ff. BGB geraten mit der Folge, dass er für die Zeit vom 01.07. bis zum 30.11. die vertraglich geschuldete Vergütung zahlen muss. A muss sich allerdings nach § 11 Nr. 1 KSchG, der gegenüber § 615 S. 2 BGB eine Sonderregelung darstellt, den anderweitigen Verdienst abziehen lassen. A kann also für die sechs Monate nur die Zahlung der monatlichen Differenz in Höhe von 250 €, insgesamt also 1.500 € verlangen

4. Ergebnis: A steht ein Zahlungsanspruch gegen U aus dem kraft Gesetzes bestehenden Arbeitsvertrag i.V.m. §§ 611, 615 S. 1 BGB und § 11 Nr. 1 KSchG in Höhe von 1.500 € zu.

---

48 Vgl. BAG, Urt. v. 11.05.2000 – 2 AZR 54/99, NZA 2000, 1055.

Fall 18: Voraussetzungen der Entgeltfortzahlung im Krankheitsfall

Der Schlosser S ist seit dem 01.02. (Montag) in dem Metallbetrieb des U montags bis freitags in der 40-Stunden-Woche bei einem Bruttostundenlohn von 12 € beschäftigt. Am 20.02. (Samstag) hat sich S beim Inlineskating infolge einer Unachtsamkeit verletzt und war ab dem 22.02. bis zum 17.03., also 6 Wochen und 3 Tage arbeitsunfähig krank geschrieben. U lehnt die Entgeltfortzahlung trotz Vorlage entsprechender ärztlicher Arbeitsunfähigkeitsbescheinigungen unter Berufung auf Eigenverschulden und den kurzen Bestand des Arbeitsverhältnisses ab. S verlangt Entgeltfortzahlung für die Dauer von 6 Wochen unter Berücksichtigung der Tatsache, dass er in den ersten drei Wochen durchschnittlich 5 Überstunden pro Woche geleistet hat. Zu Recht?

I. Grundsatz: Ohne Arbeit kein Lohn

Kein unmittelbarer Anspruch aus § 611 BGB in Verbindung mit dem Arbeitsvertrag, weil S keine Arbeitsleistung erbracht hat.

II. Anspruch auf Entgeltfortzahlung im Krankheitsfall?

S könnte ein Anspruch auf Entgeltfortzahlung im Krankheitsfall aus dem Arbeitsvertrag i.V.m. § 611 BGB und § 3 Abs. 1 EFZG zustehen.

§ 3 Abs.1 EFZG stellt jedenfalls nach der Rspr. des BAG keine eigenständige Anspruchsgrundlage dar, weil diese Vorschrift lediglich den Fortbestand des vertraglichen Vergütungsanspruchs während der krankheitsbedingten Arbeitsunfähigkeit anordnet.[49]

1. Zwischen S und U besteht ein **wirksamer Arbeitsvertrag**.

2. Erfüllung der 4-wöchigen Wartezeit des § 3 Abs. 3 EFZG

Für die Zeit vom 22.02. bis zum 28.02. steht dem S schon deswegen kein Anspruch auf Entgeltfortzahlung im Krankheitsfall zu, weil dieser Anspruch gemäß § 3 Abs. 3 EFZG erst nach 4-wöchiger ununterbrochener Dauer des Arbeitsverhältnisses entsteht. Da S mit Wirkung zum 01.02. eingestellt worden ist, läuft die Wartezeit erst am 28.02. ab.

3. Verhinderung des Arbeitnehmers an der Erbringung der Arbeitsleistung durch Arbeitsunfähigkeit infolge Krankheit

Diese Voraussetzung ist erfüllt, weil S aufgrund der erlittenen Verletzung die vertraglich geschuldete Arbeitsleistung nicht erbringen kann und die krankheitsbedingte Arbeitsunfähigkeit die alleinige Ursache für den Ausfall der Arbeitsleistung ist.

4. Kein Verschulden des Arbeitnehmers

Der Entgeltfortzahlungsanspruch des S könnte ausgeschlossen sein, weil er die krankheitsbedingte Arbeitsunfähigkeit durch eine Unachtsamkeit beim Inlineskating verursacht hat.

a) Da der Arbeitnehmer nicht verpflichtet ist, sich unter allen Umständen gesund zu halten, liegt Verschulden i.S.d. § 3 Abs. 1 EFZG nach ganz h.M. nur dann vor, wenn dem Arbeitnehmer grobes Verschulden vorzuwerfen ist, dessen Folgen auf den Arbeitgeber abzuwälzen unbillig wäre. Es muss also ein grobes Verschulden gegen sich selbst vorliegen.[50]

---

49 BAG, Urt. v. 16.01.2002 – 5 AZR 430/00, NZA 2002, 746, 747.

50 Vgl. dazu AS-Skript Arbeitsrecht, Rdnr. 369.

b) Bei sportlichen Betätigungen ist ein solches grobes Verschulden nur dann anzunehmen, wenn der Arbeitnehmer sich in einer besonders gefährlichen Sportart betätigt oder in besonders grober Weise und leichtsinnig gegen anerkannte Regeln der jeweiligen Sportart (z.B. Kirmesboxen) verstoßen hat. Beim Inlineskating handelt es sich um eine weit verbreitete, nicht besonders gefährliche Sportart, sodass die Betätigung daran nicht generell zum Ausschluss des Entgeltfortzahlungsanspruchs führt.[51] Da dem S nach dem Sachverhalt „nur" eine Unachtsamkeit und damit kein besonders gravierendes Verschulden vorgeworfen werden kann, ist der Entgeltfortzahlungsanspruch nicht wegen Eigenverschuldens nach § 3 Abs. 1 EFZG ausgeschlossen.

5. Kein Leistungsverweigerungsrecht des U nach § 7 EFZG

Da S die krankheitsbedingten Arbeitsunfähigkeitsbescheinigungen vorgelegt hat, steht U kein Leistungsverweigerungsrecht nach § 7 Abs. 1 Nr. 1 EFZG zu. Ein Leistungsverweigerungsrecht nach § 7 Abs. 1 Nr. 2 EFZG scheidet schon deshalb aus, weil kein Fremdverschulden vorliegt.

6. Dauer des Entgeltfortzahlungsanspruchs

a) Nach § 3 Abs. 1 EFZG steht dem Arbeitnehmer ein Anspruch auf Entgeltfortzahlung im Krankheitsfall für die Dauer von 6 Wochen zu. Die 4-wöchige Wartezeit des § 3 Abs. 3 EFZG führt dabei nach ganz h.M. nicht zu einer Verkürzung der Entgeltfortzahlungsdauer, sondern nur zu einer Verschiebung des Anspruchsbeginns.[52]

b) Da S insgesamt 6 Wochen und 3 Tage arbeitsunfähig krank war, die erste Krankheitswoche aber noch in die Wartezeit des § 3 Abs. 3 EFZG fiel, kann er die Entgeltfortzahlung nur für 5 Wochen und 3 Tage verlangen.

7. Höhe der Entgeltfortzahlung im Krankheitsfall

a) Nach § 4 EFZG steht dem Arbeitnehmer nach dem sog. **Lohnausfallprinzip** als Entgeltfortzahlung im Krankheitsfall der Höhe nach die Vergütung zu, die er verdient hätte, wenn er nicht arbeitsunfähig krank gewesen wäre. Ausgenommen bleibt allerdings nach § 4 Abs. 1 a EFZG Überstundenvergütung. Etwas anderes gilt nur dann, wenn die Überstunden regelmäßig und mit einer gewissen Stetigkeit anfallen, sodass sie die individuelle regelmäßige Arbeitszeit des erkrankten Arbeitnehmers bestimmen.

b) Da S vor Krankheitsbeginn erst 3 Wochen gearbeitet hat, kann nicht davon ausgegangen werden, dass seine individuelle regelmäßige Arbeitszeit abweichend von dem Arbeitsvertrag 45 Stunden pro Woche betrug. S kann deshalb nur Bezahlung von 8 Stunden pro Arbeitstag verlangen.[53]

8. Ergebnis: S steht ein Entgeltfortzahlungsanspruch im Krankheitsfall aus dem Arbeitsvertrag i.V.m. § 611 BGB u. § 3 Abs. 1 EFZG für die Dauer von 5 Wochen und 3 Tagen i.H.v. 2.688 € (28 Tage x 8 Std. x 12 €) zu.

---

51 LAG Saarland, Urt. v. 02.07.2003 – 2 Sa 147/02, NZA-RR 2003, 568.

52 BAG, Urt. v. 26.05.1999 – 5 AZR 476/98, NZA 1999, 1273.

53 BAG, Urt. v. 21.11.2001 – 5 AZR 296/00, NZA 2002, 439: Vergleichszeitraum von 12 Monaten für die Festlegung der individuellen regelmäßigen Arbeitszeit maßgeblich.

Fall 19: Wartezeiten bei Entgeltfortzahlung im Krankheitsfall

A war mehrere Monate bis einschließlich 15.02. wegen Bandscheibenbeschwerden arbeitsunfähig krank geschrieben. Wegen derselben Beschwerden wurde A erneut ab dem 01.10. bis zum 30.11. arbeitsunfähig krank geschrieben und legte entsprechende ärztliche Arbeitsunfähigkeitsbescheinigungen vor. Der Arbeitgeber U lehnt die Entgeltfortzahlung im Krankheitsfall unter Hinweis darauf ab, dass A mehrmals von dem Personalleiter P in einem Jogginganzug und Turnschuhen vor dem Haus gesehen wurde, sodass davon auszugehen ist, dass A in Wirklichkeit nicht krank gewesen sei. Darüber hinaus habe er bereits im laufenden Jahr Entgeltfortzahlung für die Dauer von 6 Wochen geleistet. Steht A ein Anspruch auf Vergütung für die Zeit ab dem 01.10. zu?

Dem A könnte ein Anspruch auf Entgeltfortzahlung im Krankheitsfall aus dem Arbeitsvertrag i.V.m. § 611 BGB und § 3 EFZG zustehen.

I. Ein **wirksamer Arbeitsvertrag** liegt zwischen A und U vor.

II. Die **Erfüllung der vierwöchigen Wartezeit des § 3 Abs. 3 EFZG** ist unproblematisch gegeben.

III. Arbeitsverhinderung durch Arbeitsunfähigkeit infolge Krankheit

1. Nach den vorgelegten Arbeitsunfähigkeitsbescheinigungen war A in der Zeit vom 01.10. bis zum 30.11. arbeitsunfähig krank.

Die vom A vorgelegte ärztliche Arbeitsunfähigkeitsbescheinigung hat hohen Beweiswert, weil es der gesetzliche vorgesehene und wichtigste Beweis für die Tatsache der krankheitsbedingten Arbeitsunfähigkeit ist. Der Arbeitgeber kann deshalb die Richtigkeit des ärztlichen Attestes nicht ohne weiteres infrage stellen und den Entgeltfortzahlungsanspruch verweigern. Vielmehr muss er konkrete Tatsachen darlegen und ggf. beweisen, die geeignet sind, den Beweiswert der ärztlichen Arbeitsunfähigkeitsbescheinigung zu erschüttern.[54]

2. Vorliegend hat U zwar die Entgeltfortzahlung unter Hinweis darauf verweigert, dass A mehrmals in Joggingkleidung und Turnschuhen gesehen wurde. Dies reicht für die Erschütterung des Beweiswertes der vorgelegten Arbeitsunfähigkeitsbescheinigung aber schon deshalb nicht aus, weil U selbst nicht vorgetragen hat, dass A beim Joggen oder bei einer anderen sportlichen Betätigung gesehen wurde. Allein die Tatsache, dass A Sportkleidung getragen hat, reicht also für die Erschütterung des Beweiswertes der ärztlichen Arbeitsunfähigkeitsbescheinigung nicht aus. Es ist demnach davon auszugehen, dass A durch krankheitsbedingte Arbeitsunfähigkeit an der Erbringung der Arbeitsleistung verhindert war.

IV. Ein **Anspruchsausschluss wegen Eigenverschulden**s des A kommt nach dem Sachverhalt nicht in Betracht.

V. Ein **Leistungsverweigerungsrecht des U nach § 7 EFZG** scheidet ebenfalls aus, weil A die ärztlichen Arbeitsunfähigkeitsbescheinigungen vorgelegt hat und kein Fremdverschulden vorliegt.

---

54 BAG, Urt. v. 26.02.2003 – 5 AZR 112/02, BB 2003, 1622.

VI. Dauer des Entgeltfortzahlungsanspruchs

Nach § 3 Abs. 1 S. 1 EFZG steht dem Arbeitnehmer ein Anspruch auf Entgeltfortzahlung im Krankheitsfall für die Dauer von 6 Wochen zu.

1. A war zwar vorliegend bereits mehrere Monate bis zum 15.02. wegen derselben Erkrankung arbeitsunfähig krank gewesen. Nach § 3 Abs. 1 S. 2 Nr. 1 EFZG steht aber dem Arbeitnehmer, der wegen derselben Krankheit erneut arbeitsunfähig krank wird, der Entgeltfortzahlungsanspruch für die Dauer von 6 weiteren Wochen zu, wenn er vor dem Beginn der erneuten Arbeitsunfähigkeit mindestens 6 Monate nicht infolge derselben Krankheit arbeitsunfähig krank war.

2. Da aber zwischen dem Ende der ersten Erkrankung des A (15.02.) und dem Beginn der erneuten Arbeitsunfähigkeit wegen derselben Krankheit (01.10.) mehr als 6 Monate vergangen sind, steht die erste Erkrankung der Entgeltfortzahlung ab dem 01.10. nicht entgegen. A hat daher einen Anspruch auf Entgeltfortzahlung für die Zeit ab dem 01.10. für die Dauer von sechs Wochen.

VII. Höhe der Entgeltfortzahlung

Nach dem Lohnausfallprinzip kann A nach Maßgabe des § 4 EFZG die Zahlung der Vergütung verlangen, die er erzielt hätte, wenn er nicht arbeitsunfähig krank gewesen wäre.

VIII. Ergebnis: A steht ein Anspruch auf Entgeltfortzahlung im Krankheitsfall für die Dauer von sechs Wochen ab dem 01.10. aus dem Arbeitsvertrag i.V.m. § 3 Abs. 1 EFZG zu.

Fall 20: Entgeltfortzahlung bei krankheitsbedingter Kündigung

Der Dreher D war seit dem 01.01.2009 bei U in der 5-Tage-Woche (montags bis freitags) beschäftigt und nach einem Bandscheibenvorfall in der Zeit vom 01.02.2010 bis zum 18.02.2011 arbeitsunfähig krankgeschrieben. Nachdem er am 21.02.2011 die Arbeit wieder aufnahm, erlitt er am 03.03.2011 einen Rückfall und wurde erneut arbeitsunfähig krankgeschrieben. U kündigte daraufhin aus diesem Grunde formgerecht mit Schreiben vom 03.03.2011, das dem D am selben Tag zuging, zum 31.03.2011. D, der weiterhin arbeitsunfähig krank war, akzeptierte die Kündigung, verlangte aber für die Dauer von sechs Wochen Entgeltfortzahlung im Krankheitsfall. Zu Recht?

Dem D könnte ein Anspruch auf Entgeltfortzahlung im Krankheitsfall für die Dauer von sechs Wochen aus dem Arbeitsvertrag i.V.m. § 611 BGB und § 3 EFZG zustehen.

A. Anspruch für die Zeit vom 03.03.2011 bis zum 31.03.2011?

I. Zwischen D und U bestand im März 2011 ein **Arbeitsverhältnis**, bei dem die 4-wöchige **Wartezeit des § 3 Abs. 3 EFZG erfüllt** war.

II. D war **an der Erbringung der Arbeitsleistung infolge einer krankheitsbedingten Arbeitsunfähigkeit verhindert**.

III. Kein Anspruchsausschluss wegen Verschuldens des D

IV. Kein Leistungsverweigerungsrecht nach § 7 Abs. 1 Nr. 1 EFZG, weil D ärztliche Arbeitsunfähigkeitsbescheinigungen vorgelegt hat.

V. Der Entgeltfortzahlungsanspruch des D könnte deshalb ausgeschlossen sein, weil D wegen eines Rückfalls seit dem 03.03.2011 arbeitsunfähig ist, nachdem er wegen derselben Erkrankung bereits in der Zeit vom 01.02.2010 bis zum 18.02.2011 arbeitsunfähig krank war, sodass der **sechswöchige Entgeltfortzahlungszeitraum des § 3 Abs. 1 S. 1 EFZG** überschritten sein könnte.

1. Nach § 3 Abs. 1 S. 2 Nr. 2 EFZG verliert jedoch der Arbeitnehmer den Anspruch für einen weiteren Zeitraum von höchstens sechs Wochen beim Vorliegen einer **Wiederholungserkrankung** nicht, wenn seit dem Beginn der ersten Arbeitsunfähigkeit infolge derselben Krankheit eine Frist von 12 Monaten abgelaufen ist. Voraussetzung für den erneuten Entgeltfortzahlungsanspruch ist lediglich, dass der Arbeitnehmer nicht ununterbrochen arbeitsunfähig krank war.

Beachte: Bei einer Wiederholungserkrankung und sechswöchiger Entgeltfortzahlung besteht ein neuer Entgeltfortzahlungsanspruch, wenn die Wartezeiten des § 3 Abs. 1 S. 2 EFZG abgelaufen sind. Die 6-monatige Wartezeit nach § 3 Abs. 1 S. 2 Nr. 1 EFZG stellt auf das Ende, die 12-monatige Wartezeit des § 3 Abs. 1 S. 2 Nr. 2 EFZG dagegen auf den Beginn der vorangegangenen Erkrankung ab.

2. Da bei Beginn der erneuten Arbeitsunfähigkeit wegen des Bandscheibenvorfalls am 03.03.2011 bereits 12 Monate seit dem Beginn der Ersterkrankung am 01.02.2010 vergangen sind, steht D erneut ein Anspruch auf Entgeltfortzahlung für die Dauer von höchstens sechs Wochen zu, weil keine ununterbrochene krankheitsbedingte Arbeitsunfähigkeit vorliegt.

VI. Ergebnis zu A.: D steht für die Zeit vom 03. bis zum 31.03.2011 ein Anspruch auf Entgeltfortzahlung im Krankheitsfall aus dem Arbeitsvertrag i.V.m. § 611 BGB und § 3 EFZG zu.

B. Anspruch auf Entgeltfortzahlung für die Zeit nach Ablauf der Kündigungsfrist, also für die Zeit ab dem 01.04.2011?

I. Der sechswöchige Entgeltfortzahlungszeitraum des § 3 Abs. 1 S. 1 EFZG lief erst am 13.04.2011 ab. Da D gegen die nach § 623 BGB formgerechte Kündigung innerhalb der dreiwöchigen Klagefrist des § 4 S. 1 KSchG keine Kündigungsschutzklage erhoben hat, steht aufgrund der Fiktionswirkung des § 7 KSchG fest, dass das Arbeitsverhältnis zwischen U und D bereits am 31.03.2011 endete. Dementsprechend scheidet ein Entgeltfortzahlungsanspruch des D für die Zeit vom 01.04. bis zum 13.04.2011 aus, wenn der Fortbestand des Arbeitsverhältnisses zwingende Voraussetzung für den Anspruch auf Entgeltfortzahlung im Krankheitsfall ist.

II. Nach § 8 Abs. 1 S. 1 EFZG wird jedoch der Anspruch auf Entgeltfortzahlung im Krankheitsfall nicht dadurch berührt, dass der Arbeitgeber das Arbeitsverhältnis aus Anlass der Arbeitsunfähigkeit kündigt. Bei einer sog. krankheitsbedingten Anlasskündigung besteht also der Entgeltfortzahlungsanspruch für die Dauer von sechs Wochen unabhängig davon, ob die Kündigungsfrist vorher abläuft.

Da U das Arbeitsverhältnis nach dem Sachverhalt gerade wegen der krankheitsbedingten Arbeitsunfähigkeit des D wirksam gekündigt hat, steht D trotz der Beendigung des Arbeitsverhältnisses zum 31.03.2011 der Entgeltfortzahlungsanspruch im Krankheitsfall nach § 8 Abs. 1 S. 1 EFZG bis zum Ablauf des sechswöchigen Entgeltfortzahlungszeitraums, also bis zum 13.04.2011 zu.

III. Ergebnis zu B.: D hat trotz des beendeten Arbeitsverhältnisses einen Anspruch auf Entgeltfortzahlung im Krankheitsfall, auch für die Zeit vom 01.04. bis zum 13.04.2011, aus dem Arbeitsvertrag i.V.m. § 611 BGB und §§ 3 Abs. 1, 8 Abs. 1 S. 1 EFZG.

Fall 21: Unmöglichkeit der Arbeitsleistung, Betriebsrisiko

Bei einem heftigen Sturm wurde das Dach der Fabrik des F erheblich beschädigt. Da die Wiederaufnahme der Produktion erst nach einer Reparatur des Daches möglich war, konnten die in der Halle beschäftigen Arbeitnehmer zehn Tage lang nicht beschäftigt werden. A verlangt nunmehr Vergütung für die ausgefallene Arbeitszeit. Zu Recht?

A. Grundsatz „Ohne Arbeit kein Lohn"

Kein Anspruch aus dem Arbeitsvertrag i.V.m. § 611 BGB, weil A keine Arbeitsleistung erbracht hat.

B. Vergütungsanspruch nach den Grundsätzen „Lohn ohne Arbeit"

I. Vergütungsanspruch aus dem Arbeitsvertrag i.V.m. § 611 BGB und § 326 Abs. 2 S. 1 BGB?

A konnte die Arbeitsleistung wegen des sturmbedingten Dachschadens, also wegen höherer Gewalt, nicht erbringen. Da die Arbeitsleistung wegen der zeitlichen Festlegung nicht nachholbar ist (Fixschuldcharakter), liegt Unmöglichkeit i.S.d. § 275 Abs. 1 BGB vor, für die U nicht verantwortlich ist. Ein Vergütungsanspruch aus dem Arbeitsvertrag i.V.m. § 611 BGB und § 326 Abs. 2 S. 1 BGB scheidet daher aus.

II. Vergütungsanspruch des A aus dem Arbeitsvertrag i.V.m. § 615 S. 3 BGB und den Grundsätzen der Betriebsrisikolehre zustehen.

1. A hatte gegen U aufgrund eines bestehenden Arbeitsverhältnisses einen **Anspruch auf Erbringung der Arbeitsleistung**.

2. Die **Arbeitsleistung** müsste **wegen einer Betriebsstörung ausgefallen** sein, d.h. die Gründe für den Arbeitsausfall müssen in der betrieblichen Sphäre liegen.

A konnte die Arbeitsleistung wegen der notwendigen Reparaturarbeiten an dem Dach der Produktionshalle nicht erbringen, sodass eine Betriebsstörung vorliegt.

3. Der Arbeitsausfall darf von keiner Partei zu vertreten sein.

Die Betriebsstörung wurde durch höhere Gewalt verursacht, sodass sie weder von A noch von U zu vertreten ist.

4. Betriebsrisiko von U zu tragen?

Das Risiko der fehlenden Beschäftigungsmöglichkeit wegen einer Betriebsstörung trägt mangels einer abweichenden Regelung grds. der Arbeitgeber. Ob und ggf. inwieweit bei einer Existenzgefährdung des Betriebs eine Lohnminderung bzw. ein Wegfall des Lohnanspruchs in Betracht kommt, kann vorliegend offen bleiben, weil für einen derartigen Ausnahmefall nach dem Sachverhalt keine Anhaltspunkte vorliegen. U muss also das Betriebsrisiko tragen.

5. Ergebnis: Dem A steht der Vergütungsanspruch aus dem Arbeitsvertrag i.V.m. § 615 S. 3 BGB und den Grundsätzen der Betriebsrisikolehre zu.

Fall 22: Feiertagsvergütung

A ist im Betrieb des U als Lagerarbeiter in der 40-Stunden-Woche bei einem monatlichen Bruttoeinkommen von 2.500 € beschäftigt. Nachdem U kurzfristig einen neuen Auftrag erhalten hatte, wurde die Arbeitszeit im Mai mit Zustimmung des Betriebsrats um zwei Stunden pro Tag verlängert. A, der im Mai in seine neue Wohnung umzog, fehlte am 30.04. (Montag) unentschuldigt und hatte in der Woche vom 11. bis zum 15.05. unbezahlten Sonderurlaub wegen des Wohnungswechsels. Als A die Vergütungsabrechnung für Mai erhielt, stellte er fest, dass U für die Feiertage am 01.05. und 14.05. keine Zahlung leistete und für den Feiertag am 28.05. lediglich acht Stunden bezahlte. A verlangt nunmehr von U die Zahlung der zwei Feiertage am 01.05. und 14.05. sowie Bezahlung weiterer zwei Stunden am 28.05. unter Hinweis auf die Überstundenanordnung. Zu Recht?

I. Grundsatz: „Ohne Arbeit kein Lohn"

Dem A steht für die Feiertage am 01.05, 14.05. und 28.05. kein Anspruch aus dem Arbeitsvertrag i.V.m. § 611 BGB unmittelbar zu, weil A keine Arbeitsleistung erbracht hat.

II. Vergütungsanspruch nach den Grundsätzen „Lohn ohne Arbeit"

Dem A könnte für die o.g. Tage ein Anspruch auf Zahlung einer Feiertagsvergütung aus dem Arbeitsvertrag i.V.m. § 2 Abs. 1 EFZG zustehen.

1. Zwischen A und U besteht ein **Arbeitsverhältnis**.

2. Es müsste ein **Arbeitsausfall infolge eines gesetzlichen Feiertags** vorliegen, d.h. der Feiertag muss die alleinige Ursache für den Arbeitsausfall sein.[55]

a) Die Arbeitsleistung des A ist wegen der Feiertage am 01.05. und 28.05. ausgefallen, weil A an diesen Tagen gearbeitet hätte, wenn kein Feiertag wäre.

b) Da A wegen des unbezahlten Sonderurlaubs in der Zeit vom 11.05. bis zum 15.05. am 14.05. aber ohnehin nicht gearbeitet hätte, ist die Arbeit am 14.05. nicht wegen des gesetzlichen Feiertags, sondern wegen des unbezahlten Sonderurlaubs ausgefallen. Der Feiertag ist demnach nicht die alleinige Ursache für den Arbeitsausfall am 14.05, sodass dem A schon aus diesem Grunde keine Feiertagsvergütung für den 14.05. zusteht.

3. Kein Anspruchsausschluss nach § 2 Abs. 3 EFZG

Der Anspruch auf Zahlung der Feiertagsvergütung für den 01.05. und den 28.05. dürfte nicht nach § 2 Abs. 3 EFZG ausgeschlossen sein.

a) Nach § 2 Abs. 3 EFZG haben Arbeitnehmer, die am letzten Tag vor oder am ersten Arbeitstag nach Feiertagen unentschuldigt der Arbeit fern geblieben sind, keinen Anspruch auf Bezahlung für diese Feiertage.

---

55 BAG, Urt. v. 10.01.2007 – 5 AZR 84/06, NZA 2007, 384; LAG Berlin-Brandenburg ArbR 2011, 337.

b) Da A am Montag, dem 30.04., also vor dem Feiertag am 01.05. unentschuldigt fehlte, steht ihm aufgrund des gesetzlichen Ausschlusstatbestandes des § 2 Abs. 3 EFZG keine Feiertagsvergütung für den 01.05. zu. Dementsprechend steht A dem Grunde nach eine Feiertagsvergütung nur für den 28.05. zu.

4. Höhe der Feiertagsvergütung für den 28.05.

a) Nach § 2 Abs. 1 EFZG ist für den Arbeitsausfall infolge eines gesetzlichen Feiertags das Arbeitsentgelt zu zahlen, das der Arbeitnehmer ohne den feiertagsbedingten Arbeitsausfall erhalten hätte (Lohnausfallprinzip).[56] Anders als bei der Entgeltfortzahlung wegen einer krankheitsbedingten Arbeitsunfähigkeit (vgl. § 4 Abs. 1 a EFZG) ist bei Feiertagsvergütung mangels einer entsprechenden gesetzlichen Regelung auch die Vergütung für die wegen des Feiertags ausgefallenen Überstunden einschließlich der Überstundenzuschläge zu zahlen.

b) Da im Betrieb des U im Mai die Arbeit mit der nach § 87 Abs. 1 Nr. 3 BetrVG erforderlichen Zustimmung des Betriebsrats um zwei Stunden pro Tag verlängert worden ist, hätte auch A am 28.05. zwei Überstunden geleistet, wenn die Arbeit wegen des Feiertags nicht ausgefallen wäre. A kann deshalb nach dem Lohnausfallprinzip für diesen Tag nicht nur die Vergütung für die regelmäßige Arbeitszeit von acht Stunden, sondern auch für zwei Überstunden einschließlich etwaiger Überstundenzuschläge verlangen. Ein Anspruch auf Zahlung der Überstundenzuschläge besteht allerdings nur dann, wenn dafür eine besondere Regelung (z.B. im Arbeitsvertrag, anwendbarer Tarifvertrag) besteht.

5. Ergebnis: A Steht kein Anspruch auf Zahlung der Feiertagsvergütung aus dem Arbeitsvertrag i.V.m. § 2 EFZG für den 01.05 und den 14.05. zu. Für den 28.05. kann dagegen A Nachzahlung der Vergütung für zwei Überstunden einschließlich etwaiger Überstundenzuschläge verlangen.

---

56 Vgl. BAG, Urt. v. 01.12.2004 – 5 AZR 68/04.

Fall 23: Voraussetzungen des Urlaubsanspruchs

A ist seit dem 01.06. bei B als Buchhalter in der 5-Tage-Woche beschäftigt. Der schriftliche Arbeitsvertrag sieht u.a. einen Urlaubsanspruch von 30 Werktagen vor, der spätestens bis zum 31.03. des Folgejahres genommen werden muss, weil er anderenfalls erlischt, ohne dass es auf die Möglichkeit der Inanspruchnahme des Urlaubs ankommt. Nachdem A in der Zeit vom 01.10. bis zum 31.01. des Folgejahres arbeitsunfähig krank war, nahm er am 01.02. des Folgejahres die Arbeit wieder auf und verlangt die Gewährung des gesamten Vorjahresurlaubs ab Montag, dem 07.02. B lehnt am selben Tag die Urlaubsgewährung unter Hinweis darauf ab, dass A für das vergangene Jahr keinen Urlaub mehr verlangen könne, zumindest aber nicht den gesamten Jahresurlaub, zumal er im Vorjahr lediglich vier Monate tatsächlich gearbeitet hat. Musste B dem A den beantragten Urlaub gewähren?

1. Abwandlung:

Ändert sich die Rechtslage, wenn A erst im April des Folgejahres arbeitsfähig geworden wäre und den Urlaub verlangt hat?

2. Abwandlung:

Ändert sich die Rechtslage, wenn A wie im Ausgangsfall Anfang Februar arbeitsfähig geworden wäre, B die begehrte Urlaubsgewährung im Februar abgelehnt hätte und A nunmehr im April die Gewährung des Urlaubs aus dem Vorjahr verlangt?

Ausgangsfall:

Dem A könnte ein Anspruch auf Gewährung des Urlaubs i.H.v. 30 Werktagen ab dem 7. Februar aus dem Arbeitsvertrag i.V.m. § 7 Abs. 1 BUrlG zustehen.

I. Zwischen A und B besteht ein **Arbeitsverhältnis.**

II. Da das Arbeitsverhältnis zwischen A und B im Vorjahr nur sieben Monate bestand, ist fraglich, ob A den vollen Jahresurlaubsanspruch erworben hat.

Der Bestand des Arbeitsverhältnisses während des gesamten Kalenderjahres ist keine Voraussetzung für das Bestehen des Anspruchs auf den vollen Jahresurlaub.

1. Nach **§ 4 BUrlG** wird der gesetzliche **Urlaubsanspruch** in Höhe von 24 Werktagen (§ 3 BUrlG) **erstmalig nach sechsmonatigem Bestehen des Arbeitsverhältnisses** erworben, wobei diese Wartezeit nur ein Mal erfüllt werden muss. Da A im Vorjahr diese Wartezeit ab dem 01.12. bereits erfüllt hat, steht ihm insoweit auch der volle gesetzliche Urlaubsanspruch zu, was auch aus dem Umkehrschluss aus § 5 BUrlG folgt, der die Fälle aufzählt, in denen lediglich ein Teilurlaubsanspruch besteht. Für die Entstehung des vollen gesetzlichen Jahresurlaubs ist also der Bestand des Arbeitsverhältnisses während des gesamten Kalenderjahres nicht erforderlich. Diese Grundsätze gelten auch für den über den gesetzlichen Mindesturlaub nach § 3 BUrlG hinaus vereinbarten „übergesetzlichen" Urlaubsanspruch, der nach dem Günstigkeitsprinzip zusätzlich gewährt werden kann (hier: 6 Werktage), sofern die Arbeitsvertragsparteien insoweit keine abweichende Regelung getroffen haben.[57]

57 Vgl. BAG, Urt. v. 12.04.2011 – 9 AZR 80/10, NZA 2011, 1050.

2. Da **Voraussetzung für die Entstehung des Urlaubsanspruchs allein der Bestand des Arbeitsverhältnisses** ist, steht die Tatsache, dass A im Vorjahr drei Monate arbeitsunfähig krank gewesen ist, der Entstehung des vollen Jahresurlaubs nicht entgegen. Der Anspruch auf den vollen Jahresurlaub besteht nach ganz h.M. selbst dann, wenn der Arbeitnehmer während des gesamten Kalenderjahres arbeitsunfähig krank gewesen ist.[58]

III. Kein Untergang des Urlaubsanspruchs durch Befristungsablauf

1. Nach dem Wortlaut des § 7 Abs. 3 S. 1 BUrlG ist der Urlaubsanspruch grds. auf das Kalenderjahr befristet mit der Folge, dass er beim Fehlen der Übertragungsvoraussetzungen nach ganz h.M. mit Ablauf des Kalenderjahrs erlischt.[59]

2. Da A den ihm zustehenden Erholungsurlaub im Vorjahr wegen der krankheitsbedingten Arbeitsunfähigkeit nicht nehmen konnte, ist der Urlaub gem. § 7 Abs. 3 S. 2 BUrlG automatisch auf das nächste Jahr übertragen worden, sodass ein Übertragungsverlangen des A nicht erforderlich war.

Eine Vereinbarung, nach der der Übertragungszeitraum nach § 7 Abs. 3 BUrlG verlängert wird, ist nach dem Günstigkeitsprinzip grds. zulässig.

3. Da A Anfang Februar des Folgejahres wieder arbeitsfähig geworden ist und die Gewährung des Erholungsurlaubs ab dem 7. Februar des Folgejahres, also entsprechend § 7 Abs. 3 S. 3 BUrlG in den ersten drei Monaten des Folgejahres verlangte, musste B den beantragten Jahresurlaub von 30 Werktagen entsprechend dem Wunsch des A gem. § 7 Abs. 1 S. 1 BUrlG gewähren. Auf entgegenstehende betriebliche Belange kann sich B in dem Übertragungszeitraum des § 7 Abs. 3 S. 3 BUrlG nicht berufen. Da A in der 5-Tage-Woche gearbeitet hat, entsprechen 30 Werktage einem Urlaubsanspruch für die Dauer von fünf Wochen (= 25 Arbeitstagen).

IV. Ergebnis: B muss dem A antragsgemäß Urlaub für 30 Werktage, also fünf Kalenderwochen, gewähren, ohne dass es auf die Vereinbarkeit der Befristungsregelung des § 7 Abs. 3 BUrlG mit dem EG-Recht ankommt (vgl. dazu die 1. Abwandlung).

1. Abwandlung:

I. Für das Vorjahr ist ein Urlaubsanspruch des A in Höhe von 30 Werktagen entstanden.

II. Da aber A bis zum Ablauf des Übertragungszeitraums des § 7 Abs. 3 S. 3 BUrlG, also bis zum 31.03. des Folgejahres, die Arbeitsfähigkeit nicht wiedererlangt hat, wäre der Urlaubsanspruch aus dem Vorjahr nach der früher ständigen Rspr. des BAG und der h.L. durch Zeitablauf nach § 275 Abs. 1 BGB ersatzlos untergegangen. Darauf, dass A den Urlaub wegen der Krankheit bis zum Ablauf des Übertragungszeitraums gar nicht nehmen konnte, kam es nach der bisher ganz h.M. nicht an.[60]

---

58 Vgl. BAG, Urt. v. 24.03.2009 – 9 AZR 983/07, NZA 2009, 538.

59 Vgl. BAG, Urt. v. 09.08.2011 – 9 AZR 425/10, NZA 2012, 29; Urt. v. 23.03.2010 – 9 AZR 128/09 und 1. Abwandlung; a.A. LAG Düsseldorf BB 2010, 1276.

60 Vgl. BAG, Urt. v. 15.03.2005 – 9 AZR 143/04; ErfK/Dörner § 7 BUrlG Rdnr. 34 ff.

Beachte: Der nach dem Arbeits- oder Tarifvertrag bestehende „übergesetzliche" Urlaub wird wie der gesetzliche Mindesturlaub behandelt, es sei denn, dass insoweit eine abweichende einzelvertragliche oder tarifliche Regelung besteht. Bei der Gestaltung des „übergesetzlichen" Urlaubs sind also die Tarif- und Arbeitsvertragsparteien frei.

III. Der EuGH hat jedoch entschieden, dass eine nationale Regelung, die eine Befristung des gesetzlichen Mindesturlaubs vorsieht mit der Folge, dass der Urlaub mit Ablauf des Urlaubsjahres bzw. des Übertragungszeitraumes auch dann erlischt, wenn der Arbeitnehmer während des gesamten Urlaubsjahres und/oder des Übertragungszeitraumes oder eines Teiles davon arbeitsunfähig krank war und deshalb seinen Anspruch auf bezahlten Jahresurlaub gar nicht ausüben konnte, mit Art. 7 der EG-Richtlinie 2003/88 unvereinbar ist.[61] Infolgedessen hat das BAG im Anschluss an den EuGH seine bisherige Rspr. insoweit ausdrücklich aufgegeben. Nach neuer Rspr. des BAG erlischt der gesetzliche Mindesturlaub zwar weiterhin mit Ablauf des Kalenderjahres bzw. des Übertragungszeitraumes des § 7 Abs. 3 BUrlG, wenn der Arbeitnehmer tatsächlich die Möglichkeit hatte, den Urlaub zu nehmen. Kein Untergang des gesetzlichen Mindesturlaubs tritt aber in den Fällen ein, in denen der Arbeitnehmer seinen Anspruch auf bezahlten Jahresurlaub wegen fortbestehender Krankheit gar nicht ausüben konnte. Dementsprechend muss B dem A den gesetzlichen Mindesturlaub von 24 Werktagen gewähren, weil dieser Urlaub wegen Arbeitsunfähigkeit des A nicht nach § 7 Abs. 3 BUrlG erloschen ist. Der darüber hinaus vereinbarte „übergesetzliche" Urlaub von weiteren 6 Werktagen ist dagegen aufgrund der eindeutigen einzelvertraglichen Regelung, die der bisher ganz h.M. entspricht, erloschen. Das o.g. Urteil des EuGH steht dieser Annahme nicht entgegen, weil es sich nur auf den gesetzlichen Mindesturlaub nach § 3 BUrlG bezieht und die Tarif- sowie Arbeitsvertragsparteien bei der Gestaltung des darüber hinaus gehenden „übergesetzlichen" Urlaubs frei sind.[62]

IV. Ergebnis: A kann von B nur die Gewährung des gesetzlichen Mindesturlaubs nach § 3 BUrlG von 24 Werktagen verlangen.

2. Abwandlung:

I. A konnte den im Vorjahr entstandenen und wegen der Krankheit auf das Folgejahr nach § 7 Abs. 3 S. 2 BUrlG übertragenen Urlaubsanspruch während des Übertragungszeitraums des § 7 Abs. 3 BUrlG vollständig nehmen, weil er die Arbeitsfähigkeit Anfang Februar wieder erlangte. Eine krankheitsbedingte Arbeitsunfähigkeit des A stand damit der Befristung des Urlaubsanspruchs – anders als in der 1. Abwandlung – nicht entgegen. Der Urlaubsanspruch des A ist damit nach ganz h.M. mit Ablauf des 31.03. des Folgejahres nach § 275 Abs. 1 BGB i.V.m. § 7 Abs. 3 S. 3 BUrlG durch Zeitablauf erloschen.

II. Da jedoch A nach Wiedererlangung der Arbeitsfähigkeit den erfüllbaren Urlaubsanspruch rechtzeitig Anfang Februar des Folgejahres geltend gemacht hat, ist an die Stelle des untergegangenen Urlaubsanspruchs ein Schadensersatzanspruch nach §§ 275 Abs. 1, Abs. 4, 280 Abs. 1, 283 Abs. 1, 286 Abs. 1 S. 1 BGB getreten, der gem. § 249 Abs. 1 BGB auf Naturalrestitution gerichtet ist. A kann deshalb von B nach der ganz h.M. für den untergegangenen Urlaubsanspruch Schadensersatz verlangen, der auf bezahlte Freistellung von der Arbeit für die Dauer von 30 Werktagen gerichtet ist, wobei die Bezahlung der Urlaubsvergütung entspricht.

---

61 Vgl. EuGH, Urt. v. 20.01.2009 – C-350/06 und C-520/06, NZA 2009, 135.

62 Vgl. BAG, Urt. v. 09.08.2011, FN 59; Urt. v. 23.03.2010, FN 59; Urt. v. 24.03.2009, FN 58.

Fall 24: Urlaubsabgeltung

A war drei Jahre im Betrieb des U in der 5-Tage-Woche beschäftigt und schied zum 31.07. aus dem Arbeitsverhältnis aufgrund Eigenkündigung aus, nachdem er bei B eine bessere Stellung gefunden hat. Der schriftliche Formulararbeitsvertrag mit U sieht u.a. in § 10 einen Urlaubsanspruch i.H.v. 30 Arbeitstagen pro Jahr sowie in § 19 eine Verfallfrist vor, nach der alle Ansprüche aus dem Arbeitsverhältnis mit Ausnahme solcher aus unerlaubter Handlung innerhalb von drei Monaten nach Fälligkeit schriftlich geltend zu machen sind. Nachdem A die Tätigkeit bei B aufnahm, der ihm für das Eintrittsjahr ausgehend von 30 Arbeitstagen pro Kalenderjahr, einen anteiligen Urlaub von 5/12 des Jahresurlaubs zusagte, verlangte er mit Schreiben vom 10.11. von U die Abgeltung des gesamten Urlaubsanspruchs. U ist der Ansicht, dass A wegen des Ausscheidens im laufenden Kalenderjahr und der Urlaubszusage des B allenfalls ein anteiliger Urlaubsanspruch zustehen könnte. Auch dieser Anspruch sei jedoch verfallen, weil A die vertraglich vereinbarte Verfallfrist nicht eingehalten habe. Zu Recht?

Anspruch des A gegen U auf Abgeltung des gesamten Jahresurlaubs von 30 Arbeitstagen aus dem Arbeitsvertrag i.V.m. § 7 Abs. 4 BUrlG?

I. Beendigung eines Arbeitsverhältnisses

Nach § 7 Abs. 4 BUrlG ist der Urlaub abzugelten, der wegen Beendigung des Arbeitsverhältnisses als bezahlte Freizeit nicht mehr gewährt werden kann. Da das Arbeitsverhältnis des A aufgrund der Eigenkündigung des A am 31.07. endete, ist die erste Voraussetzung des Urlaubsabgeltungsanspruchs erfüllt.

II. Bestand eines Urlaubsanspruchs von 30 Arbeitstagen zum Zeitpunkt der Beendigung des Arbeitsverhältnisses?

1. A hat am 01.01. des Austrittsjahres den vollen Jahresurlaub von 30 Arbeitstagen erworben, weil er drei Jahre bei U beschäftigt war und damit die sechsmonatige Wartezeit des § 4 BUrlG erfüllt hat.

2. A war zwar nicht das gesamte Kalenderjahr, sondern nur bis zum 31.07. bei U beschäftigt. Aus dem Umkehrschluss aus § 5 Abs. 1 c BUrlG, wonach ein anteiliger Urlaubsanspruch nach Erfüllung der Wartezeit nur dann entsteht, wenn der Arbeitnehmer in der ersten Jahreshälfte aus dem Arbeitsverhältnis ausscheidet, folgt aber, dass ein voller Urlaubsanspruch besteht, wenn der Arbeitnehmer erst in der zweiten Jahreshälfte ausscheidet. Da der Arbeitsvertrag insoweit keine abweichende Regelung enthält, die hinsichtlich des den gesetzlichen Mindesturlaub nach § 3 BUrlG übersteigenden Urlaubs zulässig wäre, stand A im Austrittsjahr der volle Jahresurlaub zu, weil er erst zum 31.07., also erst in der zweiten Jahreshälfte ausgeschieden ist.

3. Da dem A im Zeitpunkt des Ausscheidens ein Anspruch auf 30 Arbeitstage Erholungsurlaubs zustand, der wegen Beendigung des Arbeitsverhältnisses nicht mehr in Freizeit gewährt werden konnte, hat er einen Anspruch auf Abgeltung von 30 Urlaubstagen erworben.

III. Kürzung des Urlaubsabgeltungsanspruchs wegen der Urlaubszusage des neuen Arbeitgebers B?

Nach der Gegenansicht hat der Urlaubsanspruch als Freizeitanspruch Vorrang vor dem Abgeltungsanspruch.

Der neue Arbeitgeber B hat zwar dem A für das Eintrittsjahr 5/12 des Jahresurlaubs von 30 Arbeitstagen zugesagt, sodass sich der Urlaubsabgeltungsanspruch des A gegen U auf 7/12 von 30 Arbeitstagen verkürzen könnte. Insoweit ist jedoch zu beachten, dass § 6 BUrlG nach seinem eindeutigen Wortlaut nur einen doppelten Urlaubsanspruch bei dem neuen Arbeitgeber ausschließt. Der bisherige Arbeitgeber darf deshalb den bei ihm erworbenen unverdienten Urlaubs- bzw. Urlaubsabgeltungsanspruch nicht unter Hinweis darauf kürzen, dass der neue Arbeitgeber dem Arbeitnehmer abweichend von § 6 BUrlG Urlaub gewährt bzw. zugesagt hat.

IV. Erlöschen des Urlaubsabgeltungsanspruchs durch Ablauf der dreimonatigen Verfallfrist des § 19 des Arbeitsvertrages?

1. Der Urlaubsabgeltungsanspruch des A ist im Zeitpunkt der Beendigung des Arbeitsverhältnisses entstanden und fällig geworden. Da A den Urlaubsabgeltungsanspruch erst mit Schreiben vom 10.11., also erst nach Ablauf der dreimonatigen Verfallfrist des § 19 des Arbeitsvertrags geltend gemacht hat, ist der gesamte Urlaubsabgeltungsanspruch nach dem Wortlaut des § 19 des Arbeitsvertrages verfallen.

2. Zulässigkeit einer einzelvertraglichen Verfallfrist von drei Monaten?

a) Einzelvertragliche Verfallfristen können nach ganz h.M. grds. auch in einem Formulararbeitsvertrag wirksam vereinbart werden. **Der gesetzliche Mindesturlaub nach §§ 1, 3 BUrlG ist jedoch nach § 13 BUrlG unabdingbar.** Da der Urlaubsabgeltungsanspruch nach der bisher ganz h.M. lediglich ein Surrogat des Urlaubsanspruchs war, unterlag er den eigenen Befristungsregelungen des Urlaubsanspruchs, soweit er an die Stelle des gesetzlichen Mindesturlaubs trat. Dementsprechend waren auch Verfallfristen wegen Verstoßes gegen die Unabdingbarkeitsbestimmung des § 13 Abs. 1 BUrlG nach § 134 BGB unwirksam, soweit sie auch die Abgeltung des gesetzlichen Mindesturlaubs vorsahen.[63] Soweit es um die Abgeltung des sog. „übergesetzlichen" Urlaubsanspruchs ging, waren dagegen die Verfallfristen auch nach der bisherigen Rechtslage zulässig, weil sich die Unabdingbarkeitsregelung des § 13 Abs. 1 BUrlG nur auf den gesetzlichen Mindesturlaub bezieht und „übergesetzliche" Urlaubs- und Urlaubsabgeltungsansprüche nicht erfasst.[64] Nach der bisher ganz h.M. wäre somit die Verfallfrist des § 19 des Arbeitsvertrages nach § 134 BGB unwirksam, soweit sie sich auf die Abgeltung des gesetzlichen Mindesturlaubs nach § 3 BUrlG von 24 Werktagen (= 20 Arbeitstage) bezog, hinsichtlich des darüber hinausgehenden „übergesetzlichen" Urlaubs von weiteren 10 Arbeitstagen dagegen wirksam.

Nachdem jedoch das BAG die bisherige Rspr. zur Befristung des Urlaubsanspruchs auch bei krankheitsbedingter Arbeitsunfähigkeit des Arbeitnehmers und damit auch die sog. Surrogationstheorie aufgegeben hat,[65] ist

63 Vgl. BAG, Urt. v. 18.11.2003 – 9 AZR 95/03, BB 2004, 1747.

64 Vgl. BAG, Urt. v. 23.04.1996 – 9 AZR 165/95, NZA 1997, 44.

65 Vgl. BAG, Urt. v. 09.08.2011 – 9 AZR 365/10, ZTR 2011, 540; Urt. 23.03.2010, FN 59; Urt. v. 24.03.2009, FN 58; Düwell DB 2011, 2492.

der Urlaubsabgeltungsanspruch nicht mehr nur ein Surrogat des Urlaubsanspruchs. Vielmehr handelt es sich dabei nach der neuen Rspr. des BAG um einen einfachen Zahlungsanspruch mit keiner bestimmten Zweckbindung, auf den die besonderen Befristungsregelungen des Urlaubsanspruchs nicht anwendbar sind und der daher auch von den tariflichen und einzelvertraglichen Verfallfristen erfasst wird. Die Unabdingbarkeitsregelung des § 13 Abs. 1 BUrlG steht dem nicht entgegen, weil die Verfallfristen nicht den unabdingbaren Bestand ausschließen, sondern lediglich das Erlöschen des Anspruchs bei Untätigkeit des Arbeitnehmers regeln und daher auch unabdingbare gesetzliche Ansprüche erfassen können.[66] Die Verfallfrist des § 19 des Arbeitsvertrages verstößt somit nach der heute h.M. und entgegen der bisher ganz h.M. auch insoweit nicht gegen die Unabdingbarkeitsbestimmung des § 13 Abs. 1 BUrlG, als sie sich auch auf die Abgeltung des gesetzlichen Mindesturlaubs bezieht. Die einzelvertragliche Verfallfrist des § 19 des Arbeitsvertrages ist somit auch nicht teilweise nach § 134 BGB nichtig.

b) Die einzelvertragliche Verfallfrist des § 19 des Formulararbeitsvertrages, die eine Allgemeine Geschäftsbedingung i.S.d. § 305 Abs. 1 BGB ist, müsste allerdings einer Inhaltskontrolle nach § 307 Abs. 1 BGB standhalten.

Welche Verfallfristen zulässigerweise im Formulararbeitsvertrag vereinbart werden können, ist sehr umstritten.

Da die Verfallfristen der Rechtssicherheit dienen und im Arbeitsrecht üblich sind, stellen sie nach heute h.M. unter Berücksichtigung der arbeitsrechtlichen Besonderheiten nach § 310 Abs. 4 BGB keine unangemessene Benachteiligung des Arbeitnehmers i.S.d. § 307 BGB dar, wenn sie – wie vorliegend – auf die Fälligkeit des Anspruchs abstellen und drei Monate nicht unterschreiten.[67] Die dreimonatige Verfallfrist des § 19 des Arbeitsvertrages ist somit wirksam. Da A am 31.07. aus dem Arbeitsverhältnis ausgeschieden ist und den Urlaubsabgeltungsanspruch erst mit Schreiben vom 10.11., also nach Ablauf der dreimonatigen Verfallfrist des § 19 des Arbeitsvertrages geltend gemacht hat, ist der Urlaubsabgeltungsanspruch des A erloschen.

V. Ergebnis: A hat gegen U wegen Ablaufs der einzelvertraglichen Verfallfrist des § 19 des Arbeitsvertrages keinen Urlaubsabgeltungsanspruch.

---

66 Vgl. BAG, Urt. v. 09.08.2011, FN 65; Urt. v. 09.08.2011 – 9 AZR 474/10, ZInsO 2011, 2248; Münchener Handbuch zum Arbeitsrecht, Band 1, 3. Aufl. 2010 = MünchArbR/Düwell § 80 Rdnr. 67 f.

67 BAG, Urt. v. 28.09.2005 – 5 AZR 52/05, NZA 2006, 149 mit Meinungsübersicht.

Fall 25: Annahmeverzug bei streitiger Beendigungserklärung

A ist seit zwei Jahren im Betrieb des U als Schlosser zu einem monatlichen Bruttoverdienst von 2.200 € in der 5-Tage-Woche beschäftigt. Am Freitag, dem 09.04., kam es nach dem Schichtende zwischen U und A zu einer verbalen Auseinandersetzung, deren Inhalt zwischen den Parteien streitig ist. Mit Schreiben vom 12.04. (Montag) bot A dem U seine Arbeitskraft unter Hinweis darauf an, dass die vom U am 10.04. mündlich erklärte fristlose Kündigung des Arbeitsverhältnisses unwirksam sei. Nachdem U das Schreiben des A am 14.04. erhalten hatte, teilte er dem A mit Schreiben vom 15.04. mit, dass er das Arbeitsverhältnis nicht fristlos gekündigt, sondern lediglich die fristlose Kündigung für den Fall in Aussicht gestellt hat, dass A seine Arbeitseinstellung nicht ändert. Nachdem A dieses Schreiben am Freitag, dem 16.04., bekommen hatte, nahm er am Montag, dem 19.04., die Arbeit wieder auf und verlangt von U die Bezahlung der Zeit vom 12.04. bis zum 16.04. Wie ist die Rechtslage, wenn sich der Inhalt des Gesprächs vom 09.04. nicht klären lässt?

I. Grundsatz: „Ohne Arbeit kein Lohn"

Kein Anspruch des A auf Vergütung der Zeit vom 12.04. bis zum 16.04. aus dem Arbeitsvertrag i.V.m. § 611 BGB unmittelbar, weil A die vertraglich geschuldete Leistung nicht erbracht hat.

II. Vergütungsanspruch nach den Grundsätzen „Lohn ohne Arbeit"

Bei dem Annahmeverzugslohn handelt es sich um den ursprünglichen Vergütungsanspruch, der nach § 615 BGB aufrechterhalten wird. § 615 BGB stellt also keine eigenständige Anspruchsgrundlage dar.[68]

A könnte gegen U ein Anspruch auf Zahlung von Annahmeverzug aus dem Arbeitsvertrag i.V.m. §§ 611, 615 BGB zustehen.

1. Bestehen eines Arbeitsverhältnisses zwischen A und U

Es lässt sich nach dem Sachverhalt nicht klären, ob U am 09.04. mündlich die fristlose Kündigung erklärt hat. Da jedoch eine mündliche Kündigung des Arbeitsverhältnisses wegen Verstoßes gegen den Schriftformzwang des § 623 BGB nach § 125 S. 1 BGB nichtig ist, kommt es auf das Vorliegen eines wichtigen Grundes i.S.d. § 626 BGB und das Vorliegen einer mündlichen Kündigungserklärung des U an dieser Stelle nicht an. Zwischen A und U bestand daher auch dann in der Zeit vom 12.04. bis zum 16.04. ein Arbeitsverhältnis, wenn U entsprechend der Behauptung des A am 09.04. mündlich eine fristlose Kündigung erklärt hat.

2. Verzug des U mit der Annahme der Arbeitsleistung des A nach §§ 293 ff. BGB?

a) A stand aufgrund des Arbeitsvertrages ein **erfüllbarer Anspruch auf Erbringung der Arbeitsleistung** zu.

§ 297 BGB stellt eine vom AG darzulegende und zu beweisende Einwendung dar.

b) A war mangels gegenteiliger Angaben im Sachverhalt entsprechend § 297 BGB **leistungsfähig und -willig,** sodass diese rechtsvernichtenden Einwendungen dem Annahmeverzug des U nicht entgegenstehen.

c) Das für die Begründung der Annahmeverzugs grds. nach § 294 BGB erforderliche tatsächliche Angebot fehlt vorliegend, weil A die geschuldete Arbeitsleistung nicht tatsächlich am Arbeitsplatz angeboten hat.

---

68 Vgl. BAG, Urt. v. 19.05.2004 – 5 AZR 434/03, NZA 2004, 1064.

d) Entbehrlichkeit des Arbeitsangebots des A?

aa) Für die Begründung des Annahmeverzugs des Arbeitgebers ist nach ganz h.M. ein Arbeitsangebot des Arbeitnehmers entsprechend § 296 BGB entbehrlich, wenn der Arbeitgeber eine unwirksame Erklärung hinsichtlich der Beendigung des Arbeitsverhältnisses abgegeben hat. In diesem Fall unterlässt er die ihm kalendermäßig obliegende Mitwirkungshandlung, nämlich dem Arbeitnehmer einen funktionsfähigen Arbeitsplatz zur Verfügung zu stellen und die Arbeit zuzuweisen.[69]

bb) Vorliegend lässt sich der Inhalt des Gesprächs vom 09.04. nicht klären, sodass das Vorliegen einer unwirksamen fristlosen Arbeitgeberkündigung nicht feststeht. In diesen Fällen ist für die Begründung des Annahmeverzuges des Arbeitgebers ein tatsächliches Angebot des Arbeitnehmers nach § 294 BGB ausnahmsweise nur dann entbehrlich, wenn ihm ein Erscheinen am Arbeitsplatz aufgrund besonderer Umstände nicht zumutbar ist.[70] Für eine Unzumutbarkeit des Erscheinens am Arbeitsplatz liegen aber nach dem Sachverhalt keine Anhaltspunkte vor. Für die Begründung des Annahmeverzugs des U war also ein Arbeitsangebot des A nicht entbehrlich.

e) Ausreichendes wörtliches Arbeitsangebot im Schreiben vom 12.04?

aa) U könnte ab Zugang (14.04.) des mit Schreiben vom 12.04. erklärten wörtlichen Arbeitsangebots in Annahmeverzug geraten sein.

bb) Ein wörtliches Arbeitsangebot ist jedoch nach § 295 BGB für die Begründung des Annahmeverzuges des Arbeitgebers nur dann ausreichend, wenn er die Annahme der Arbeitsleistung abgelehnt hat oder zur Erbringung der Arbeitsleistung des Arbeitnehmers eine nicht kalendermäßig bestimmte Mitwirkungshandlung des Arbeitgebers (sonst § 296 BGB) erforderlich ist. Vorliegend kommt eine Arbeitsablehnung des U am 09.04. in Betracht. Da jedoch der Inhalt des Gesprächs vom 09.04. nicht positiv feststeht und sich auch nicht klären lässt, kann sich A zur Rechtfertigung des Annahmeverzuges des U ab dem 14.04. nicht auf den Ausnahmefall des § 295 BGB berufen.

3. Ergebnis: A steht gegen U kein Anspruch auf Annahmeverzugslohn für die Woche vom 12. bis zum 16.04. aus dem Arbeitsvertrag i.V.m. §§ 611, 615 BGB zu.[71]

---

69 Vgl. BAG, Urt. v. 20.05.2011 – 8 AZR 734/08, NZA 2010, 1295.
70 Vgl. BAG, Urt. v. 27.08.2008 – 5 AZR 16/08, NZA 2008, 1410.
71 Vgl. ausführlich zum Annahmeverzug AS-Skript Arbeitsrecht Rdnr. 375 ff.

Fall 26: Annahmeverzug nach unwirksamer Kündigung

Der Buchhalter B war seit zehn Jahren bei der Firma F zu einem monatlichen Bruttogehalt von 2.100 € beschäftigt. Mit Schreiben vom 30.04., das B am selben Tag zuging, erklärte F die fristlose Kündigung des Arbeitsverhältnisses unter Berufung auf erhebliche Vermögensschädigungen durch B. Nachdem B gegen diese Kündigung fristgerecht Kündigungsschutzklage erhoben hatte, forderte F ihn schriftlich zur Wiederaufnahme der Tätigkeit ab dem 01.06. für die Dauer des Kündigungsschutzverfahrens ohne Erfolg auf. In der Zeit vom 01.07. bis zum 30.09. konnte B eine befristete Anstellung bei X finden, wo er monatlich 2.500 € verdiente. Aufgrund der mündlichen Verhandlung vom 30.11. stellte das Arbeitsgericht die Unwirksamkeit der fristlosen Kündigung fest. Nachdem F im Anschluss an die mündliche Verhandlung auf eine Berufung verzichtet hatte, nahm B entsprechend der Arbeitsaufforderung der F die Tätigkeit als Buchhalter ab dem 01.12. wieder auf. B verlangt nunmehr von F Nachzahlung der Vergütung für die Zeit vom 01.05. bis zum 30.11. i.H.v. insgesamt 14.700 €. F lehnt die Zahlung unter Hinweis darauf ab, dass das Gesamtverhalten des B zeige, dass er nicht bereit gewesen sei, bei ihr während des Kündigungsschutzverfahrens zu arbeiten. Zumindest müsse sich B den anderweitigen Verdienst i.H.v. 7.500 € sowie das im Oktober und November bezogene Arbeitslosengeld i.H.v. jeweils 1.100 € anrechnen lassen. Wie ist die Rechtslage?

Da B in der Zeit vom 01.05. bis zum 30.11. bei F nicht gearbeitet hat, kann für diese Zeit nur Vergütungsansprüche unter dem Gesichtspunkt des Annahmeverzugs aus dem Arbeitsvertrag i.V.m. §§ 611, 615 BGB haben.

I. Zwischen B und F bestand während der streitgegenständlichen Zeit ein **Arbeitsverhältnis**, weil nach dem Berufungsverzicht der F aufgrund des rechtskräftigen Urteils des Arbeitsgerichts feststeht, dass die fristlose Kündigung vom 30.04. unwirksam war und daher das Arbeitsverhältnis nicht beendet hat.

II. F müsste sich mit der Annahme der Arbeitsleistung des B im **Annahmeverzug i.S.d. §§ 293 ff. BGB** befunden haben.

1. Dem B stand ein **erfüllbarer Anspruch auf Erbringung der Arbeitsleistung** zu.

2. Der Annahmeverzug der F könnte aufgrund einer **Leistungsunwilligkeit** des B entsprechend § 297 BGB ausgeschlossen sein.

a) B hat die Arbeit entgegen der Aufforderung der F nicht ab dem 01.06. wieder aufgenommen. F hielt jedoch an der erklärten fristlosen Kündigung fest und bot dem B die Weiterbeschäftigung nur für die Dauer des Kündigungsschutzprozesses zum Zwecke der Vermeidung des Annahmeverzugsrisikos an. Da F dem B nicht die vertraglich geschuldete unbefristete Weiterbeschäftigung anbot, war B nicht verpflichtet, dieses nicht vertragsgerechte Angebot anzunehmen, sodass schon aus diesem Grunde eine Leistungsunwilligkeit des B jedenfalls ab dem 01.06. nicht angenommen werden kann.

Die Anrechnungsregelung des § 11 KSchG stellt bei einer Kündigungsschutzklage gegenüber dem § 615 S. 2 BGB eine Sonderregelung dar.

b) Die Tatsache, dass B in der Zeit vom 01.07. bis zum 30.09. befristet bei X beschäftigt war, begründet schon deswegen nicht die fehlende Leistungswilligkeit des B i.S.d. § 297 BGB, weil dieser durch die Aufnahme der anderweitigen Beschäftigung lediglich der nach § 11 Nr. 2 KSchG bestehenden Obliegenheit nachgekommen ist.

3. Das für die Begründung des Annahmeverzugs grds. nach § 294 BGB erforderliche tatsächliche Arbeitsangebot des B liegt zwar nicht vor. Ein solches Angebot war aber nach ganz h.M. wegen der Arbeitgeberkündigung für die Zeit nach dem vorgesehenen Beendigungszeitpunkt nach § 296 BGB entbehrlich, weil F die ihr kalendermäßig obliegende Mitwirkungshandlung, nämlich dem B einen funktionsfähigen Arbeitsplatz zur Verfügung zu stellen und die Arbeit zuzuweisen, nicht erfüllt hat.[72]

III. Beendigung des Annahmeverzuges durch Angebot der Prozessbeschäftigung ab dem 01.06?

Die Tatsache, dass F dem B die sog. Prozessbeschäftigung angeboten hat, führt nicht zu einer Beendigung des Annahmeverzugs, weil dieser erst dann endet, wenn der in Annahmeverzug geratene Arbeitgeber unmissverständlich erklärt, dass er die Arbeitsleistung als Erfüllung des fortbestehenden Arbeitsvertrages annimmt.[73] Daran fehlt es, wenn der Arbeitgeber - wie hier F - an der ausgesprochenen Kündigung festhält.

V. Böswilliges Unterlassen eines anderweitigen Verdienstes durch Ablehnung der Prozessbeschäftigung?

Die Ablehnung der von dem Arbeitgeber für die Dauer des Kündigungsschutzprozesses angebotenen Prozessbeschäftigung kann zwar im Einzelfall eine böswillige Unterlassung der Aufnahme einer anderen Tätigkeit i.S.d. § 11 S. 1 Nr. 2 KSchG begründen mit der Folge, dass insoweit der Anspruch auf Zahlung von Annahmeverzugslohn entfällt. Voraussetzung dafür ist aber, dass der Arbeitnehmer eine zumutbare Arbeit abgelehnt hat, wobei für die Beurteilung der Zumutbarkeit die Umstände des Einzelfalles maßgeblich sind.[74] Vorliegend bot die F dem B die Prozessbeschäftigung jedoch unter Aufrechterhaltung der fristlosen Kündigung wegen erheblicher Vermögensschädigungen durch B, die sich als unhaltbar erwiesen haben, an. Unter diesen Umständen war B die Aufnahme der Prozessbeschäftigung nicht zumutbar.[75]

Zwischenergebnis: Dem B steht somit für die Zeit vom 01.06. bis zum 30.11. gegen F ein Anspruch auf Zahlung des Annahmeverzugslohns dem Grunde nach zu.

---

72 Vgl. BAG, Urt. v. 20.05.2011 - 8 AZR 734/08, NZA 2010, 1295; Urt. v. 18.11.2009 - 5 AZR 774/08, ZTR 2010, 139, 140.

73 BAG, Urt. v. 07.11.2002 - 2 AZR 650/00, AP Nr. 98 zu § 615 BGB.

74 BAG, Urt. v. 07.02.2007 - 5 AZR 42/06, NZA 2007, 561.

75 Vgl. aber auch BAG, Urt. v. 17.08.2011 - 5 AZR 251/10, juris, zu fehlender Leistungswilligkeit bei Nichtaufnahme der Arbeit trotz Androhung der Zwangsvollstreckung aus einem Weiterbeschäftigungstitel und Arbeitsaufforderung durch den Arbeitgeber.

VI. Höhe des Anspruchs des B auf Zahlung des Annahmeverzugslohns?

1. Während des Annahmeverzugs muss der Arbeitgeber nach § 615 S. 1 BGB die vereinbarte Vergütung zahlen, ohne dass der Arbeitnehmer zur Nachleistung verpflichtet ist. Danach steht dem B für die gesamte Dauer des Annahmeverzugs ein Vergütungsanspruch in einer Gesamthöhe von 14.700 € an sich zu.

2. Bei einem Arbeitnehmer, der den Annahmeverzugslohn nach einem Kündigungsschutzprozess geltend macht, ist jedoch die Anrechnungsregelung des § 11 KSchG zu beachten, der für die Zeit nach dem vorgesehenen Beendigungszeitpunkt im Verhältnis zum § 615 S. 2 BGB eine Sonderregelung darstellt.[76]

a) Nach § 11 S. 1 Nr. 1 KSchG muss sich der Arbeitnehmer den Verdienst anrechnen lassen, den er während des Annahmeverzugs anderweitig erzielt hat. Da der Arbeitnehmer nach Sinn und Zweck der Anrechnungsvorschrift aufgrund des Annahmeverzugs nicht besser gestellt werden soll als bei tatsächlicher Abwicklung des Arbeitsverhältnisses, ist der anderweitige Verdienst nach ganz h.M. nicht nach den einzelnen Zeitabschnitten, sondern auf seine Vergütung für die gesamte Dauer des beendeten Annahmeverzugs anzurechnen.[77] B muss sich demnach den gesamten anderweitigen Verdienst während des Annahmeverzuges i.H.v. 7.500 € brutto anrechnen lassen, auch wenn dieser höher als der Annahmeverzugslohn für diese Zeitabschnitte ist.

b) Darüber hinaus muss sich der Arbeitnehmer nach § 11 S. 1 Nr. 3 KSchG u.a. das während des Annahmeverzugs bezogene Arbeitslosengeld, also den als Arbeitslosengeld ausgezahlten Nettobetrag, anrechnen lassen.[78] B muss sich danach das bezogene Arbeitslosengeld i.H.v. insgesamt 2.200 € netto anrechnen lassen.

VI. Ergebnis: B kann von F aus dem Arbeitsvertrag i.V.m. § 615 S. 1 BGB und § 11 Nr. 1 u. 3 KSchG Annahmeverzugslohn i.H.v. 7.200 € brutto (7 x 2.100 € – 3 x 2.500 € brutto) abzüglich des erhaltenen Arbeitslosengeldes i.H.v. 2.200 € netto verlangen.

---

76 BAG, Urt. v. 11.10.2006 – 5 AZR 754/05, NJW 2007, 2060.

77 BAG, Urt. v. 22.11.2005 – 1 AZR 407/04, NZA 2006, 736; a.A. LAG Düsseldorf ZInsO 2010, 1952; Nübold RdA 2004, 31 ff.

78 BAG, Urt. v. 24.09.2003 – 5 AZR 282/02, NZA 2003, 1332.

SE-Ansprüche gegen den Arbeitnehmer und gegen den Arbeitgeber

SE-Ansprüche des AG gegen den AN			SE-Ansprüche des AN gegen den AG		
Nicht-arbeit	**Schlecht-arbeit**	**Nebenpflicht-verletzung**	**Personen-schäden**	**Sachschäden, Vermögensschäden**	
§ 280 Abs. 1, Abs. 3 i.V.m. § 283 BGB	**§ 280 Abs. 1 BGB**	**§ 280 Abs. 1 BGB**	**§ 280 Abs. 1 BGB**	**§ 280 Abs. 1 BGB**	**§ 670 BGB analog**
1. **Schuldverhältnis** = ArbeitsV	1. **Schuldverhältnis** = ArbeitsV	1. **Schuldverhältnis** = ArbeitsV	1. **Schuldverhältnis** = ArbeitsV	1. **Schuldverhältnis** = ArbeitsV	1. **Vollzug** der Arbeit durch AN
2. **Pflichtverletzung** = Unmöglichkeit der Arbeitsleistung (Fixschuld!)	2. **Pflichtverletzung** = **Schlechtarbeit** (in §§ 611 ff. BGB kein Gewährleistungsrecht!)	2. **Pflichtverletzung** = **Nebenpflichtverletzung**	2. **Pflichtverletzung des AG** = Schutz-, Sorgfaltspflicht, ggf. § 618 BGB	2. **Pflichtverletzung des AG** = Schutz-, Sorgfaltspflicht, ggf. § 618 BGB	2. **Schaden des AN** „ungewöhnlich": **a)** kein allg. Lebensrisiko **b)** nicht bereits durch Lohn abgedeckt (z.B. Gefahrenzulage)
3. **Verschulden des AN** ⇨ nicht vermutet, § 619 a BGB!	3. **Verschulden des AN** ⇨ nicht vermutet, § 619 a BGB!	3. **Verschulden des AN** ⇨ nicht vermutet, § 619 a BGB!	3. **Verschulden des AG** ⇨ vermutet bis zur Exkulpation, § 280 Abs. 1 S. 2 BGB	3. **Verschulden des AG** ⇨ vermutet bis zur Exkulpation, § 280 Abs. 1 S. 2 BGB	3. **vom AG unverschuldet**
4. **Rechtsfolge:** SE statt der Leistung ⇩	4. **Rechtsfolge:** SE neben der Leistung ⇩	4. **Rechtsfolge:** SE und ggf. Schmerzensgeld ⇩	4. **Rechtsfolge:** SE und ggf. Schmerzensgeld ⇩	4. **Rechtsfolge:** SE und ggf. Schmerzensgeld ⇩	4. **Rechtsfolge:** **a)** verschuldensunabhängige Ersatzhaftung des AG **b)** Kürzung wegen **„Mitverschulden des AN"** **Maßstäbe aus innerbetrieblichem Schadensausgleich**, s. links! also je nach Verschuldensgrad
		h.M.: Anspruchsausschluss bei Personenschäden des versicherten Unternehmers nach § 105 II SGB VII (Erst-Recht-Schluss)	**Ausschluss gem. § 104 SGB VII**, falls: ■ kein Vorsatz des AG ■ kein Wegeunfall	**§ 104 SGB VII unanwendbar!** Gilt nur für Personenschäden.	

Innerbetrieblicher Schadensausgleich (Rechtsgedanke aus § 254 BGB):

- betrieblich veranlasste Tätigkeit des AN
- Haftung je nach **Verschuldensgrad** des AN:
  - **leichte Fahrlässigkeit:** keine Haftung
  - **mittlere Fahrlässigkeit:** Quotelung
  - **grobe Fahrlässigkeit:**
    - grds: volle Haftung des AN
    - Ausn.: falls grob unbillig
  - **Vorsatz:** volle Haftung des AN

ggf: Ansprüche aus § 823 BGB	**ggf. Ansprüche aus § 823 BGB**		**§ 823 BGB (–)**
Grds. zum innerbetrieblichen Schadensausgleich gelten auch hier	Ausschluss gem. § 104 SGB VII ⇩	kein Ausschluss, s.o. ⇩	kein Verschulden des AG! ⇩
aber Anspruch gegen Sozialversicherungsträger (i.d.R. Berufsgenossenschaft)	aber Anspruch gegen Sozialversicherungsträger (i.d.R. Berufsgenossenschaft)	kein Anspruch gegen Sozialversicherungsträger vorgesehen	

5. Teil: Innerbetrieblicher Schadensausgleich

Fall 27: Arbeitnehmerhaftung bei Privatfahrten

Der verheiratete und gegenüber zwei Kindern unterhaltspflichtige S ist als Techniker bei U beschäftigt und muss häufig bei Kunden Reparaturarbeiten erledigen. Zu diesem Zweck überließ ihm U einen Dienstwagen, den er auch für Privatfahrten nutzen darf. Am 16.11. fuhr S von seiner Wohnung zur Arbeit und verursachte beim Einparken auf dem Firmenparkplatz des U infolge einer leichten Unachtsamkeit einen Sachschaden von 300 €. Da U für den Wagen eine Kasko-Versicherung mit einer Eigenbeteiligung von 500 € abgeschlossen hatte, verlangte er von S Erstattung des Sachschadens. Nachdem S die Erstattung unter Hinweis auf das geringe Verschulden ablehnte, zog U von dem Nettoverdienst des S für Dezember i.H.v. 1.600 € einen Betrag i.H.v. 300 € ab und zahlte lediglich den Restbetrag von 1.300 € aus. Wie ist die Rechtslage?

A. Anspruch des S gegen U auf Zahlung der Restvergütung i.H.v. 300 € netto aus dem Arbeitsvertrag i.S.d. § 611 BGB.

I. A stand für Dezember ein Nettovergütungsanspruch i.H.v. insgesamt 1.600 € zu. Von diesem Zahlungsanspruch sind 1.300 € durch Erfüllung gem. § 362 Abs. 1 BGB erloschen.

II. Der Restvergütungsanspruch des S i.H.v. 300 € könnte aufgrund des von U vorgenommenen Abzugs durch **Aufrechnung nach §§ 387, 389 BGB** erloschen sein.

1. Ob der von U geltend gemachte Schadensersatzanspruch i.H.v. 300 € besteht, kann an dieser Stelle offen bleiben, wenn die von U vorgenommene Aufrechnung unzulässig war.

2. Grds. kann der Arbeitgeber gegen den Nettovergütungsanspruch des Arbeitnehmers eine Aufrechnung mit einer ihm zustehenden Gegenforderung erklären. Nach § 394 S. 1 BGB ist aber eine **Aufrechnung gegen den Nettoverdienst des Arbeitnehmers nur insoweit zulässig, als dieser der Pfändung nach §§ 850 ff. ZPO unterliegt.** Da S verheiratet ist und zwei unterhaltspflichtige Kinder hat, ist er insgesamt gegenüber drei Personen unterhaltspflichtig, sodass nach § 850 c ZPO ein monatliches Nettoeinkommen bis zu einem Betrag von 1.849,99 € unpfändbar ist (vgl. dazu die Tabelle zu § 850 c ZPO, Stand: 01.07.2011). Der Nettoverdienst des S für Dezember i.H.v. 1.600 € war danach insgesamt unpfändbar, sodass die von U vorgenommene Aufrechnung mit einer Gegenforderung i.H.v. 300 € nach § 394 S. 1 BGB i.V.m. § 850 ZPO unzulässig war. Die Restforderung des S i.H.v. 300 E ist demnach auch beim Bestehen des Schadensersatzanspruchs nicht durch Aufrechnung nach §§ 387, 389 BGB erloschen.

III. Ergebnis zu A.: S kann von U die Auszahlung der restlichen Nettovergütung i.H.v. 300 € verlangen.

B. Schadensersatzanspruch des U gegen S aus § 280 Abs. 1 BGB?

I. Zwischen S und U besteht ein **Schuldverhältnis**, nämlich ein Arbeitsverhältnis.

II. Aufgrund des Arbeitsverhältnisses oblag dem S nach § 241 Abs. 2 BGB die Nebenpflicht, sich so zu verhalten, dass an den Rechtsgütern des U keine Nachteile entstehen. Diese Schutzpflicht hat S verletzt, indem er den ihm auch zur Privatnutzung überlassenen Dienstwagen beschädigte.

III. Da S den Schaden an dem Dienstwagen infolge leichter Unachtsamkeit, also fahrlässig beschädigte, handelte er **schuldhaft i.S.d. § 276 BGB**.

Das Verschulden nach § 276 BGB gilt auch im Arbeitsrecht uneingeschränkt, vgl. aber die Beweislastregelung des § 619 a BGB.

IV. Ausschluss bzw. Einschränkung **der Haftung des S nach den Grundsätzen über den sog. innerbetrieblichen Schadensausgleich?**[79]

1. Die uneingeschränkte Anwendung der zivilrechtlichen Haftungsgrundsätze würde im Arbeitsrecht dazu führen, dass der Arbeitnehmer für jeden schuldhaft verursachten Sachschaden voll haften müsste, obwohl der Arbeitgeber das Betriebsrisiko zu tragen hat. Es besteht daher Einigkeit, dass die Haftung nach dem „Alles-oder-Nichts"-Prinzip im Arbeitsrecht nicht sachgerecht ist und daher unter Berücksichtigung des vom dem Arbeitgeber zu tragenden Betriebsrisikos angemessen eingeschränkt werden muss.

2. Voraussetzung für die Einschränkung der Arbeitnehmerhaftung nach den Grundsätzen über den innerbetrieblichen Schadensausgleich ist allerdings, dass sich das grds. vom Arbeitgeber zu tragende Betriebsrisiko im Einzelfall auch tatsächlich realisiert hat. Zwingende Voraussetzung für das Eingreifen der Einschränkung der Arbeitnehmerhaftung nach den Grundsätzen über den sog. innerbetrieblichen Schadensausgleich ist daher, dass der Arbeitnehmer den Schaden bei der Ausübung einer betrieblich veranlassten Tätigkeit verursacht hat.[80] Hat dagegen der Arbeitnehmer den Schaden bei einer Tätigkeit verursacht, die seinem Privatbereich zuzuordnen ist, haftet er für den schuldhaft verursachten Schaden nach den allgemeinen zivilrechtlichen Haftungsgrundsätzen. Da die Fahrt zwischen der Wohnung und der Arbeitsstätte dem Privatbereich des Arbeitnehmers zuzuordnen ist und damit keine betrieblich veranlasste Tätigkeit darstellt, ist die Haftung des S nicht nach den Grundsätzen über den innerbetrieblichen Schadensausgleich eingeschränkt. Vielmehr haftet S für den verursachten Sachschaden i.H.v. 300 € nach allgemeinen zivilrechtlichen Grundsätzen in vollem Umfang.

V. Ergebnis: U hat gegen S einen Anspruch auf Schadensersatz neben der Leistung i.H.v. 300 € aus § 280 Abs. 1 BGB i.V.m. § 249 Abs. 2 BGB. Der gleiche Schadensersatzanspruch steht U gegen S aus § 823 Abs. 1 BGB i.V.m. § 249 Abs. 2 BGB wegen fahrlässiger Eigentumsbeschädigung zu.

Anmerkung:

Bei einer Klage des S auf Zahlung des Restlohns i.H.v. 300 € könnte sich also U nicht mit Erfolg auf die vorgenommene Aufrechnung berufen, sondern müsste ggf. im Wege einer Widerklage die Verurteilung des S zur Zahlung des Schadens i.H.v. 300 € verlangen und notfalls Zwangsvollstreckung aus diesem Zahlungstitel betreiben.

---

79 Vgl. dazu AS-Skript Arbeitsrecht, Rdnr. 392 ff.

80 BAG, Urt. v. 05.02.2004 – 8 AZR 91/03, NZA 2004, 649.

Fall 28: Arbeitnehmerhaftung bei betrieblicher Tätigkeit

A ist als Taxifahrer bei U beschäftigt. Bei Rückkehr von einer Kundenfahrt kam A aufgrund einer Unachtsamkeit in einer Kurve von der Fahrbahn ab und verursachte dabei an dem Taxi einen Sachschaden i.H.v. 6.000 €. U verlangt nunmehr von A Ersatz dieses Sachschadens. A lehnt den Schadensersatz unter Hinweis darauf ab, dass er den Schaden bei der Ausübung der betrieblichen Tätigkeit verursacht habe und daher für normale Fahrlässigkeit nicht hafte, zumal U eine Kasko-Versicherung mit einer üblichen Selbstbeteiligung von 1.000 € nicht abgeschlossen habe. U ist der Ansicht, dass A auch für normale Fahrlässigkeit hafte und er zum Abschluss einer Kasko-Versicherung nicht verpflichtet sei. Wie ist die Rechtslage?

Anspruch des U gegen A auf Schadensersatz neben der Leistung aus § 280 Abs. 1 BGB?

I. Bestehen eines Schuldverhältnisses

A hat die Taxifahrten aufgrund eines Arbeitsverhältnisses durchgeführt, sodass ein Schuldverhältnis vorliegt.

II. Vorliegen einer Pflichtverletzung des A

Jedem Arbeitnehmer obliegt nach § 241 Abs. 2 BGB als Nebenpflicht eine Schutzpflicht hinsichtlich der ihm zur Ausübung der geschuldeten Tätigkeit überlassenen Gegenstände des Arbeitgebers. Diese Schutzpflicht hat A verletzt, indem er das ihm überlassene Taxi beschädigt hat.

III. Verschulden des A i.S.d. § 276 BGB

A hat nach dem Sachverhalt den Unfall durch eine Unachtsamkeit verursacht, also fahrlässig und damit **schuldhaft i.S.d. § 276 BGB** gehandelt.

IV. Einschränkung der Haftung des A nach den sog. Grundsätzen über den betrieblichen Schadensausgleich?

1. Da A den Sachschaden an dem Taxi des U in **Ausübung der betrieblich veranlassten Tätigkeit** verursacht hat, sind die Grundsätze über den sog. innerbetrieblichen Schadensausgleich anwendbar. Entgegen der früheren Rspr. ist dabei nicht erforderlich, dass der Schaden bei der Ausübung einer sog. gefahrgeneigten Arbeit verursacht worden ist, sodass dahingestellt bleiben kann, ob die Tätigkeit des A gefahrgeneigt war.

Grds. der verschuldensabhängigen Einschränkung der AN-Haftung:
- Vorsatz: volle Haftung
- Grobe Fahrlässigkeit: Grds. volle Haftung
- Normale Fahrlässigkeit: Haftungsteilung
- leichte Fahrlässigkeit: Haftungsausschluss

2. Die **Einschränkung der Haftung des Arbeitnehmers** nach den Grundsätzen über den sog. innerbetrieblichen Schadensausgleich ist **vom Grad des Verschuldens des Arbeitnehmers abhängig.**

a) Kein vollständiger Haftungsausschluss bei normaler Fahrlässigkeit

Nach heute ganz h.M. haftet der Arbeitnehmer bei Vorsatz voll, bei grober Fahrlässigkeit grds. voll, bei normaler Fahrlässigkeit anteilig und bei leichter Fahrlässigkeit nicht.[81] Ein Ausschluss der Haftung des Arbeitnehmers auch bei normaler Fahrlässigkeit lässt sich entgegen der teilweise in der Lit. vertretenen Ansicht mit dem grundsätzlich vom Arbeitgeber zu tragenden

81 Vgl. BAG, Urt. v. 22.06.2011 – 8 AZR 102/10, DB 2011, 2382.

Betriebsrisiko nicht rechtfertigen, weil schon die Grundsätze über die Einschränkung der Arbeitnehmerhaftung auf einer richterlichen Rechtsfortbildung in entsprechender Anwendung der Risikozuweisungsregelung des § 254 BGB beruhen, der lediglich eine Ausnahme von dem Grundsatz der vollen Haftung darstellt. Eine allgemeine Beschränkung der Haftung des Arbeitnehmers auf Vorsatz und grobe Fahrlässigkeit ist mit dem geltenden Recht nicht zu vereinbaren, weil sich dafür keine Grundlage findet.

b) Haftungsteilung bei normaler Fahrlässigkeit

aa) Bei normaler Fahrlässigkeit ist grds. davon auszugehen, dass der Arbeitnehmer für die Hälfte des verursachten Schadens einzustehen hat, was vorliegend eine Haftung des A i.H.v. 3.000 € zur Folge hätte.

bb) Hat sich allerdings ein Schadensrisiko realisiert, das versicherbar war, so trifft den Arbeitgeber entsprechend § 254 BGB die Obliegenheit, eine entsprechende Versicherung mit einer angemessenen Selbstbeteiligung abzuschließen. Zum Abschluss einer solchen Versicherung ist zwar der Arbeitgeber nicht verpflichtet, verletzt er aber diese aus dem von ihm zu tragenden Betriebsrisiko folgende Obliegenheit, so wird er so behandelt, als wenn er die übliche Kasko-Versicherung mit einer angemessenen Selbstbeteiligung abgeschlossen hätte mit der Folge, dass die Haftung des Arbeitnehmers auf diesen Selbstbeteiligungsbetrag beschränkt ist.[82]

Da U die zumutbare Kasko-Versicherung mit der angemessenen Selbstbeteiligung von 1.000 € nicht abgeschlossen hat, ist er so zu stellen, wie er beim Abschluss der Kasko-Versicherung stünde. Dementsprechend kann er von A Schadensersatz nur i.H.d. Selbstbeteiligung, also i.H.v. 1.000 € verlangen.

V. Ergebnis: U kann von A Schadensersatz neben der Leistung aus § 280 Abs. 1 BGB i.V.m. § 249 Abs. 2 BGB wegen einer Nebenpflichtverletzung i.S.d. § 241 Abs. 2 BGB nur i.H.v. 1.000 € verlangen. Die gleiche Rechtsfolge gilt bei einem Schadensersatzanspruch wegen einer Eigentumsverletzung nach § 823 Abs. 1 BGB.

---

82 BAG, Urt. v. 24.11.1987 – 8 AZR 524/82, NZA 1988, 579; Hübsch BB 1998, 690 ff.

Fall 29: Arbeitnehmerhaftung beim Arbeitsunfall

A ist bei U als Kundendienstmonteur beschäftigt. Am 16.03. fuhr er zusammen mit seinem Arbeitskollegen B zu einem Kunden, um dort Reparaturarbeiten zu erledigen. Infolge überhöhter Geschwindigkeit kam er von der Fahrbahn ab und landete im Straßengraben. B erlitt dabei einen Bruch der rechten Hand und war acht Wochen arbeitsunfähig krankgeschrieben. Außerdem wurde dabei die Brille des B im Wert von 150 € zerstört. B verlangt nunmehr von A dem ihm entstandenen Verdienstausfall, angemessenes Schmerzensgeld und Ersatz des Sachschadens an der Brille. Zu Recht?

A. Anspruch des B gegen A auf Ersatz des Verdienstausfalls

I. Kein Anspruch aus § 280 Abs. 1 BGB, weil zwischen A und B kein Schuldverhältnis besteht.

II. Schadensersatzanspruch aus § 823 Abs. 1 BGB?

1. Es liegt eine **Körperverletzung** vor, weil B einen Armbruch erlitten hat. Die Körperverletzung des B beruht auf einem kausalen Verhalten des A, weil A den Verkehrsunfall verursacht hat.

2. Das Verhalten des A war **rechtswidrig**, weil keine Rechtfertigungsgründe eingreifen.

3. Verschulden des A i.S.d. § 276 BGB liegt ebenfalls vor, weil A den Unfall infolge überhöhter Geschwindigkeit und damit fahrlässig i.S.d. § 276 BGB verursacht hat.

4. Ausschluss der Haftung des A für den materiellen Schaden des B nach § 105 Abs. 1 SGB VII?

Nach dieser Rechtsnorm ist die Haftung des Arbeitnehmers gegenüber einem Arbeitskollegen für Personenschäden, die auf einem durch eine betriebliche Tätigkeit verursachten Arbeitsunfall beruhen, ausgeschlossen, es sei denn, dass der Schädiger vorsätzlich gehandelt hat oder der Schaden auf einem sog. wegebezogenen Unfall i.S.d. § 8 Abs. 2 Nr. 1–4 SGB VII beruht.

a) Da der Unfall sich auf einer Kundenfahrt ereignet hat, hat A die Körperverletzung bei einer betrieblich veranlassten Tätigkeit verursacht.

b) Die Fahrt zu einem Kunden des U zum Zwecke der Durchführung von Reparaturarbeiten gehörte zu der vertraglich geschuldeten Arbeitstätigkeit des A, sodass es sich bei der Kundenfahrt nicht um einen wegebezogenen Unfall i.S.d. § 8 Abs. 2 Nr. 1–4 SGB VII handelte.

c) Ob A die zulässige Geschwindigkeit vorsätzlich überschritten hat, kann dahingestellt bleiben, weil die Haftungsprivilegierung nach § 105 Abs. 1 SGB VII nur dann ausgeschlossen ist, wenn sich der Vorsatz auch auf die Rechtsgutverletzung erstreckt.[83] Dafür, dass A die Körperverletzung des B zumindest billigend in Kauf genommen hat, liegen nach dem Sachverhalt keine Anhaltspunkte vor.

83 BAG, Urt. v. 19.02.2009 – 8 AZR 188/08, NZA-RR 2010, 123.

5. Ergebnis: Die Haftung des B auf Ersatz des Vermögensschadens wegen einer Körperverletzung nach § 823 Abs. 1 BGB ist nach § 105 Abs. 1 SGB VII ausgeschlossen. Der Haftungsausschluss greift auch ggü. einem Schadensersatzanspruch aus § 823 Abs. 2 BGB i.V.m. § 229 StGB bzw. § 17 StVG ein.

B. Anspruch des B gegen A auf angemessenes Schmerzensgeld nach § 823 Abs. 1 BGB i.V.m. § 253 Abs. 2 BGB?

I. Eine **rechtswidrige und schuldhafte Körperverletzung** des B durch A liegt vor, sodass die Haftungsvoraussetzungen gegeben sind.

II. Ausschluss d. Schmerzensgeldanspruchs nach § 105 Abs. 1 SGB VII?

Die Leistungspflicht der gesetzlichen Unfallversicherung beim Vorliegen eines Arbeitsunfalls nach §§ 26 ff. SGB VII erstreckt sich nicht auf Schmerzensgeld, was für den Ausschluss der Haftungsprivilegierung des Schädigers nach § 105 Abs. 1 SGB VII sprechen könnte. Zu berücksichtigen ist aber, dass der Geschädigte bei einem Arbeitsunfall für die durch die Unfallversicherung gedeckten Schäden in der Gestalt eines öffentlich-rechtlichen Versicherungsträgers einen leistungsfähigen und sicheren Schuldner bekommt, sodass er nicht das Risiko der Leistungsfähigkeit des Schädigers tragen muss. Wegen dieser haftungsrechtlichen Besserstellung des Geschädigten geht die ganz h.M. davon aus, dass nach § 105 SGB VII die Haftung für alle Personenschäden einschließlich des Schmerzensgeldes und der Beerdigungskosten ausgeschlossen ist.[84]

C. Schadensersatzanspruch d. B gegen A wegen Zerstörung der Brille

Merke: Der Haftungsausschluss bei einem Arbeitsunfall erfasst Ansprüche gegen den AG und die Arbeitskollegen wegen Personenschäden einschließlich Schmerzensgeldes und Beerdigungskosten, nicht dagegen wegen Sachschäden.

I. Ein Schadensersatzanspruch des B aus § 280 Abs. 1 BGB scheidet aus, weil zwischen B und A kein Schuldverhältnis besteht.

II. Schadensersatzanspruch aus § 823 Abs. 1 BGB

1. A hat durch ein rechtswidriges und schuldhaftes Verhalten die Brille des B zerstört, sodass eine Eigentumsverletzung i.S.d. § 823 Abs. 1 BGB vorliegt. Die Haftungsvoraussetzungen liegen also vor.

2. Die Haftung des A könnte nach § 105 SGB VII ausgeschlossen sein.

Der Sachschaden des B ist zwar bei einem Arbeitsunfall entstanden. Nach dem eindeutigen Wortlaut des § 105 SGB VII erfasst aber die Haftungsprivilegierung nur Personenschäden, nicht dagegen auch Sachschäden. Der Anspruch des B gegen den Arbeitskollegen A auf Ersatz des Sachschadens ist somit nicht nach § 105 SGB VII ausgeschlossen.

3. Rechtsfolge: Dem B steht gegen A ein Anspruch auf Ersatz des Sachschadens aus § 823 Abs. 1 BGB zu. Da wegen der Zerstörung der Brille eine Naturalrestitution gem. § 249 BGB ausscheidet, muss A nach § 251 Abs. 1 BGB Schadensersatz in Geld leisten.

Anmerkung:
Da A den Sachschaden des B bei einer betrieblich veranlassten Tätigkeit verursachte, sind die Grundsätze über den innerbetrieblichen Schadensausgleich entspr. anwendbar. A hat deshalb in dem Umfang, in dem er im Verhältnis zum Arbeitgeber U nicht haftet, gegen diesen einen Freistellungs- bzw. Erstattungsanspruch analog § 670 BGB.

---

84 BAG, Urt. v. 19.02.2009, FN 83; Urt. v. 04.06.2009 – III ZR 229/07, NJW 2009, 2956.

Fall 30: Arbeitgeberhaftung bei Eigenschäden des Arbeitnehmers

Der Arbeitnehmer A benutzt auf Wunsch des Arbeitgebers U für dienstliche Fahrten den eigenen Pkw und erhält dafür die übliche km-Pauschale von 30 Cent. Bei einer Dienstfahrt verursacht A infolge leichter Fahrlässigkeit einen Verkehrsunfall, bei dem an seinem Pkw ein Sachschaden i.H.v. 3.000 € entsteht. Kann A den Ersatz dieses Sachschadens von U verlangen?

I. Ein Schadensersatzanspruch des A gegen U aus § 280 Abs. 1 BGB bzw. § 823 Abs. 1 BGB scheidet schon deswegen aus, weil kein pflichtwidriges Verhalten des U vorliegt.

II. Nach ganz h.M. steht A auch kein Schadensersatzanspruch aus einem stillschweigend abgeschlossenen Garantievertrag zu, weil für die Annahme einer solchen stillschweigenden Garantievereinbarung keine hinreichende Tatsachengrundlage besteht.

III. Ein Erstattungsanspruch des A lässt sich auch nicht mit den Grundsätzen über den innerbetrieblichen Schadensausgleich begründen, weil diese Grundsätze lediglich die Beschränkung der Haftung des Arbeitnehmers betreffen. Eine verschuldensunabhängige Haftung des Arbeitgebers für Sachschäden des Arbeitnehmers kann damit nicht begründet werden.

IV. Eine Gefährdungshaftung des Arbeitgebers U scheidet ebenfalls aus, weil eine Gefährdungshaftung nur beim Vorliegen einer gesetzlichen Sonderregelung eingreift.

V. A könnte gegen U ein Anspruch auf Erstattung des Sachschadens aus § 670 BGB analog zustehen.

1. Eine direkte **Anwendung des § 670 BGB** scheitert schon daran, dass kein unentgeltlicher Auftrag i.S.d. § 662 BGB, sondern ein entgeltlicher Arbeitsvertrag vorliegt. § 670 BGB ist auf das Arbeitsverhältnis auch nicht über § 675 BGB entsprechend anwendbar, weil ein Geschäftsbesorgungsvertrag i.S.d. § 675 BGB eine selbstständige Tätigkeit wirtschaftlicher Art voraussetzt, während ein Arbeitnehmer unselbstständige Dienste leistet.

2. Da nicht alle „Aufwendungen" i.S.d. § 670 BGB, die der Arbeitnehmer im Interesse des Arbeitgebers erbringt, vom Arbeitslohn gedeckt werden, liegt insoweit eine Regelungslücke und eine mit dem Auftrag vergleichbare Interessenlage vor. Eine analoge Anwendung des § 670 BGB im Arbeitsverhältnis ist daher zu bejahen.[85]

a) A müsste **bei der Ausführung der Arbeitstätigkeit eine Aufwendung vorgenommen** haben.

Aufwendungen i.S.d. § 670 BGB sind grds. nur freiwillige Vermögensopfer, die zum Zwecke der Geschäftsführung tatsächlich erbracht werden. Einigkeit besteht aber darüber, dass Schäden, die dem Geschäftsführer aus einer mit der Geschäftsführung verbundenen typischen Gefahrenlage entstehen, auch dann nach § 670 BGB zu ersetzen sind, wenn den Geschäftsführer kein Verschulden trifft. Es kann nämlich wertungsmäßig keinen Un-

85 Vgl. BAG, Urt. v. 22.06.2011 – 8 AZR 102/10, DB 2011, 2382; AS-Skript Arbeitsrecht, Rdnr. 410 ff.

terschied machen, ob es sich um freiwillige Vermögensopfer im Interesse des Geschäftsführers handelt oder um unfreiwillige Vermögensnachteile, die eine Folge des zum Zwecke der Geschäftsführung freiwillig eingegangenen Schadensrisikos darstellen.

b) Um dem unentgeltlichen Charakter des Auftrags i.S.d. § 662 BGB Rechnung zu tragen, sind aber entsprechend § 670 BGB nur solche **„Aufwendungen"** ersatzfähig, die **dem Betätigungsbereich des Arbeitgebers zuzurechnen** sind und **für die der Arbeitnehmer keinen besonderen Ausgleich erhält**.

aa) Hätte A für Dienstfahrten nicht den eigenen Pkw eingesetzt, hätte ihm vom Arbeitgeber U ein Fahrzeug zur Verfügung gestellt werden müssen. Die Benutzung des eigenen Pkw ist daher dem Betätigungsbereich des Arbeitgebers U zuzurechnen.

bb) A bekommt zwar für den Einsatz des privaten Pkw für Dienstzwecke die übliche km-Pauschale i.H.v. 30 Cent. Die km-Pauschale ist aber lediglich dazu geeignet, die mit dem Einsatz des Pkw gewöhnlich verbundenen Aufwendungen zu decken. Das Unfallrisiko ist bei dieser km-Geldhöhe nicht abgegolten, sodass es sich bei dem Sachschaden des A um eine Aufwendung i.S.d. § 670 BGB handelt.

Erhält der AN für den Einsatz eigener Sachen Entgelt, ist also stets zu prüfen, ob das Entgelt für entstandenen Kosten und die übliche Abnutzung oder auch für den Einsatz im Interesse des AG gezahlt wird. Im letzteren Fall kein Ersatz nach § 670 BGB analog, weil kein unentgeltlicher Einsatz im Interesse des AG und damit keine mit dem unentgeltlichen Auftrag vergleichbare Interessenlage.

cc) A müsste diese „**Aufwendung" den Umständen nach** für **erforderlich** halten.

(1) Bedenken könnten dagegen bestehen, weil A den Unfall fahrlässig verursacht hat. Da es jedoch Aufgabe des Arbeitgebers ist, die zur Erbringung der Arbeitsleistung notwendigen Arbeitsmittel zur Verfügung zu stellen, sind bei der Beurteilung der Erforderlichkeit der „Aufwendung" die Grundsätze über den innerbetrieblichen Schadensausgleich entsprechend heranzuziehen. Anderenfalls würde im Ergebnis der Arbeitnehmer das Schadensrisiko tragen, das der Arbeitgeber zu tragen hat.[86]

(2) Hätte A ein Firmenfahrzeug leicht fahrlässig beschädigt, würde er für diesen Schaden nicht haften, weil der Arbeitgeber dafür unter Berücksichtigung des Betriebsrisikos einzustehen hätte. Dementsprechend kann A von U Erstattung des leicht fahrlässig verursachten Eigenschadens verlangen.[87]

VI. Ergebnis: A kann von U entsprechend § 670 BGB Erstattung des Sachschadens verlangen.

86 BAG, Urt. v. 23.11.2006 – 8 AZR 701/05, NZA 2007, 870.

87 Vgl. auch BAG, Urt. v. 28.10.2010 – 8 AZR 647/09, NZA 2011, 406: AN, der Aufwendungsersatz entspr. § 670 BGB verlangt, trägt im Prozess die Darlegungs- und Beweislast dafür, dass er den Schaden allenfalls leicht fahrlässig verursacht hat, sodass den AG eine Einstandspflicht trifft. Die Beweislastregelung des § 619 a BGB ist nicht anwendbar, da sie nur bei Haftung des AN gilt.

6. Teil: Beendigung des Arbeitsverhältnisses

Fall 31: Unerwarteter Aufhebungsvertrag

Der 31-jährige Hilfsarbeiter A, der seit 6 Jahren bei U beschäftigt ist, wurde am 20.04. gegen Schichtende zu einem Personalgespräch gebeten, das mit dem Abschluss eines Aufhebungsvertrages zum 30.06. endete. In dem von beiden eigenhändig unterzeichneten Aufhebungsvertrag wurde darüber hinaus eine sofortige Freistellung des A unter Fortzahlung der Vergütung, jedoch unter Anrechnung des bestehenden Urlaubs von 30 Tagen vereinbart. Mit Schreiben vom 25.04 widerrief A seine auf den Abschluss des Aufhebungsvertrages gerichtete Willenserklärung. A ist der Ansicht, dass der vorformulierte Aufhebungsvertrag schon deswegen unwirksam sei, weil er darauf völlig unvorbereitet gewesen und von U überrumpelt worden sei. Darüber hinaus sei der Aufhebungsvertrag wegen unangemessener Benachteiligung unwirksam, weil er für die Aufgabe des Arbeitsplatzes nach 6 Jahren keine Abfindung erhalten habe. Zumindest sei aber der Aufhebungsvertrag wirksam mit Schreiben vom 25.04. widerrufen worden. Besteht das Arbeitsverhältnis zwischen A und U fort?

Das Arbeitsverhältnis zwischen A und U besteht fort, wenn es nicht durch den Aufhebungsvertrag vom 20.04. beendet worden ist.

I. Aufgrund der Vertragsautonomie kann ein Arbeitsverhältnis grds. auch durch einen Aufhebungsvertrag nach §§ 311 Abs. 1, 620 BGB aufgelöst werden.

II. Eine **Einigung** zwischen A und U über die einvernehmliche Auflösung des Arbeitsverhältnisses zum 30.06. liegt vor.

III. Der **Aufhebungsvertrag** müsste **wirksam** zustande gekommen sein.

1. Die **Schriftform des § 623 BGB** ist eingehalten worden, weil A und U den Aufhebungsvertrag eigenhändig unterzeichnet haben.

2. Unwirksamkeit des Aufhebungsvertrages nach § 138 BGB bzw. § 242 BGB wegen „Überrumpelung" des A?

Allein die Tatsache, dass ein Arbeitnehmer unvorbereitet während eines Personalgesprächs am Arbeitsplatz einen Aufhebungsvertrag unterschreibt, ohne dass ihm eine Bedenkzeit eingeräumt worden ist, rechtfertigt nach heute ganz h.M. nicht die Treuwidrigkeit bzw. Sittenwidrigkeit des Aufhebungsvertrages.[88] Etwas anderes kann zwar in besonderen Ausnahmefällen in Betracht kommen, ein solcher Ausnahmefall liegt hier jedoch nicht vor.

3. Der Aufhebungsvertrag könnte wegen einer unangemessenen Benachteiligung des A nach **§ 307 Abs. 1 S. 1 BGB** unwirksam sein, weil er für die Aufgabe seines Arbeitsplatzes nach 6-jähriger Betriebszugehörigkeit keine Gegenleistung erhielt.

---

88 BAG, Urt. v. 09.06.2011 – 2 AZR 418/10, EzA-SD 2011, Nr 24, 3–4; Urt. v. 22.04.2004 – 2 AZR 281/03, AP Nr. 27 zu § 620 BGB „Aufhebungsvertrag".

a) Der von U vorformulierte Aufhebungsvertrag unterliegt gemäß § 307 Abs. 3 BGB nur dann einer Inhaltskontrolle, wenn er Abweichungen oder Ergänzungen von Rechtsvorschriften enthält. Abreden über den unmittelbaren Gegenstand der Hauptleistung und der Gegenleistung werden von den Vertragsparteien aufgrund der Vertragsautonomie und nicht durch Rechtsvorschriften festgelegt. Sie unterliegen deshalb nach § 307 Abs. 3 S. 1 BGB nicht der Inhaltskontrolle nach §§ 307 ff. BGB.[89]

b) Da der Aufhebungsvertrag ein selbstständiges Rechtsgeschäft ist, bei dem die Hauptleistung die Beendigung des Arbeitsverhältnisses bzw. der Verzicht auf zukünftige Ansprüche aus dem Arbeitsverhältnis ist, enthält er als solcher keine Abweichungen bzw. Ergänzungen von Rechtsvorschriften. Die sich daraus für den Arbeitnehmer ergebenden Nachteile hängen nicht mehr mit einer einseitig benachteiligenden Gestaltung der Vertragsbedingungen, sondern mit den gesetzlichen Folgen einer an sich nicht zu beanstandenden Vertragsgestaltung zusammen. Ein Aufhebungsvertrag unterliegt damit jedenfalls dann keiner Inhaltskontrolle nach § 307 Abs. 1 S. 1, Abs. 3 S. 1 BGB, wenn er sich lediglich auf die Beendigung des Arbeitsverhältnisses bezieht und keine Regelung hinsichtlich bereits bestehender Ansprüche enthält.[90] Der Aufhebungsvertrag ist somit auch nicht nach § 307 Abs. 1 BGB unwirksam.

Ausgleichsklauseln in einem Aufhebungsvertrag sind dagegen kontrollfähige Nebenabreden zu einer kontrollfreien Aufhebungsvereinbarung.

IV. A könnte den Aufhebungsvertrag wirksam nach **§§ 312 Abs. 1, 355 BGB** mit Schreiben vom 25.04. widerrufen haben.

Manche Tarifverträge sehen ein Widerrufsrecht des AN vor bzw. schreiben die Einräumung einer Bedenkzeit vor. Auf diese Rechte kann der AN nach dem TV aber i.d.R. verzichten.

Nach § 312 BGB kann ein Vertrag zwischen einem Unternehmer und einem Verbraucher, der eine entgeltliche Leistung zum Gegenstand hat und zu dessen Abschluss der Verbraucher u.a. durch mündliche Verhandlungen an seinem Arbeitsplatz bestimmt worden ist (Haustürgeschäft), von dem Verbraucher nach Maßgabe des § 355 BGB widerrufen werden.

1. Ob ein Arbeitnehmer entgegen der h.M., insb. der Rspr. des BAG[91] kein Verbraucher i.S.d. § 13 BGB ist und das Widerrufsrecht bereits aus diesem Grunde ausscheidet, kann offen bleiben, wenn der Aufhebungsvertrag jedenfalls kein Haustürgeschäft i.S.d. § 312 Abs. 1 S. 1 Nr. 1 BGB ist.

2. Das Haustürwiderrufsrecht nach §§ 312 ff. BGB ist vertragstypenbezogenes Verbraucherschutzrecht für „besondere Vertriebsformen".[92] Auf Aufhebungsverträge, die keine Vertriebsgeschäfte sind, findet deshalb das gesetzliche Widerrufsrecht nach Sinn und Zweck der §§ 312 Abs. 1, 355 BGB nach ganz h.M. keine Anwendung.[93]

3. Zwischenergebnis: Der Aufhebungsvertrag ist auch nicht von A wirksam nach §§ 312 Abs. 1, 355 BGB widerrufen worden.

V. Endergebnis: Das Arbeitsverhältnis zwischen A und U ist durch den Aufhebungsvertrag vom 20.04. wirksam aufgelöst worden.

---

89 Vgl. BAG, Urt. v. 21.06.2011 – 9 AZR 203/10, DB 2011, 2663; Urt. v. 08.05.2008 – 6 AZR 517/07, NZA 2008, 1148.

90 Vgl. BAG, Urt. v. 08.05.2008, FN 89; Urt. v. 22.04.2004, FN 88.

91 Vgl. BAG, Urt. v. 23.09.2010 – 8 AZR 897/08, NZA 2011, 89.

92 Vgl. die Überschrift des Untertitels 2, der mit § 312 BGB anfängt.

93 BAG, Urt. v. 27.11.2003 – 2 AZR 177/03, BB 2004, 1858 m. Anm. Mengel.

Fall 32: Anfechtung des Aufhebungsvertrages

Nachdem A, der seit 20 Jahren bei U beschäftigt ist, am 22.04. unentschuldigt gefehlt hatte, wurde er am 23.04. zu einem Personalgespräch gebeten, in dem ihm für den Fall der Nichtunterzeichnung des vorbereiteten Aufhebungsvertrages, der eine Beendigung des Arbeitsverhältnisses zum 30.06. vorsieht, eine fristlose Kündigung in Aussicht gestellt wurde. Der überraschte A unterschrieb daraufhin den Aufhebungsvertrag. 3 Wochen später erklärte er die Anfechtung des Aufhebungsvertrages unter Hinweis darauf, dass die Art seines Zustandekommens den Tatbestand des § 123 BGB erfülle. Zu Recht?

I. Das Arbeitsverhältnis kann aufgrund der Vertragsautonomie grds. auch durch einen Aufhebungsvertrag wirksam aufgelöst werden.

1. Die Tatsache allein, dass ein Arbeitnehmer den Aufhebungsvertrag unvorbereitet und ohne Einräumung einer Bedenkzeit unterschreibt, begründet nach ganz h.M. weder eine Sittenwidrigkeit i.S.d. § 138 BGB noch eine Treuwidrigkeit i.S.d. § 242 BGB (vgl. Fall 31).

2. Der Umstand, dass A für die Aufgabe des Arbeitsplatzes nach 20-jähriger Betriebszugehörigkeit keine Gegenleistung, insb. keine Abfindung erhielt, führt nicht wegen unangemessener Benachteiligung i.S.d. § 307 Abs. 1 BGB zu einer Unwirksamkeit des Aufhebungsvertrages, weil der allein auf die Beendigung des Arbeitsverhältnisses und den Verzicht auf künftige Leistungen gerichtete Aufhebungsvertrag nach § 307 Abs. 3 BGB nicht der Inhaltskontrolle nach § 307 Abs. 1 BGB unterliegt (vgl. Fall 31).

3. Der Aufhebungsvertrag ist auch nicht wirksam von A nach §§ 312 Abs. 1, 355 BGB widerrufen worden, weil der Aufhebungsvertrag jedenfalls kein Haustürgeschäft i.S.d. § 312 Abs. 1 BGB ist (vgl. Fall 31).

II. Nichtigkeit des Aufhebungsvertrages aufgrund der von A erklärten Anfechtung nach § 142 Abs. 1 BGB i.V.m. § 123 Abs. 1 BGB?

1. Eine **Anfechtungserklärung** i.S.d. § 143 BGB liegt vor.

2. A hat auch die einjährige **Anfechtungsfrist des § 124 Abs. 1 BGB** gewahrt.

Nach einer Mindermeinung soll die 2-Wochenfrist des § 626 Abs. 2 BGB entsprechend anwendbar sein, was mit dem eindeutigen Gesetzeswortlaut des § 124 BGB nicht zu vereinbaren ist.

3. Fraglich ist, ob ein **Anfechtungsgrund i.S.d. § 123 Abs. 1 BGB** vorliegt.

Eine arglistige Täuschung des U liegt offensichtlich nicht vor. Es kommt daher nur die Anfechtung nach § 123 Abs. 1 BGB unter dem Gesichtspunkt der widerrechtlichen Drohung in Betracht.

a) Da U dem A für den Fall der Nichtunterzeichnung des Aufhebungsvertrages eine fristlose Kündigung und damit ein empfindliches Übel in Aussicht gestellt hat, dessen Verwirklichung in der Macht des U lag, liegt eine **Drohung i.S.d. § 123 Abs. 1 BGB** vor.

b) Die Drohung mit der außerordentlichen Kündigung müsste widerrechtlich sein.

Beachte: Für die Drohungsanfechtung ist es unerheblich, von welcher Person die Drohung stammt.

aa) Die **Drohung mit einer außerordentlichen Kündigung ist nach allg. Ansicht dann widerrechtlich**, wenn ein verständiger Arbeitgeber eine solche Kündigung nach den Umständen des Einzelfalles nicht ernsthaft in Erwägung ziehen durfte. Da von dem Arbeitgeber nicht verlangt werden kann, dass er bei seiner Abwägung die Beurteilung eines Gerichts „trifft", ist es nicht erforderlich, dass die angedrohte Kündigung, wenn sie ausgesprochen worden wäre, sich in einem Kündigungsschutzprozess als rechtsbeständig erwiesen hätte. Nicht ernsthaft in Erwägung darf der Arbeitgeber allerdings eine solche Kündigung ziehen, die mit hoher Wahrscheinlichkeit einer gerichtlichen Kontrolle nicht standhalten würde.[94]

bb) Fraglich ist somit, ob U wegen unentschuldigten Fehlens an einem Tag nach 20-jähriger Betriebszugehörigkeit eine fristlose Kündigung i.S.d. § 626 BGB ernsthaft in Erwägung ziehen durfte.

(1) Eine fristlose Kündigung ist nach § 626 Abs. 1 BGB nur dann wirksam, wenn Tatsachen vorliegen, aufgrund derer dem Kündigenden unter Berücksichtigung aller Umstände des Einzelfalles nach einer Interessenabwägung die Fortsetzung des Arbeitsverhältnisses selbst bis zum Ablauf der Kündigungsfrist nicht zumutbar ist. Die fristlose Kündigung muss also für den Kündigenden die unausweichlich letzte Maßnahme sein, sodass sie grds. erst nach einer vorausgegangenen einschlägigen Abmahnung in Betracht kommt.[95]

(2) Das einmalige unentschuldigte Fehlen nach einer 20-jährigen beanstandungsfreien Tätigkeit ist offensichtlich nicht geeignet, eine fristlose Kündigung zu rechtfertigen, weil selbst eine ordentliche Kündigung nur beim Vorliegen einer vorhergehenden einschlägigen Abmahnung wirksam sein könnte. Dementsprechend durfte ein verständig abwägender Arbeitgeber bei einem solchen Sachverhalt eine fristlose Kündigung nicht ernsthaft in Erwägung ziehen mit der Folge, dass das Inaussichtstellen einer solchen fristlosen Kündigung eine widerrechtliche Drohung i.S.d. § 123 Abs. 1 BGB ist.

4. Ergebnis: A hat den Aufhebungsvertrag wirksam nach § 123 Abs. 1 BGB angefochten mit der Folge, dass er nach § 142 Abs. 1 BGB nichtig ist. Das Arbeitsverhältnis zwischen den Parteien besteht fort.

Anmerkung:

Die Geltendmachung der Unwirksamkeit des Aufhebungsvertrages aufgrund einer fristgerecht erklärten Anfechtung nach § 123 Abs. 1 BGB ist – anders als die Kündigung (§ 4 KSchG) und Befristung bzw. auflösende Bedingung (§§ 17, 21 TzBfG) – nicht an die Einhaltung einer bestimmten Klagefrist gebunden. Das Recht zur Geltendmachung der Unwirksamkeit des Aufhebungsvertrages wegen der fristgerecht erklärten Anfechtung wegen arglistiger Täuschung kann in besonderen Ausnahmefällen verwirkt sein.

---

94 Vgl. BAG, Urt. v. 28.11.2008 – 6 AZR 1108/06, NZA 2006, 348.

95 Vgl. BAG, Urt. v. 09.06.2011 – 2 AZR 38/10, NZA 2011, 1027; Urt. v. 27.04.2006 – 2 AZR 386/05, DB 2006, 1849 und AS-Skript Arbeitsrecht, Rdnr. 465 ff.

Fall 33: Aufklärungspflichten beim Aufhebungsvertrag

Der Arbeitgeber U legt dem völlig überraschten Hilfsarbeiter A bei Schichtende einen Aufhebungsvertrag unter Hinweis darauf vor, dass es für beide Vertragsparteien angesichts der Leistung des A besser sei, das Arbeitsverhältnis unter Einhaltung der einmonatigen Kündigungsfrist bei Freistellung des A unter Fortzahlung der Vergütung zu beenden. A, der davon ausging, dass der vom U eigenhändig unterzeichnete Aufhebungsvertrag keine weiteren Nachteile für ihn habe, unterzeichnete den Aufhebungsvertrag ebenfalls eigenhändig. Nachdem er sich arbeitslos meldete, erfuhr er, dass er wegen der freiwilligen Aufgabe des Arbeitsplatzes und der damit verbundenen Sperrzeit nach § 144 SGB III drei Monate lang kein Arbeitslosengeld erhalten wird. A verlangt nunmehr von U unter Berufung auf die Verletzung der Fürsorgepflicht als Schadensersatz Fortsetzung des Arbeitsverhältnisses, zumindest aber Zahlung des Arbeitslosengeldes, das ihm wegen der rechtmäßig verhängten Sperrzeit entging.

I. A könnte ein **auf Fortsetzung des Arbeitsverhältnisses gerichteter Schadensersatzanspruch** aus § 280 Abs. 1 BGB i.V.m. § 249 Abs. 1 BGB (Naturalrestitution) zustehen.

1. Zwischen A und U lag ein **Schuldverhältnis,** nämlich ein Arbeitsverhältnis vor.

2. U könnte beim Abschluss des Aufhebungsvertrages eine ihm gegenüber dem A nach § 241 Abs. 2 BGB obliegende Auskunfts- bzw. Aufklärungspflicht verletzt haben, indem er den A auf die mögliche Sperrzeit beim Bezug von Arbeitslosengeld nach § 144 SGB III nicht hingewiesen hat.

Ob eine solche **Pflichtverletzung** vorliegt, kann jedoch an dieser Stelle offen bleiben, wenn **kausaler Schaden** einer solchen Pflichtverletzung nicht der Aufhebungsvertrag selbst, sondern das entgangene Arbeitslosengeld ist. A hat mit dem Abschluss des Aufhebungsvertrages bewusst den Arbeitsplatz aufgegeben, allerdings im Vertrauen darauf, dass ihm damit keine weiteren Nachteile entstehen werden. Der kausale Schaden einer (unterstellten) Fürsorgepflichtverletzung des U ist also nicht der Aufhebungsvertrag selbst, sondern das aufgrund der Sperrzeit nach § 144 SGB III entgangene Arbeitslosengeld.[96] Es kann daher an dieser Stelle offen bleiben, ob U eine Auskunfts- bzw. Aufklärungspflicht verletzt hat.

3. Ergebnis zu I.: A kann als Schadensersatzanspruch nach §§ 280 Abs. 1 u. 3, 282 BGB nicht im Wege der Naturalrestitution nach § 249 S. 1 BGB die Fortsetzung des Arbeitsverhältnisses verlangen.

II. A könnte ein **Schadensersatzanspruch aus § 280 Abs. 1 BGB wegen** des aufgrund der Sperrzeit nach § 144 SGB III **entgangenen Arbeitslosengeldes** zustehen.

1. Ein **Schuldverhältnis** zwischen A und U lag vor.

---

96 Vgl. BAG, Urt. v. 24.02.2011 – 6 AZR 626/09, EzA § 611 BGB 2002, „Aufhebungsvertrag“ Nr. 8; Urt. v. 14.02.1996 – 2 AZR 234/95, NZA 1996, 811; Weber/Ehrich NZA 1997, 414, 420 m.w.N.

2. Fraglich ist, ob U beim Abschluss des Aufhebungsvertrages eine ihm gegenüber A nach § 241 Abs. 2 BGB obliegende **Auskunfts- bzw. Aufklärungspflicht** verletzt hat.

a) Beim Abschluss eines Vertrages muss sich grds. jede Vertragspartei selbst Klarheit über die rechtlichen Folgen und möglichen Nachteile des Vertragsabschlusses verschaffen. Es besteht also **keine allgemeine Aufklärungspflicht,** sodass grds. auch der Arbeitgeber nicht verpflichtet ist, den Arbeitnehmer über die möglichen Nachteile eines Aufhebungsvertrages aufzuklären.[97]

Merke: Jede Vertragspartei muss sich grds. selbst über die Folgen eines Vertrags erkundigen. Es besteht im Arbeitsrecht auch aufgrund der Fürsorgepflicht keine allgemeine Aufklärungspflicht des AG. Ausnahmen nach Treu und Glauben sind im Einzelfall möglich. Erteilte Auskünfte müssen aber immer richtig sein.

b) Eine **erhöhte Hinweis- und Aufklärungspflicht** trifft aber den Arbeitgeber dann, wenn er im betrieblichen Interesse den Abschluss eines Aufhebungsvertrages vorschlägt und dabei den Eindruck erweckt, er werde den Arbeitnehmer nicht ohne ausreichende Aufklärung erheblichen Risiken aussetzen.[98]

Da U den im betrieblichen Interesse liegenden Abschluss des Aufhebungsvertrages dem offensichtlich unvorbereiteten A unter Hinweis darauf vorgeschlagen hat, dass die einvernehmliche Auflösung des Vertragsverhältnisses für beide Vertragsparteien besser sei, hat er den Eindruck erweckt, dass er nicht nur die eigenen Interessen wahren, sondern auch den A nicht ohne ausreichende Aufklärung erheblichen Risiken aussetzen wird. Es dürfte daher vorliegend unter Berücksichtigung der Umstände des Zustandekommens des Aufhebungsvertrages die Annahme gerechtfertigt sein, dass U eine ihm gegenüber A ausnahmsweise obliegende Hinweis- bzw. Aufklärungspflicht verletzt hat.

3. Bei der von der Bundesagentur für Arbeit verhängten Sperrfrist beim Bezug des Arbeitslosengeldes nach § 144 SGB III handelt es sich um einen Schaden, der kausal durch die Pflichtverletzung des U beim Abschluss des Aufhebungsvertrages verursacht worden ist.

4. Ergebnis zu II.: A kann von U als Schadensersatz das aufgrund der verhängten Sperrfrist nach § 144 SGB III entgangene Arbeitslosengeld nach § 280 Abs. 1 verlangen.

97 BAG, Urt. v. 22.01.2009 – 8 AZR 161/08, NZA 2009, 608.
98 BAG, Urt. v. 22.01.2009, FN 97; Urt. v. 21.02.2002 – 2 AZR 749/00, BB 2002, 2335.

Prüfungsschema: Kündigungsschutzklage

A. Zulässigkeit der Klage

I. **Allgemeine Zulässigkeitsvoraussetzungen** – vgl. dazu Übersicht S. 1

II. **Statthafte Klageart – Feststellungsklage i.S.d. § 256 ZPO**

1. Streit über die Wirksamkeit einer nach § 623 BGB formgerechten Kündigung – punktuelle Feststellungsklage, § 4 S. 1 KSchG; Klageantrag: „festzustellen, dass das Arbeitsverhältnis nicht durch die Kündigung vom ... aufgelöst wurde"; unerheblich ist, ob KSchG nach §§ 1 Abs. 1, 23 Abs. 1 KSchG anwendbar; Feststellungsinteresse schon deshalb gegeben, weil Klage erforderlich, um Fiktion des § 7 KSchG zu verhindern
2. Streit darüber, ob eine Kündigung vorliegt bzw. die Kündigung der Form des § 623 BGB entspricht – allgemeine Feststellungsklage i.S.d. § 256 ZPO; Klageantrag: „festzustellen, dass das Arbeitsverhältnis zwischen den Parteien über den ... hinaus fortbesteht"; Feststellungsinteresse zwar nicht aus dem o.g. Grund, weil §§ 4 S. 1, 7 KSchG nicht gelten, aber i.d.R. unproblematisch

III. **Einhaltung der 3-wöchigen Klagefrist des § 4 S. 1 KSchG** (bei außerordentlicher Kündigung i.V.m. § 13 Abs. 1 S. 2 KSchG) nach ganz h.M. **keine Zulässigkeitsvoraussetzung**, sondern eine Frage der Begründetheit der Kündigungsschutzklage

B. Begründetheit der Klage

Kündigungsschutzklage ist begründet, wenn eine unwirksame Kündigung vorliegt.

I. **Ordnungsgemäße, nach § 623 BGB formgerechte Kündigungserklärung**

II. **Wirksamkeit der Kündigungserklärung mit Zugang**, § 130 Abs. 1 BGB

III. **Einhaltung der Klagefrist des § 4 S. 1 KSchG** (bei außerordentl. Kündigung i.V.m. § 13 Abs. 1 S. 2 KSchG), sonst Wirksamkeitsfiktion nach § 7 KSchG auch bei Nichtanwendbarkeit des KSchG nach §§ 1 Abs. 1, 23 Abs.1 KSchG; bei unverschuldeter Fristversäumung Möglichkeit der nachträglichen Klagezulassung nach § 5 KSchG

- Diese Prüfungsreihenfolge wird insb. in der Praxis bevorzugt. Die Klagefrist wird oft aber auch nach der Feststellung der Unwirksamkeit der Kündigung geprüft, was in der Klausur dann zu empfehlen ist, wenn sich die zu behandelnden Probleme wegen der Fiktion des § 7 KSchG nicht mehr stellen.

IV. **Besondere Kündigungsschutzbestimmungen**, z.B. § 9 MuSchG, § 15 KSchG, §§ 85, 91 SGB IX

V. **Vorherige ordnungsgemäße Anhörung des Betriebsrates** nach § 102 BetrVG

Weitere Voraussetzungen der ordentlichen Kündigung:

VI. **Kündigungsschutz nach dem KSchG**

1. **Anwendbarkeit des KSchG**
   - § 1 Abs. 1 KSchG: Arbeitsverhältnis bei Kündigungszugang länger als 6 Monate
   - § 23 Abs. 1 KSchG: i.d.R. mehr als 10 AN; sog. Alt-AN (Einstellung vor 01.01.2004) haben Kündigungsschutz, wenn und solange mehr als 5 Alt-AN beschäftigt sind
2. **Soziale Rechtfertigung, § 1 Abs. 2 KSchG**
   - personenbedingt
   - verhaltensbedingt (+ i.d.R. vorherige Abmahnung)
   - betriebsbedingt: richtige soziale Auswahl nach § 1 Abs. 3 KSchG erforderlich

VII. **Bei Nichtanwendbarkeit des KSchG**: Kündigungsfreiheit; nur ausnahmsweise nach §§ 138, 242 BGB unwirksam, aber Wertung des § 7 Abs. 1 AGG beachten

VIII. **Einhaltung der Kündigungsfrist,** § 622 BGB

Weitere Voraussetzungen der außerordentlichen Kündigung:

VI. Voraussetzungen des § 626 BGB

1. **Wichtiger Grund** i.S.d. § 626 Abs. 1 BGB
   - Sachverhalt an sich geeignet, einen wichtigen Grund abzugeben
   - auch im konkreten Fall nach einer Interessenabwägung unter Berücksichtigung des Verhältnismäßigkeitsprinzips?
     - bei verhaltensbedingten Gründen grds. vorherige Abmahnung erforderlich
     - Außerordentliche Kündigung muss ultima ratio sein, d.h. selbst das Abwarten der ordentlichen Kündigungsfrist nicht zumutbar
2. **Zweiwöchige Kündigungserklärungsfrist,** § 626 Abs. 2 BGB
   - Zugang innerhalb von 2 Wochen nach Kenntniserlangung, bei schwerbehinderten Menschen: § 91 Abs. 5 SGB IX

VII. **Kündigungsfrist entfällt,** Regelfall fristlos; soziale Auslauffrist möglich)

Fall 34: Probezeitkündigung – Kündigungszugang

A ist im betriebsratslosen Betrieb des U seit 2 Monaten aufgrund eines schriftlichen Arbeitsvertrages beschäftigt, der eine dreimonatige Probezeit vorsieht. Am 09.05. legte A dem U eine ärztliche Arbeitsunfähigkeitsbescheinigung für eine Woche unter Hinweis darauf vor, dass er sich im Krankenhaus einem Eingriff unterziehen muss. U kündigte daraufhin das Arbeitsverhältnis mit A mit dem eigenhändig unterschriebenen Schreiben vom 10.05., das noch am Vormittag desselben Tages von einem Boten in den Briefkasten des A eingeworfen wurde, zum 24.05. A ist der Ansicht, dass die wegen seiner Erkrankung ausgesprochene Kündigung unwirksam, zumindest aber die gesetzliche Kündigungsfrist nicht eingehalten worden sei, weil er das Kündigungsschreiben erst bei seiner Rückkehr aus dem Krankenhaus am 17.05. vorfand. Ist die am 24.05. beim zuständigen Arbeitsgericht erhobene Kündigungsschutzklage begründet?

Die Kündigungsschutzklage ist begründet, wenn die Kündigung vom 10.05. unwirksam ist.

I. Eine **dem Schriftformzwang des § 623 BGB entsprechende Kündigungserklärung** liegt vor, weil U das Kündigungsschreiben vom 10.05. eigenhändig unterschrieben hat.

II. Die Kündigung ist eine einseitige empfangsbedürftige Willenserklärung, sodass sie erst mit **Zugang beim Kündigungsempfänger** entsprechend § 130 BGB wirksam wird.

Da A das Kündigungsschreiben vom 10.05. bei seiner Rückkehr aus dem Krankenhaus am 17.05. vorgefunden und gelesen hat, ist die Kündigungserklärung spätestens an diesem Tag zugegangen und damit wirksam geworden. Ob die Kündigungserklärung dem A bereits zu einem früheren Zeitpunkt zugegangen ist, kann an dieser Stelle noch offen bleiben.

III. A hat gegen die nach § 623 BGB formgerechte Kündigung vom 10.05. Kündigungsschutzklage am 24.05. erhoben und damit die **3-wöchige Klagefrist des § 4 S. 1 KSchG** auf jeden Fall **gewahrt**, die unabhängig von der Anwendbarkeit des Kündigungsschutzgesetzes grds. bei jeder formgerechten Kündigung einzuhalten ist. Die Kündigung gilt deshalb nicht aufgrund der Fiktion des § 7 KSchG als wirksam, sodass A die Unwirksamkeit der Kündigung geltend machen kann.

Teilweise wird die Wahrung der 3-wöchigen Klagefrist des § 4 S. 1 KSchG erst im Anschluss an die Feststellung der Unwirksamkeit der Kündigung (bei Wirksamkeit der Kündigung kommt es darauf nicht an) geprüft. Hier wird die in der Praxis übliche Prüfungsreihenfolge gewählt. Es gilt auch der Grundsatz, dass die Prüfungsreihenfolge i.d.R nicht zwingend ist. Wichtig ist nur, dass alle Probleme in zweckmäßiger Reihenfolge geprüft werden.

IV. Besondere Kündigungsschutzbestimmungen greifen zugunsten des A nicht ein.

V. Eine Unwirksamkeit der Kündigung nach § 102 Abs. 1 S. 3 BetrVG kommt nicht in Betracht, weil im Betrieb des U kein Betriebsrat besteht.

V. Die Kündigung könnte wegen Fehlens eines Kündigungsgrundes unwirksam sein.

Grds. kann auch das Arbeitsverhältnis aufgrund der Vertragsautonomie von jedem Vertragspartner ohne besonderen Kündigungsgrund gekündigt werden. Dieser **Grundsatz der Kündigungsfreiheit** ist zwar für die Kündigung des Arbeitsverhältnisses durch den Arbeitgeber nach Maßgabe des Kündigungsschutzgesetzes eingeschränkt, sodass es nur durch eine nach § 1 KSchG sozial gerechtfertigte Kündigung beendet werden kann. Da jedoch das Arbeitsverhältnis zwischen A und U im Zeitpunkt des Kündigungszugangs erst 2 Monate bestand, ist das Kündigungsschutzgesetz bereits nach § 1 Abs. 1 KSchG wegen Nichterfüllung der 6-monatigen Wartezeit nicht anwendbar. Für die Kündigung des Arbeitsverhältnisses durch U war daher kein besonderer Kündigungsgrund erforderlich.

VI. Die Kündigung könnte nach **§ 134 BGB i.V.m. dem Maßregelungsverbot des § 612 a BGB** unwirksam sein, weil U das Arbeitsverhältnis wegen der krankheitsbedingten Arbeitsunfähigkeit des A gekündigt hat.

1. Nach § 612 a BGB darf der Arbeitgeber einen Arbeitnehmer bei einer Vereinbarung oder einer Maßnahme nicht deshalb benachteiligen, weil der Arbeitnehmer in zulässiger Weise seine Rechte ausübt. Damit kann auch eine Kündigung wegen Verstoßes gegen das Maßregelungsverbot des § 612 a BGB unwirksam sein.

2. Fraglich ist aber, ob eine krankheitsbedingte Kündigung eine **Maßregelung wegen zulässiger Rechtsausübung i.S.d. § 612 a BGB** ist.

Bei einer bestehenden krankheitsbedingten Arbeitsunfähigkeit ist die Arbeitsleistung unmöglich mit der Folge, dass der Arbeitnehmer nach § 275 Abs. 1 BGB von der Verpflichtung zur Arbeitsleistung kraft Gesetzes befreit ist. Ein Arbeitnehmer, der arbeitsunfähig ist und deswegen nicht arbeitet, übt daher kein Recht i.S.d. § 612 a BGB aus. Etwas anderes kommt zwar dann in Betracht, wenn der Arbeitgeber z.B. wegen Ablehnung der Erbringung der Arbeitsleistung während der krankheitsbedingten Arbeitsunfähigkeit kündigt.[99] Für einen derartigen Ausnahmefall liegen jedoch keine Anhaltspunkte vor.

VII. Keine Unwirksamkeit der Kündigung wegen Sittenwidrigkeit i.S.d. § 138 BGB bzw. Treuwidrigkeit i.S.d. § 242 BGB.

1. Eine ordentliche Kündigung des Arbeitsverhältnisses durch den Arbeitgeber kann auch bei Nichtanwendbarkeit des KSchG aufgrund der Generalklauseln der §§ 138, 242 BGB unwirksam sein. Die vom Gesetzgeber bezweckte Erleichterung der ordentlichen Kündigung in Kleinbetrieben i.S.d. § 23 Abs. 1 KSchG und vor Ablauf der 6-monatigen Wartezeit des § 1 Abs. 1 KSchG kann nicht dadurch umgangen werden, dass auf „Umwegen" über die Generalklauseln der §§ 138, 242 BGB ein Kündigungsschutz „zweiter Klasse" eingeführt wird. Dementsprechend kann aufgrund der Generalklauseln der §§ 138, 242 BGB die Unwirksamkeit einer Arbeitgeberkündigung nur in besonderen Ausnahmefällen angenommen werden. Es muss sich dabei um Gründe handeln, die nicht von § 1 KSchG erfasst sind.[100]

2. Da A im Zeitpunkt des Kündigungszugangs erst 2 Monate bei U beschäftigt war und schon aus diesem Grund auf den Fortbestand seines Arbeitsverhältnisses nicht vertrauen durfte, ist die wegen der krankheitsbedingten Arbeitsunfähigkeit ausgesprochene Kündigung weder sittenwidrig i.S.d. § 138 BGB noch treuwidrig i.S.d. § 242 BGB. Im Übrigen zeigt der Umkehrschluss aus § 8 EFZG, wonach der Arbeitgeber bei einer aus Anlass der

99 Vgl. BAG, Urt. v. 23.04.2009 – 6 AZR 189/08, NZA 2009, 974.

100 BAG, Urt. v. 22.04.2010 – 6 AZR 828/08, ZTR 2010, 430; Urt.v. 28.08.2008 – 2 AZR 101/07, juris.

krankheitsbedingten Arbeitsunfähigkeit des Arbeitnehmers erklärten Kündigung für die Dauer von 6 Wochen zur Entgeltfortzahlung im Krankheitsfall auch über den Ablauf der Kündigungsfrist hinaus verpflichtet ist (vgl. dazu Fall 20), dass die allein wegen der Krankheit ausgesprochene Kündigung nicht treuwidrig i.S.d. § 242 BGB bzw. sittenwidrig i.S.d. § 138 BGB sein kann. Anderenfalls wäre die Regelung des § 8 EFZG unverständlich.

3. Zwischenergebnis: Die von U mit Schreiben vom 10.05. erklärte ordentliche Kündigung des Arbeitsverhältnisses mit A ist als solche wirksam.

VIII. Fraglich ist, ob die ordentliche Kündigung des U vom 10.05. zum 24.05. fristgerecht erfolgt ist, U also die **maßgebliche Kündigungsfrist eingehalten** hat.

1. Während einer vereinbarten **Probezeit,** längstens für die Dauer von sechs Monaten, kann das Arbeitsverhältnis auch ohne besondere Vereinbarung gemäß § 622 Abs. 3 BGB kraft Gesetzes mit einer Kündigungsfrist von 2 Wochen beendet werden. Eine Prüfung der Angemessenheit der im Einzelfall vereinbarten Probezeitdauer, die den Höchstrahmen des § 622 Abs. 3 BGB nicht überschreitet, findet dabei nicht statt.[101] Die Kündigung des U vom 10.05. zum 24.05. ist danach fristgerecht erfolgt, wenn das Kündigungsschreiben dem A noch am 10.05. zugegangen ist.

2. Eine **empfangsbedürftige Willenserklärung geht** einem abwesenden Erklärungsempfänger **nach der sog. Empfangstheorie gemäß § 130 Abs. 1 BGB zu,** wenn sie so in seinen Machtbereich gelangt ist, dass bei Annahme gewöhnlicher Umstände damit zu rechnen war, dass er von ihr Kenntnis nehmen kann. Ob und wann er tatsächlich Kenntnis von dem Erklärungsinhalt erlangt hat, ist für den Zugang der Erklärung unerheblich. Dies gilt auch dann, wenn sich der Empfänger (z.B. wegen Urlaubs) vorübergehend nicht an seinem gewöhnlichen Aufenthaltsort aufhält.[102] Da das Kündigungsschreiben vom 10.05. noch am Vormittag desselben Tages durch einen Boten in den Briefkasten des A eingeworfen wurde, konnte A unter gewöhnlichen Umständen noch am 10.05. von dem Inhalt des Kündigungsschreibens Kenntnis nehmen, sodass die Kündigung ihm an diesem Tag zugegangen ist.

Die Zustellung durch einen Boten ist in der Praxis wegen der Möglichkeit des Zustellungsnachweises (Bote als Zeuge) üblich.

3. Die ordentliche Kündigung vom 10.05. ist entsprechend § 622 Abs. 3 BGB fristgerecht zum 24.05. erfolgt.

IX. Ergebnis: Die Klage ist unbegründet, weil U das Arbeitsverhältnis mit A wirksam mit Schreiben vom 10.05. zum 24.05. gekündigt hat.

---

101 BAG, Urt. v. 24.01.2008 – 6 AZR 519/07, NZA 2008, 521.

102 Vgl. BAG, Urt. v. 09.06.2011 – 6 AZR 687/09, NZA 2011, 847; Urt. v. 24.06.2004 – 2 AZR 461/03, NZA 2004, 1330; a.A. früher noch BAG AP Nr. 11 zu § 130 BGB: Zugang bei bekannter Urlaubsabwesenheit erst nach Rückkehr.

Fall 35: Kündigung wegen Schwerbehinderung

Der schwerbehinderte Mensch S (Grad der Behinderung 60) ist seit dem 01.01. als Buchhalter bei U beschäftigt. Am 02.05. teilte S dem U mit, dass er schwerbehindert sei und deshalb einen Anspruch auf Zusatzurlaub für Schwerbehinderte habe. U zeigte sich darüber verärgert, dass S ihm bei der Begründung des Arbeitsverhältnisses die Schwerbehinderung nicht mitgeteilt hatte, und erklärte daraufhin mit dem eigenhändig unterschriebenen Schreiben vom 10.05., das S am selben Tag zuging, die ordentliche Kündigung des Arbeitsverhältnisses zum 15.06. S hält die wegen seiner Schwerbehinderung erklärte Kündigung für unwirksam und erhebt fristgerecht vor dem örtlich zuständigen Arbeitsgericht eine Klage auf Feststellung der Unwirksamkeit der Kündigung. Hat die Kündigungsschutzklage Aussicht auf Erfolg?

Die Kündigungsschutzklage hat Erfolg, wenn sie zulässig und begründet ist.

A. Zulässigkeit der Klage

I. Die **Rechtswegzuständigkeit des Arbeitsgerichts** ist gemäß § 2 Abs. 1 Nr. 3 b ArbGG gegeben, weil eine Streitigkeit zwischen einem Arbeitnehmer und einem Arbeitgeber über das Bestehen oder Nichtbestehen des Arbeitsverhältnisses vorliegt.

II. S hat die Kündigungsschutzklage vor dem nach § 46 Abs. 2 ArbGG i.V.m. §§ 2 ff. ZPO örtlich zuständigen Arbeitsgericht erhoben.

III. Die **Parteifähigkeit** bestimmt sich nach § 46 Abs. 2 ArbGG i.V.m. § 50 ZPO. S und U sind demnach als natürliche Personen parteifähig.

IV. Nach § 11 ArbGG können die Parteien den Rechtsstreit vor dem Arbeitsgericht selbst führen. Da somit **kein Anwaltszwang** besteht, konnte S die Kündigungsschutzklage selbst erheben.

V. Statthafte Klageart

1. Bei der Kündigungsschutzklage handelt es sich um eine **Feststellungsklage i.S.d. § 256 ZPO**. Der **Antrag** ist aber nicht auf die Feststellung des Bestehens oder Nichtbestehens eines Rechtsverhältnisses, sondern gemäß § 4 S. 1 KSchG **auf die Feststellung der Unwirksamkeit der Kündigung** zu richten. Da S die Feststellung der Unwirksamkeit der Kündigung vom 10.05. beantragt hat, liegt eine ordnungsgemäße Klageerhebung vor.

2. Da die Einhaltung der dreiwöchigen Klagefrist des § 4 S. 1 KSchG erforderlich ist, um die Fiktion der Wirksamkeit der Kündigung nach § 7 KSchG zu verhindern, ist das Feststellungsinteresse bereits aus diesem Grunde gegeben und muss deshalb nicht besonders begründet werden.

VI. Einhaltung der Klagefrist des § 4 S. 1 KSchG?

S gegen die formgerechte Kündigung vom 10.05. nach dem Sachverhalt fristgerecht Kündigungsschutzklage erhoben und damit die **3-wöchige Klagefrist des § 4 S. 1 KSchG,** die unabhängig von der Anwendbarkeit des Kündigungsschutzgesetzes bei jeder formgerechten Kündigung einzuhalten ist, gewahrt. Es kann daher offen bleiben, ob die Einhaltung der Klagefrist des § 4 S.1 KSchG eine Zulässigkeitsvoraussetzung oder eine Frage der Begründetheit der Kündigungsschutzklage (so ganz h.M.) ist.

VII. Ergebnis zu A.: Die Kündigungsschutzklage ist zulässig.

B. Begründetheit der Kündigungsschutzklage

Die Kündigungsschutzklage ist begründet, wenn die ordentliche Kündigung vom 10.05. zum 15.06. unwirksam ist.

I. Eine **ordnungsgemäße und der Form des § 623 BGB entsprechende Kündigungserklärung** liegt vor, weil U das Kündigungsschreiben vom 10.05. eigenhändig unterschrieb.

II. Die Kündigungserklärung vom 10.05. ist S noch am selben Tag nach § 130 Abs. 1 BGB **zugegangen** und damit als solche wirksam geworden.

III. Da S gegen die formgerechte Kündigung vom 10.05. **gemäß § 4 S. 1 KSchG fristgerecht Kündigungsschutzklage** erhob, gilt die Kündigung nicht aufgrund der Fiktion des § 7 KSchG als wirksam. Die Geltendmachung der Unwirksamkeit der Kündigung ist somit nicht wegen Versäumung der 3-wöchigen Klagefrist des § 4 S. 1 KSchG ausgeschlossen.

IV. Besonderer Kündigungsschutz als schwerbehinderter Mensch?

Da S als schwerbehinderter Mensch i.S.d. § 2 Abs. 2 SGB IX mit einem Grad der Behinderung von 60 anerkannt ist, könnten der Wirksamkeit der ordentlichen Kündigung des U vom 10.05. besondere Kündigungsschutzbestimmungen entgegenstehen.

1. Nach § 85 SGB IX bedarf die **Kündigung des Arbeitsverhältnisses mit einem schwerbehinderten Menschen** der vorherigen Zustimmung des Integrationsamtes. Da U vor Ausspruch der Kündigung mit S die vorherige Zustimmung des Integrationsamtes nicht einholte, könnte die Kündigung wegen Verstoßes gegen ein gesetzliches Verbot nach § 134 BGB i.V.m. § 85 SGB IX unwirksam sein.

2. Die Vorschriften des 4. Kapitels des SGB IX und damit auch § 85 SGB IX gelten jedoch aufgrund der Ausnahmeregelung des § 90 SGB IX u.a. dann nicht, wenn das Arbeitsverhältnis des schwerbehinderten Menschen im Zeitpunkt des Kündigungszugangs noch nicht länger als 6 Monate bestanden hat, § 90 Abs. 1 Nr. 1 SGB IX. Da das Arbeitsverhältnis des S im Zeitpunkt des Kündigungszugangs erst 4 Monate bestanden hat, war die vorherige Zustimmung des Integrationsamtes nach § 85 SGB IX aufgrund der **Ausnahmeregelung des § 90 Abs. 1 Nr. 1 SGB IX** nicht erforderlich. Die ordentliche Kündigung vom 10.05. ist daher nicht nach § 134 BGB i.V.m. § 85 SGB IX unwirksam.

Bei diesem Fall wird besonders deutlich, wie wichtig es ist, auch die §§ vor und nach der einschlägigen Regelung zu lesen, um ein falsches Ergebnis zu vermeiden.

V. Die wegen der Schwerbehinderung des S erklärte Kündigung des Arbeitsverhältnisses könnte **wegen eines Verstoßes gegen ein gesetzliches Verbot nach § 134 BGB i.V.m. § 7 Abs. 1 AGG** unwirksam sein.

Nach § 7 Abs. 1 AGG i.V.m. § 1 AGG dürfen zwar Beschäftigte u.a. nicht wegen einer Behinderung benachteiligt werden. Für Kündigungen gelten aber aufgrund der ausdrücklichen **Herausnahmeregelung des § 2 Abs. 4 AGG** ausschließlich die Bestimmung zum allgemeinen und besonderen Kündigungsschutz, nicht dagegen das AGG selbst. Diese Herausnahmeregelung verstößt jedenfalls deshalb nicht gegen das EG-Recht, weil die Dis-

Die Vereinbarkeit der Herausnahmeregelung mit dem EG-Recht ist sehr umstritten.

kriminierungsverbote des § 7 AGG nach h.M. bei europarechtskonformer Auslegung im Rahmen der jeweiligen Kündigungsbeschränkungen ausreichend berücksichtigt werden können.[103] Eine Unwirksamkeit der Kündigung wegen Verstoßes gegen ein gesetzliches Verbot nach § 134 BGB i.V.m. § 7 Abs. 1 AGG scheidet demnach aus.

VI. Die ordentliche Kündigung des Arbeitsverhältnisses mit S ist auch nicht nach § 1 KSchG wegen fehlender sozialer Rechtfertigung unwirksam, weil das KSchG auf das Arbeitsverhältnis des S wegen der Nichterfüllung der 6-monatigen Wartezeit des § 1 Abs. 1 KSchG nicht anwendbar ist.

VII. Die wegen der Schwerbehinderung des S ausgesprochene Kündigung könnte **sittenwidrig i.S.d. § 138 Abs. 1 BGB** und damit unwirksam sein.

1. Mit Rücksicht darauf, dass außerhalb des Anwendungsbereichs des KSchG der Grundsatz der Kündigungsfreiheit gilt, sind an die Sittenwidrigkeit einer ordentlichen Kündigung strenge Anforderungen zu stellen. Sittenwidrig ist danach eine ordentliche Kündigung ausnahmsweise dann, wenn sie auf einem verwerflichen Motiv des Kündigenden beruht oder aus anderen Gründen dem Anstandsgefühl aller billig und gerecht Denkenden widerspricht.

Beachte: Trotz der Herausnahmeregelung des § 2 Abs. 4 AGG ist das Benachteiligungsverbot des § 7 Abs. 1 AGG bei der Prüfung der Wirksamkeit der Kündigung nach § 1 KSchG, § 626 BGB bzw. nach den Generalklauseln der §§ 138, 242 BGB zu berücksichtigen.

2. Eine Benachteiligung wegen einer Schwerbehinderung ist nach § 7 Abs. 1 AGG verboten. Das AGG findet zwar aufgrund der Herausnahmeregelung des § 2 Abs. 4 AGG im Kündigungsrecht keine Anwendung. Dies bedeutet aber nicht, dass seine Wertung bei der Anwendung der Generalklauseln der §§ 138, 242 BGB keine Berücksichtigung finden. Es gilt vielmehr das Gegenteil, weil anderenfalls die Herausnahmeregelung des § 2 Abs. 4 AGG mit EG-Recht unvereinbar wäre. Dies folgt daraus, dass das AGG der Umsetzung von 4 EG-Antidiskriminierungsrichtlinien dient und diese sich auch auf die Beendigung des Arbeitsverhältnisses beziehen. Würde man die Benachteiligungsverbote des AGG bei der Auslegung der Generalklauseln der §§ 138, 242 BGB nicht berücksichtigen, wäre die Herausnahmeregelung des § 2 Abs. 4 AGG nach h.M. europarechtswidrig.[104] Dementsprechend sind auch bei der Anwendung der Generalklausel des § 138 BGB im Einzelfall die Benachteiligungsverbote des § 7 Abs. 1 AGG zu berücksichtigen, sodass die Kündigung sittenwidrig ist, wenn das Kündigungsmotiv des Arbeitgebers eine nach § 7 Abs. 1 AGG verbotene Benachteiligung ist. Da U die Kündigung ausschließlich wegen der Schwerbehinderung des S erklärte, der die vertraglich geschuldete Tätigkeit trotz der Behinderung verrichten konnte (vgl. § 8 AGG zur Rechtfertigung der unterschiedlichen Behandlung wegen beruflicher Anforderungen), ist die Kündigung sittenwidrig und damit nach § 138 BGB unwirksam.

VIII. Ergebnis: Die Kündigungsschutzklage ist begründet, weil die Kündigung des Arbeitsverhältnisses mit S nach § 138 BGB unwirksam ist.

---

103 BAG, Urt. v. 05.11.2009 – 2 AZR 676/09, NZA 2010, 457; Urt. v. 06.11.2008 – 2 AZR 701/07, NZA 2009, 36; a.A. z.B. Perreng AiB 2007, 578; Benecke ArbuR 2007, 229.

104 Vgl. dazu AS-Skript Arbeitsrecht, Rdnr. 436; Hein NZA 2008, 1033; Bayreuther DB 2006, 1842.

Fall 36: Anwendungsbereich des KSchG

Der 30-jährige A ist seit dem 01.01.2003 im Betrieb des U als Schlosser in Vollzeit beschäftigt. Neben A beschäftigt U, bei dem kein Betriebsrat existiert, seit ca. 10 Jahren die Vollzeitkräfte B, C, D, E und F, der im Februar 2011 in Rente ging und nahtlos durch die Vollzeitkraft I ersetzt wurde. Neben den Vollzeitkräften beschäftigt U sieben Aushilfskräfte auf 400 €-Basis mit einer wöchentlichen Arbeitszeit von nicht mehr als 10 Stunden. Von den Aushilfskräften ist am längsten J, nämlich seit März 2006 beschäftigt. Als A am 18.03.2011 erneut unentschuldigt fehlte, kündigte U das Arbeitsverhältnis formgerecht mit Schreiben vom 21.03.2011, das A noch am selben Tag zuging, zum 30.06.2011. A ist der Ansicht, dass die ordentliche Kündigung jedenfalls wegen Fehlens einer vorangegangenen Abmahnung unwirksam sei. Ist die am 23.03.2011 erhobene Kündigungsschutzklage begründet?

Die Kündigungsschutzklage ist begründet, wenn die ordentliche Kündigung des U vom 21.03.2011 zum 30.06.2011 unwirksam ist.

I. Eine **ordnungsgemäße** und der **Schriftform des § 623 BGB** genügende **Kündigungserklärung** liegt vor, die mit **Zugang** beim A am 21.03.2011 entsprechend § 130 Abs. 1 BGB wirksam geworden ist.

II. Da A die **Kündigungsschutzklage** gegen die am 23.03.2011 zugegangene Kündigung am 21.04.2010, also **innerhalb der 3-wöchigen Klagefrist des § 4 S. 1 KSchG erhoben** hat, greift die Wirksamkeitsfiktion des § 7 KSchG nicht ein. A kann daher die Unwirksamkeit der Kündigung geltend machen.

III. Besondere Kündigungsschutzbestimmungen stehen der Wirksamkeit der Kündigung nach dem Sachverhalt nicht entgegen.

IV. Da im Betrieb des U **kein Betriebsrat** besteht, kann die Wirksamkeit der ordentlichen Kündigung auch nicht an einer fehlerhaften Anhörung des Betriebsrats gemäß § 102 Abs. 1 S. 3 BetrVG scheitern.

V. Soziale Rechtfertigung als Wirksamkeitsvoraussetzung der Kündigung nach § 1 KSchG?
Die ordentliche Kündigung des Arbeitsverhältnisses mit A könnte sozial ungerechtfertigt und damit nach § 1 Abs. 1 KSchG unwirksam sein.

1. Eine ordentliche Kündigung bedarf zu ihrer Wirksamkeit nur dann einer sozialen Rechtfertigung i.S.d. § 1 KSchG, wenn das KSchG auf das Arbeitsverhältnis in persönlicher und betrieblicher Hinsicht nach §§ 1 Abs. 1, 23 Abs. 1 KSchG anwendbar ist. Fraglich ist somit, ob diese **Anwendbarkeitsvoraussetzungen des KSchG** erfüllt sind.

a) In persönlicher Hinsicht ist das KSchG nach § 1 Abs. 1 KSchG nur anwendbar, wenn der gekündigte Arbeitnehmer in dem maßgeblichen Zeitpunkt des Kündigungszugangs länger als 6 Monate beschäftigt war. Da das Arbeitsverhältnis des A seit dem 01.01.2003 besteht, ist die **6-monatige Wartezeit des § 1 Abs. 1 KSchG** erfüllt.

b) Das KSchG müsste vorliegend auch im Hinblick auf die **nach § 23 Abs. 1 KSchG erforderliche Beschäftigtenzahl** anwendbar sein.

Zweckmäßiges Vorgehen bei Prüfung der Anwendbarkeit des KSchG nach § 23 Abs. 1 KSchG:
1. Mehr als 10 AN i.S.d. § 23 Abs. 1 KSchG – KSchG immer anwendbar
2. Weniger als 5 AN i.S.d. § 23 Abs. 1 KSchG – KSchG nie anwendbar
3. Mehr als 5, aber weniger als 10 AN i.S.d. § 23 Abs. 1 KSchG – Trennung zwischen sog. Alt- und Neuarbeitnehmern:
a) Neuarbeitnehmer – KSchG nicht anwendbar
b) Altarbeitnehmer – KSchG anwendbar, wenn am 31.12.2003 und im Zeitpunkt des Kündigungszugangs mehr als 5 AN i.S.d § 23 Abs. 1 KSchG

aa) Nach § 23 Abs. 1 S. 3 KSchG setzt die Anwendbarkeit des KSchG seit dem 01.01.2004 grds. voraus, dass der Arbeitgeber regelmäßig mehr als 10 Arbeitnehmer beschäftigt, wobei bei der Festlegung der Beschäftigtenzahl die Teilzeitkräfte entsprechend dem Umfang ihrer Arbeitszeit anteilig nach Maßgabe des § 23 Abs. 1 S. 4 KSchG zu berücksichtigen sind.
Im Zeitpunkt des Kündigungszugangs beschäftigte U neben A die Vollzeitkräfte B, C, D, E und I sowie sieben Aushilfskräfte mit einer wöchentlichen Arbeitszeit von nicht mehr als 10 Stunden, insgesamt also 9,5 Arbeitnehmer i.S.d. § 23 Abs. 1 KSchG. Das KSchG wäre nicht anwendbar.

bb) Für die Arbeitnehmer, die – wie A – vor dem 01.01.2004 eingestellt wurden (sog. Altarbeitnehmer) gilt allerdings das KSchG nach § 23 Abs. 1 S. 2 KSchG bereits dann, wenn und solange der Arbeitgeber mehr als fünf der sog. Altarbeitnehmer beschäftigt. Die zuletzt genannte Einschränkung ergibt sich aus § 23 Abs. 1 S. 3, 2. Halbs. KSchG, wonach die sog. Neuarbeitnehmer bei der Feststellung der Beschäftigtenzahl nach § 23 Abs. 1 S. 2 KSchG bis zu einer Beschäftigung von i.d.R. 10 Arbeitnehmern nicht zu berücksichtigen sind.
U beschäftigte am 31.12.2003 die Vollzeitkräfte A–F und damit mehr als fünf Arbeitnehmer. Da jedoch der langjährige Mitarbeiter F im Februar 2011 altersbedingt ausgeschieden ist, waren in dem maßgeblichen Zeitpunkt des Kündigungszugangs nicht mehr als fünf, sondern nur noch fünf sog. Altarbeitnehmer beschäftigt, sodass das KSchG auf das Arbeitsverhältnis mit dem A nach § 23 Abs. 1 S. 2–4 KSchG nicht anwendbar ist. Die Tatsache, dass für den langjährigen Mitarbeiter F die Vollzeitkraft I eingestellt wurde, ändert daran nichts, weil es sich dabei um eine Neueinstellung handelt, die nach § 23 Abs. 1 S. 3, 2. Halbs. KSchG bis zu einer Beschäftigung von i.d.R. 10 Arbeitnehmern nicht zu berücksichtigen ist.[105]

2. Zwischenergebnis: Die Wirksamkeit der ordentlichen Kündigung des Arbeitsverhältnisses mit A scheitert auch nicht an fehlender sozialer Rechtfertigung nach § 1 Abs. 1 KSchG, weil das KSchG auf das Arbeitsverhältnis des A nach § 23 Abs. 1 S. 2–4 KSchG nicht anwendbar ist.

VI. Unwirksamkeit der ordentlichen Kündigung nach §§ 138, 242 BGB wegen Sittenwidrigkeit bzw. Treuwidrigkeit?

Außerhalb des Anwendungsbereichs des KSchG gilt der Grundsatz der Kündigungsfreiheit. Eine ordentliche Kündigung ist daher nur ausnahmsweise nach § 138 BGB sittenwidrig bzw. nach § 242 BGB treuwidrig. Auf dem „Umweg" über diese Generalklauseln kann also nicht ein Kündigungsschutz angenommen werden, der dem nach § 1 KSchG entspricht. Da U die ordentliche Kündigung des Arbeitsverhältnisses mit A nicht willkürlich, sondern wegen wiederholten unentschuldigten Fehlens erklärte, ist die Kündigung weder sitten- noch treuwidrig i.S.d. §§ 138, 242 BGB. Die Tatsache, dass A zuvor nicht abgemahnt worden ist, ändert daran nichts, weil eine vorherige Abmahnung grds. nur Wirksamkeitsvoraussetzung einer verhaltensbedingten Kündigung nach § 1 Abs. 2 KSchG ist.

VII. Ergebnis: Die Kündigung des Arbeitsverhältnisses mit A ist wirksam.

---

105 BAG, Urt. v. 27.11.2008 – 2 AZR 790/07, NZA 2009, 484; Urt. v. 21.09.2006 – 2 AZR 840/05, NZA 2007, 438.

Fall 37: Betriebsbedingte Kündigung – Festlegung des Anforderungsprofils der Arbeitsplätze

Der 36-jährige verheiratete und gegenüber drei Kindern unterhaltspflichtige A ist seit 9 Jahren im Betrieb des U als Hilfsarbeiter beschäftigt. Im Betrieb des U, bei dem kein Betriebsrat existiert, sind regelmäßig 20 Arbeitnehmer beschäftigt, die in fünf Baukolonnen eingeteilt werden, die jeweils aus drei Facharbeitern und einem Hilfsarbeiter bestehen. Wegen des anhaltenden Auftragsrückgangs und des Konkurrenzdrucks entschloss sich U am 10.03. dazu, künftig nur noch Facharbeiter einzusetzen und die Arbeitsverhältnisse der vier Hilfsarbeiter fristgerecht zu kündigen. Dementsprechend kündigte er auch das Arbeitsverhältnis mit A formgerecht mit Schreiben vom 15.03., das am selben Tag zuging, zum 30.06. Mit der am 20.03. beim Arbeitsgericht eingegangenen Kündigungsschutzklage wehrt sich der A gegen die Kündigung unter Berufung darauf, dass die ausgesprochene Kündigung jedenfalls deswegen unwirksam sei, weil die Hilfsarbeitertätigkeiten als solche nicht weggefallen seien. Zumindest sei die Kündigung deswegen unwirksam, weil der ledige, 20-jährige Facharbeiter F weniger schutzwürdig als er sei. Ist die Klage begründet?

Die Klage ist begründet, wenn das Arbeitsverhältnis des A nicht durch die ordentliche Kündigung des U vom 15.03. zum 30.06. aufgelöst wurde.

I. Wirksame ordnungsgemäße Kündigungserklärung

U hat mit dem dem Schriftformzwang des § 623 BGB entsprechenden Schreiben vom 15.03. die ordentliche Kündigung des Arbeitsverhältnisses mit A zum 30.06. erklärt. Eine ordnungsgemäße Kündigungserklärung liegt somit vor. Diese Kündigungserklärung ist dem A entsprechend § 130 Abs. 1 BGB zugegangen und damit als solche wirksam geworden.

II. Einhaltung der dreiwöchigen Klagefrist des § 4 S. 1 KSchG

A hat gegen die am 15.03. zugegangene formgerechte Kündigung am 20.03., also innerhalb der dreiwöchigen Klagefrist des § 4 S. 1 KSchG beim ArbG Kündigungsschutzklage erhoben und damit den Eintritt der Wirksamkeitsfiktion nach § 7 KSchG verhindert. A kann daher die Unwirksamkeit der Kündigung geltend machen.

III. Besondere Kündigungsschutzbestimmungen greifen zugunsten des A nicht ein.

IV. Da im Betrieb des U **kein Betriebsrat** existiert, scheidet eine Unwirksamkeit der Kündigung wegen fehlender Anhörung des Betriebsrates nach § 102 Abs. 1 S. 3 BetrVG aus.

V. Unwirksamkeit der Kündigung wegen fehlender sozialer Rechtfertigung nach § 1 KSchG?

Die Kündigung könnte wegen fehlender sozialer Rechtfertigung nach § 1 KSchG unwirksam sein.

1. Da das Arbeitsverhältnis des A im Zeitpunkt des Kündigungszugangs länger als 6 Monate (9 Jahre) bestanden hat und U mehr als 10 Arbeitnehmer beschäftigt hat, ist das **KSchG** auf das Arbeitsverhältnis zwischen U und A nach **§§ 1 Abs. 1, 23 Abs. 1 KSchG anwendbar.**

2. Die ordentliche Kündigung des Arbeitsverhältnisses mit A könnte aus betriebsbedingten Gründen i.S.d. § 1 Abs. 2 KSchG gerechtfertigt sein.

a) Die **Wirksamkeit einer betriebsbedingten Kündigung** setzt gemäß § 1 Abs. 2 KSchG zunächst voraus, dass die Kündigung durch dringende betriebliche Erfordernisse bedingt ist.[106]

Dringende **betriebliche Erfordernisse i.S.d. § 1 Abs. 2 KSchG** liegen vor, wenn außerbetriebliche oder innerbetriebliche Faktoren den Wegfall eines oder mehrerer Arbeitsplätze zur Folge haben und keine anderweitige Beschäftigungsmöglichkeit in demselben Betrieb oder einem anderen Betrieb desselben Unternehmens besteht, also ein Arbeitskräfteüberhang vorliegt. Nicht erforderlich ist es dabei, dass gerade der Arbeitsplatz des entlassenen Arbeitnehmers weggefallen ist.

Bei der Prüfung des dringenden betrieblichen Erfordernisses ist zunächst festzustellen, ob die Kündigung aus außerbetrieblichen oder aus innerbetrieblichen Gründen erfolgt, weil davon die Anforderungen an das Vorliegen des dringenden betrieblichen Erfordernisses abhängig sind.

b) Vorliegend hat U den Auftragsrückgang zum Anlass für die Entscheidung genommen, den Betrieb künftig nur noch mit Facharbeitern fortzuführen und alle Hilfsarbeiter zu entlassen. Der Auftragsrückgang als außerbetrieblicher Faktor war danach nur das Motiv für die Festlegung des Anforderungsprofils der jeweiligen Arbeitsplätze und die Entlassung der Hilfsarbeiter. Die betriebsbedingte Kündigung ist damit aus innerbetrieblichen Gründen erklärt worden.

aa) Eine Kündigung ist aus innerbetrieblichen Gründen gerechtfertigt, wenn sich der Arbeitgeber zu einer organisatorischen Maßnahme entschließt, bei deren innerbetrieblicher Umsetzung das Bedürfnis für die Beschäftigung eines oder mehrerer Arbeitnehmer entfällt. Da die Arbeitsgerichte nicht das wirtschaftliche Risiko der unternehmerischen Betätigung tragen, können sie dem Arbeitgeber auch nicht vorschreiben, welche Unternehmenspolitik besser wäre. Dementsprechend ist eine **unternehmerische Entscheidung des Arbeitgebers**, die zum Wegfall von Arbeitsplätzen führt, nicht auf ihre sachliche Rechtfertigung oder ihre Zweckmäßigkeit hin zu überprüfen, sondern nur darauf, ob sie offenbar unsachlich, unvernünftig oder willkürlich ist. Zu den freien unternehmerischen Entscheidungen gehört dabei auch die Festlegung des Anforderungsprofils der jeweiligen Arbeitsplätze.[107]

bb) Aufgrund der unternehmerischen Entscheidung des U, den Betrieb künftig nur noch mit Facharbeitern fortzuführen und alle Hilfsarbeiter zu entlassen, ist auch der Arbeitsplatz des Hilfsarbeiters A weggefallen. Da es aufgrund dieser freien unternehmerischen Entscheidung des U künftig den Arbeitsplatz mit reinen Hilfstätigkeiten nicht mehr geben wird, steht der Umstand, dass die Hilfsarbeitertätigkeiten als solche nicht vollständig weggefallen sind, dem dringenden betrieblichen Erfordernis für die Entlassung des A nicht entgegen. Da U die unternehmerische Entscheidung wegen des anhaltenden Auftragsrückganges und des wachsenden Wettbe-

106 Vgl. dazu AS-Skript Arbeitsrecht, Rdnr. 482 ff.

107 Vgl. BAG, Urt. v. 16.12.2010 – 2 AZR 770/09, NZA 2011, 505.

werbs getroffen hat, ist sie weder offensichtlich unsachlich noch willkürlich. Die Kündigung des Arbeitsverhältnisses mit A ist demnach durch dringende betriebliche Erfordernisse i.S.d. § 1 Abs. 2 KSchG bedingt.

3. Ordnungsgemäße Sozialauswahl nach § 1 Abs. 3 KSchG?

Die betriebsbedingte Kündigung des Arbeitsverhältnisses mit A könnte jedoch trotz Vorliegens eines dringenden betrieblichen Erfordernisses wegen fehlerhafter sozialer Auswahl nach § 1 Abs. 3 KSchG unwirksam sein.

a) Ist einem Arbeitnehmer aus dringenden betrieblichen Erfordernissen i.S.d. § 1 Abs. 2 KSchG gekündigt worden, so ist die Kündigung trotzdem sozial ungerechtfertigt, wenn der Arbeitgeber bei der Auswahl des Arbeitnehmers die Dauer der Betriebszugehörigkeit, das Lebensalter, die Unterhaltspflichten und die Schwerbehinderung des Arbeitnehmers nicht oder nicht ausreichend berücksichtigt hat.

b) Der 35-jährige verheiratete und gegenüber drei Kindern unterhaltspflichtige A ist zwar im Verhältnis zu dem 20-jährigen, ledigen Facharbeiter F erheblich sozial schutzwürdiger i.S.d. § 1 Abs. 3 S. 1 KSchG. Fraglich ist aber, ob der Hilfsarbeiter A mit dem Facharbeiter F vergleichbar ist.

In die soziale Auswahl nach § 1 Abs. 3 S. 1 KSchG sind nur die Arbeitnehmer einzubeziehen, die miteinander vergleichbar sind. Der Kreis der vergleichbaren Arbeitnehmer bestimmt sich in erster Linie nach arbeitsplatzbezogenen Merkmalen, also zunächst nach der ausgeübten Tätigkeit. Vergleichbare Arbeitsplätze sind danach nicht nur bei einer Identität der Arbeitsplätze gegeben, sondern auch dann, wenn der Arbeitnehmer aufgrund seiner Tätigkeit und Ausbildung eine andersartige, aber gleichwertige Tätigkeit ausführen kann. Die Notwendigkeit einer kurzen Einarbeitungszeit steht dabei der Vergleichbarkeit nicht entgegen. An einer Vergleichbarkeit fehlt es aber, wenn der Arbeitgeber den Arbeitnehmer nicht einseitig auf den anderen Arbeitsplatz um- oder versetzen kann (sog. arbeitsvertragliche Austauschbarkeit).[108] U kann dem Hilfsarbeiter A aufgrund seines Direktionsrechts nicht einseitig die höherwertige Tätigkeit eines Facharbeiters zuweisen, sodass A mit dem Facharbeiter F nicht vergleichbar ist. Da alle Hilfsarbeiter entlassen worden sind und damit andere vergleichbare Arbeitnehmer im Betrieb des U nicht verblieben sind, scheitert die Wirksamkeit der ausgesprochenen betriebsbedingten Kündigung auch nicht an einer fehlerhaften sozialen Auswahl i.S.d. § 1 Abs. 3 S. 1 KSchG.

VI. Endergebnis: Die Klage ist unbegründet, weil das Arbeitsverhältnis des A aufgrund einer wirksamen betriebsbedingten Kündigung i.S.d. § 1 Abs. 2 KSchG beendet worden ist.

---

108 Vgl. BAG, Urt. v. 10.06.2010 – 2 AZR 420/09, NZA 2010, 1352; Urt. v. 05.06.2008 – 2 AZR 907/06, NZA 2008, 1120.

Fall 38: Stilllegung einer Betriebsabteilung – Soziale Auswahl

Der 35-jährige, verheiratete und gegenüber zwei Kindern unterhaltspflichtige A ist seit 8 Jahren im Betrieb des Unternehmers U in Dortmund beschäftigt, in dem Stoßdämpfer für drei große Automobilhersteller produziert werden. Der Produktionsbetrieb in Dortmund, in dem 300 Arbeitnehmer beschäftigt sind, besteht aus drei Abteilungen, in denen jeweils für einen Autohersteller bestimmte Stoßdämpfer produziert werden. Neben dem Betrieb in Dortmund unterhält U einen weiteren Betrieb in Hagen, in dem verschiedene Metallteile produziert werden. Nachdem der Automobilhersteller X dem U mitgeteilt hatte, dass er ab dem 01.07. die Stoßdämpfer nicht mehr bei U beziehen werde, und U keinen Nachfolgeauftrag erhalten konnte, entschloss er sich am 15.03. dazu, die Betriebsabteilung mit 23 Arbeitnehmern, in der die Stoßdämpfer für den Automobilhersteller X produziert werden, zum 30.06. zu schließen und eine entsprechende Zahl der Arbeitsverhältnisse, u.a. auch das Arbeitsverhältnis des A, zu kündigen. Dementsprechend erklärte er nach einer ordnungsgemäßen Anhörung des Betriebsrats die Kündigung des Arbeitsverhältnisses mit A mit dem formgerechten Schreiben vom 31.03., das A am selben Tag zuging, zum 30.06. A ist der Ansicht, dass die Kündigung unwirksam sei, weil er ohne weiteres in einer anderen Abteilung des Betriebes in Dortmund oder in dem Betrieb des U in Hagen beschäftigt werden könnte. Zumindest sei aber die Kündigung deswegen unwirksam, weil im Betrieb in Dortmund das ebenfalls als Schlosser beschäftigte 25-jährige Betriebsratsmitglied B beschäftigt werde, der ledig sei und keine Kinder habe. Zum anderen seien die im Betrieb des U in Hagen seit 3 Jahren beschäftigten 30-jährigen, ledigen Schlosser C und D weniger sozial schutzwürdig, sodass die Kündigung jedenfalls wegen fehlerhafter sozialer Auswahl unwirksam sei. U ist der Ansicht, die Wirksamkeit der Kündigung sei nicht zu beanstanden, weil – was zutrifft – in den Betrieben in Dortmund und Hagen keine freien Arbeitsplätze vorhanden seien und auch die von ihm im Betrieb in Dortmund abteilungsübergreifend durchgeführte soziale Auswahl nicht zu beanstanden sei. Ist die fristgerecht erhobene Kündigungsschutzklage des A begründet?

Die Kündigungsschutzklage des A ist begründet, wenn sein Arbeitsverhältnis nicht durch die Kündigung des U vom 31.03. zum 30.06. aufgelöst wird.

I. Wirksame Kündigungserklärung

Da U mit dem der Schriftform des § 623 BGB entsprechenden Schreiben vom 31.03. ausdrücklich die ordentliche Kündigung zum 30.06. erklärte, liegt eine ordnungsgemäße Kündigungserklärung vor. Sie ging dem A am 31.03. zu und ist damit gemäß § 130 Abs. 1 BGB wirksam geworden.

II. Wahrung der Klagefrist des § 4 S. 1 KSchG

A hat nach dem Sachverhalt fristgerecht Kündigungsschutzklage nach § 4 S. 1 KSchG erhoben, sodass die Wirksamkeit der Kündigung nicht nach § 7 KSchG fingiert wird. A kann daher die Unwirksamkeit der Kündigung geltend machen.

III. U hat vor Ausspruch der Kündigung des Arbeitsverhältnisses mit A den **Betriebsrat ordnungsgemäß angehört**, sodass die Kündigung nicht bereits nach § 102 Abs. 1 S. 3 BetrVG wegen fehlerhafter Betriebsratsanhörung unwirksam ist.

IV. Besondere Kündigungsschutzbestimmungen greifen zugunsten des A nicht ein.

V. Vorherige Massenentlassungsanzeige nach § 17 KSchG?

Massenentlassungsanzeige nach § 17 KSchG entgegen der bisherigen Rspr. nicht erst vor der tatsächlichen Entlassung, sondern bereits vor der Kündigung erforderlich.[109]

U hat zwar die Entscheidung getroffen, in seinem Betrieb in Dortmund eine gesamte Betriebsabteilung stillzulegen, in dieser Abteilung waren aber lediglich 23 Arbeitnehmer beschäftigt, sodass die zahlenmäßigen Voraussetzungen einer anzeigepflichtigen Entlassung nach § 17 Abs. 1 Nr. 2 KSchG nicht vorliegen. Die Kündigung des Arbeitsverhältnisses mit A ist damit auch nicht nach § 17 Abs. 1 S. 1 KSchG wegen Fehlens einer Massenentlassungsanzeige unwirksam.

VI. Soziale Rechtfertigung der Kündigung nach § 1 KSchG?

Die Kündigung des Arbeitsverhältnisses mit A könnte sozial ungerechtfertigt und damit nach § 1 Abs. 1 KSchG unwirksam sein.

1. Dies setzt zunächst voraus, dass das **KSchG auf das Arbeitsverhältnis des A anwendbar** ist.

A ist seit mehr als 6 Monaten bei U tätig, der erheblich mehr als 10 Arbeitnehmer beschäftigt, sodass das KSchG auf das Arbeitsverhältnis des A sowohl in persönlicher als auch in betrieblicher Hinsicht nach §§ 1 Abs. 1, 23 Abs. 1 KSchG anwendbar ist.

2. Fraglich ist, ob die **Wirksamkeitsvoraussetzungen der** ausgesprochenen **betriebsbedingten Kündigung i.S.d. § 1 Abs. 2 KSchG** vorliegen.

a) Die Wirksamkeit einer betriebsbedingten Kündigung setzt zunächst voraus, dass die **Kündigung durch dringende betriebliche Erfordernisse bedingt** ist, also ein **Arbeitskräfteüberhang** vorliegt.

Vorliegend hat U aufgrund des Verlustes des Auftrags des Automobilherstellers X die **unternehmerische Entscheidung** getroffen, die Abteilung, in der die Stoßdämpfer für X hergestellt wurden, auf Dauer zu schließen. Hierbei handelt es sich um eine sog. freie unternehmerische Entscheidung, die von den Arbeitsgerichten nicht auf ihre sachliche Rechtfertigung oder ihre Zweckmäßigkeit zu überprüfen ist, sondern nur darauf, ob sie offenbar unsachlich, unvernünftig oder willkürlich ist.[110] Da diese Entscheidung wegen des Auftragsverlustes getroffen worden ist, ist sie schon aus diesem Grund nicht zu beanstanden. Es reicht dabei aus, dass die **Stilllegungsabsicht greifbare Formen angenommen** hat, sodass das Abwarten der tatsächlichen Stilllegung nicht erforderlich ist. Da U den Stilllegungsentschluss durch die Kündigung von 23 Arbeitsverhältnissen umgesetzt hat, hat die Stilllegungsabsicht greifbare Formen angenommen. Der bisherige Arbeitsplatz des A ist somit aufgrund der Entscheidung des U, die Beschäftigungsabteilung des A zu schließen, weggefallen.

---

109 Vgl. BAG, Urt. v. 07.07.2011 - 6 AZR 248/10, BB 2012, 62 m. Anm. Lipinski.

110 Vgl. BAG, Urt. v. 27.01.2011 - 2 AZR 9/10, NZA 2011, 1248; Urt. v. 23.04.2008 – 2 AZR 1110/06, NZA 2008, 939.

b) Ein dringendes betriebliches Erfordernis für die Entlassung eines Arbeitnehmers liegt trotz des Wegfalls des bisherigen Arbeitsplatzes nicht vor, wenn eine **anderweitige Beschäftigungsmöglichkeit** in demselben Betrieb oder in einem anderen Betrieb desselben Unternehmens (sog. unternehmensbezogene Weiterbeschäftigungspflicht) besteht. Die Möglichkeit einer anderweitigen Beschäftigung setzt aber das Vorhandensein eines freien Arbeitsplatzes voraus, für den der zu kündigende Arbeitnehmer geeignet ist. Zu einer Schaffung eines neuen Arbeitsplatzes ist dagegen der Arbeitgeber nicht verpflichtet.[111] Da A selbst nicht vorträgt, dass andere Arbeitsplätze frei sind, ist sein Einwand, dass im Unternehmen des U anderweitige Beschäftigungsmöglichkeiten bestehen, unbeachtlich. Die Kündigung seines Arbeitsverhältnisses ist deshalb durch dringende betriebliche Erfordernisse i.S.d. § 1 Abs. 2 KSchG bedingt.

3. Ordnungsgemäße soziale Auswahl nach § 1 Abs. 3 KSchG?

Die betriebsbedingte Kündigung könnte trotz Vorliegens des dringenden betrieblichen Erfordernisses wegen einer fehlerhaften sozialen Auswahl nach § 1 Abs. 3 KSchG entsprechend der Ansicht des A unwirksam sein, weil ihm und nicht den Arbeitnehmern B, C oder D gekündigt wurde.

Die 30-jährigen, ledigen und gegenüber keiner Person unterhaltspflichtigen Arbeitnehmer C und D sind zwar weniger sozial schutzwürdig i.S.d. § 1 Abs. 3 S. 1 KSchG als der 35-jährige, verheiratete und gegenüber 2 Kindern unterhaltspflichtige A. Die soziale Auswahl ist aber – anders als die anderweitige Beschäftigungsmöglichkeit – nicht unternehmensbezogen, sondern lediglich betriebsbezogen, sodass in sie nur die Arbeitnehmer des Beschäftigungsbetriebes, nicht dagegen der anderen Betriebe des Arbeitgebers einzubeziehen sind.[112] Da C und D nicht im Beschäftigungsbetrieb des A in Dortmund, sondern in dem anderen Betrieb des Arbeitgebers U in Hagen beschäftigt sind, sind sie in die soziale Auswahl nicht einzubeziehen. Das in dem Beschäftigungsbetrieb des A in Dortmund beschäftigte 25-jährige, ledige Betriebsratsmitglied B ist zwar an sich ebenfalls weniger schutzwürdig i.S.d. § 1 Abs. 3 S. 1 KSchG als A. B genießt aber als Mitglied des Betriebsrates besonderen Kündigungsschutz insoweit, als eine ordentliche Kündigung nach § 15 KSchG grds. ausgeschlossen ist und eine außerordentliche Kündigung nach § 103 BetrVG nur mit Zustimmung des Betriebsrates möglich ist. Da Arbeitnehmer mit besonderem Kündigungsschutz mit Arbeitnehmern ohne besonderen Kündigungsschutz nicht vergleichbar sind,[113] kann sich A auch nicht mit Erfolg darauf berufen, dass er und nicht B entlassen wurde. Da A, der nach § 1 Abs. 3 S. 3 KSchG die Darlegungs- und Beweislast für die fehlerhafte Sozialauswahl trägt, andere Arbeitnehmer nicht benannt hat, ist die soziale Auswahl entgegen seiner Ansicht nicht zu beanstanden.

VII. Da U die verlängerte **Kündigungsfrist** nach § 622 Abs. 2 S. 1 Nr. 3 BGB eingehalten hat, ist die Kündigung auch fristgerecht erfolgt.

VIII. Ergebnis: Die Kündigungsschutzklage ist unbegründet.

---

111 BAG, Urt. v. 05.06.2008 – 2 AZR 107/07, NZA 2008, 1180.
112 BAG, Urt. v. 31.05.2007 – 2 AZR 276/06, NZA 2008, 33.
113 BAG, Urt. v. 17.11.2005 – 6 AZR 118/05, NZA 2006, 370.

Fall 39: Kündigung bei einem Interessenausgleich mit Namensliste

Der Arbeitgeber U, der 300 Arbeitnehmer beschäftigt, schloss mit dem Betriebsrat einen Interessenausgleich ab, den U und der Betriebsratsvorsitzende B eigenhändig unterzeichneten und an den mit einem Tacker eine Namensliste angeheftet wurde. In der Namensliste waren 28 Arbeitnehmer aufgeführt, deren Arbeitsverhältnisse ordentlich zu kündigen waren, u.a. auch A. Der Interessenausgleich endet mit der Feststellung, dass der Betriebsrat zu den beabsichtigten Kündigungen der in der Namensliste genannten Arbeitnehmer unter Angabe der Personalien, der Kündigungsfristen und -termine sowie des Kündigungssachverhalts ordnungsgemäß angehört wurde. Nach ordnungsgemäßer Durchführung des Massenentlassungsverfahren nach § 17 KSchG hat U u.a. das Arbeitsverhältnis des A ordentlich frist- und formgerecht gekündigt. A wehrt sich dagegen mit der rechtzeitig erhobenen Kündigungsschutzklage unter Hinweis darauf, dass kein Kündigungsgrund vorliege, der Betriebsrat zu der Kündigung nicht ordnungsgemäß nach Abschluss des Interessenausgleichs angehört worden sei und U die Sozialauswahl nicht ordnungsgemäß durchgeführt habe. A ist dabei der Ansicht, eine weitere Begründung der Kündigungsschutzklage sei nicht erforderlich, nachdem sich U unter Hinweis auf den Interessenausgleich mit der Namensliste geweigert habe, weitere Angaben zu machen, insbesondere die Gründe zu nennen, die für die soziale Auswahl maßgeblich gewesen seien. U ist dagegen der Ansicht, dass er den Betriebsrat ordnungsgemäß zu den einzelnen Kündigungen bei den Interessenausgleichsverhandlungen angehört habe und A das Fehlen der dringenden betrieblichen Erfordernisse sowie die fehlerhafte soziale Auswahl darzulegen und zu beweisen habe. Ist die Klage begründet?

Die Kündigungsschutzklage ist begründet, wenn die ordentliche Kündigung des Arbeitsverhältnisses mit A unwirksam ist.

I. Eine **ordnungsgemäße**, nach § 623 BGB **formgerechte Kündigungserklärung,** die dem A nach § 130 Abs. 1 BGB zuging, liegt vor.

II. A hat durch die **Einhaltung der dreiwöchigen Klagefrist des § 4 S. 1 KSchG** den Eintritt der Wirksamkeitsfiktion des § 7 KSchG verhindert und kann deshalb die Unwirksamkeit der Kündigung geltend machen.

III. Da nach dem Sachverhalt das **Massenentlassungsverfahren nach § 17 KSchG** durchgeführt wurde, scheitert die Wirksamkeit der Kündigung des Arbeitsverhältnisses mit A nicht an einem Verstoß gegen § 17 KSchG.

IV. Unwirksamkeit der Kündigung bereits wegen Fehlens der Anhörung des Betriebsrates nach § 102 Abs. 1 S. 3 BetrVG?

1. Nach § 102 Abs. 1 S. 3 BetrVG ist eine Kündigung nicht nur dann unwirksam, wenn der Betriebsrat überhaupt nicht angehört worden ist, sondern auch dann, wenn die Anhörung fehlerhaft war. Die ordnungsgemäße Anhörung des Betriebsrates setzt dabei voraus, dass der Arbeitgeber dem Betriebsrat die Personalien, die Dauer der Betriebszugehörigkeit, die Kündigungsfrist, den Kündigungstermin und den Kündigungssachverhalt so umfassend mitteilt, dass der Betriebsrat ohne eigene Nachforschungen in der Lage ist, die Stichhaltigkeit der Kündigung zu überprüfen.

2. U hat den Betriebsrat nach dem Abschluss des Interessenausgleichs mit einer Namensliste nicht mehr zu der Kündigung angehört, wohl aber im Rahmen der Interessenausgleichsverhandlungen. Es wäre eine überflüssige Förmelei, wenn der Arbeitgeber den im Rahmen der Interessenausgleichsverhandlungen vollständig informierten Betriebsrat nach deren Abschluss nochmal nach § 102 BetrVG anhören müsste. Die Betriebsratsanhörung kann daher mit den Interessenausgleichsverhandlungen verbunden werden.[114] Eine ordnungsgemäße Betriebsratsanhörung vor der Kündigung des Arbeitsverhältnisses mit A liegt vor.

V. Besondere Kündigungsschutzbestimmungen stehen der Wirksamkeit der Kündigung des Arbeitsverhältnisses mit A nicht entgegen.

VI. Unwirksamkeit der Kündigung wegen fehlender sozialer Rechtfertigung nach § 1 KSchG?

1. Das KSchG ist auf das Arbeitsverhältnis des A in persönlicher und betrieblicher Hinsicht nach §§ 1 Abs. 1, 23 Abs. 1 KSchG anwendbar, weil U mehr als 10 Arbeitnehmer beschäftigt und das Arbeitsverhältnis des A im Zeitpunkt des Kündigungszugangs länger als 6 Monate gedauert hat.

2. Fraglich ist, ob die Kündigung des Arbeitsverhältnisses mit A durch dringende betriebliche Erfordernisse i.S.d. § 1 Abs. 2 KSchG bedingt ist.

Grundsatz: Darlegungs- und Beweislast des AG für das dringende betriebliche Erfordernis, § 1 Abs. 2 S. 4 KSchG

a) Nach § 1 Abs. 2 S. 4 KSchG hat der Arbeitgeber grds. die Tatsachen im Einzelnen darzulegen und zu beweisen, die die Kündigung bedingen. Da A das Vorliegen des dringenden betrieblichen Erfordernisses bestritten und U diesen betriebsbedingten Grund nicht im Einzelnen dargelegt hat, könnte bereits aus diesem Grund vom Fehlen eines dringenden betrieblichen Erfordernisses i.S.d. § 1 Abs. 2 KSchG auszugehen sein.

Ausnahme: Bei Kündigung aufgrund einer Betriebsänderung i.S.d. § 111 BetrVG wird beim Vorliegen eines wirksamen Interessenausgleichs mit Namensliste nach § 1 Abs. 5 S. 1 KSchG vermutet, dass die Kündigung durch dringende betriebliche Erfordernisse i.S.d. § 1 Abs. 2 KSchG bedingt ist.

b) Nach § 1 Abs. 5 S. 1 KSchG wird jedoch vermutet, dass die Kündigung durch dringende betriebliche Erfordernisse i.S.d. § 1 Abs. 2 KSchG bedingt ist, wenn sie aufgrund einer Betriebsänderung nach § 111 BetrVG erfolgt ist und die Arbeitnehmer, denen gekündigt werden soll, in einem Interessenausgleich namentlich bezeichnet werden. Greift diese Vermutung des § 1 Abs. 5 S. 1 KSchG ein, muss der Arbeitnehmer die Betriebsbedingtheit schlüssig und begründet widerlegen. Gelingt ihm das nicht, ist aufgrund der Vermutungswirkung vom Vorliegen des dringenden betrieblichen Erfordernisses i.S.d. § 1 Abs. 2 KSchG auszugehen. Die Vermutungswirkung des § 1 Abs. 5 S. 1 KSchG greift aber erst dann ein, wenn der Arbeitgeber die Vermutungsbasis, also das Vorliegen einer Betriebsänderung i.S.d. § 111 BetrVG sowie eines Interessenausgleichs mit einer namentlichen Benennung des gekündigten Arbeitnehmers darlegt und beweist.[115] Fraglich ist daher, ob die Vermutungsvoraussetzungen vorliegen.

aa) Nach § 111 S. 3 Nr. 1 BetrVG gilt als Betriebsänderung die Einschränkung und Stilllegung des ganzen Betriebes oder von wesentlichen Betriebsteilen. Eine wesentliche Betriebseinschränkung kann auch ohne Verringerung der sächlichen Betriebsmittel bei einem bloßen Personalabbau vorliegen, wenn eine größere Anzahl von Arbeitnehmern betroffen ist.

---

114 BAG, Urt. v. 21.06.2005 – 6 AZR 592/04, NZA 2006, 162.
115 BAG, Urt. v. 10.06.2010 – 2 AZR 420/09, NZA 2010, 1352.

Richtschnur dafür, wann erhebliche Teil der Belegschaft betroffen sind, sind die Zahlen- und Prozentangaben in § 17 Abs. 1 KSchG.

Beachte: Betriebsänderung i.S.d. § 111 BetrVG kann auch bei bloßem Personalabbau vorliegen, Zahlen des § 17 KSchG maßgeblich

Da bei U 300 Arbeitnehmer beschäftigt waren, von denen 28 von dem Personalabbau betroffen waren, ist die nach § 17 Abs. 1 Nr. 2 KSchG erforderliche Mindestzahl von 25 Arbeitnehmern überschritten. Eine Betriebsänderung i.S.d. § 111 S. 3 Nr. 1 BetrVG liegt somit vor.

bb) Es müsste ein **wirksamer Interessenausgleich** vorliegen.

Der Interessenausgleich über die geplante Betriebsänderung mit der namentlichen Bezeichnung der zu kündigenden Arbeitnehmer muss nach § 112 Abs. 1 S. 1 BetrVG schriftlich niedergelegt und vom Arbeitgeber und dem Betriebsrat unterschrieben sein. Der vorliegende Interessenausgleich wurde zwar von den Betriebsparteien selbst eigenhändig unterschrieben, nicht aber die Namensliste. Die eigenhändige Unterzeichnung der Namensliste ist allerdings für die Wahrung des Schriftformerfordernisses nicht zwingend erforderlich. Es reicht vielmehr, wenn in dem Interessenausgleich auf die Namensliste, die ihm als Anlage beigefügt ist, Bezug genommen wird und diese mit dem unterschriebenen Interessenausgleich – etwa mittels Heftmaschine – fest verbunden ist.[116] Diese Voraussetzung ist hier erfüllt, sodass ein formgerechter Interessenausgleich mit einer Namensliste gegeben ist. Die Voraussetzungen für die Vermutungswirkung des § 1 Abs. 5 S. 1 KSchG liegen vor. Da A diese Vermutungswirkung nicht widerlegt hat, ist vom Vorliegen des dringenden betrieblichen Erfordernisses i.S.d. § 1 Abs. 2 KSchG auszugehen.

3. Unwirksamkeit der Kündigung wegen fehlerhafter sozialer Auswahl nach § 1 Abs. 3 S. 1 KSchG?

a) Nach § 1 Abs. 3 S. 3 KSchG trägt der Arbeitnehmer die Darlegungs- und Beweislast für die Fehlerhaftigkeit der sozialen Auswahl nach § 1 Abs. 3 S. 1 KSchG, wobei beim Vorliegen eines Interessenausgleichs mit einer Namensliste nach § 1 Abs. 5 S. 2 KSchG die soziale Auswahl nur auf grobe Fehlerhaftigkeit überprüft werden kann. Da A die Tatsachen, aus denen sich die fehlerhafte soziale Auswahl ergeben könnte, nicht im Einzelnen dargelegt und unter Beweis gestellt hat, könnte davon auszugehen sein, dass die soziale Auswahl nicht grob fehlerhaft ist.

Darlegungs- und Beweislast des AN für fehlerhafte soziale Auswahl, § 1 Abs. 3 S. 3 KSchG

b) Nach § 1 Abs. 3 S. 1, 2. Halbs. KSchG hat allerdings der Arbeitgeber auf Verlangen des Arbeitnehmers die Gründe anzugeben, die zu der getroffenen sozialen Auswahl geführt haben. Kommt der Arbeitgeber dieser Auskunftspflicht nicht nach, die auch bei Beschränkung der Überprüfung der sozialen Auswahl auf grobe Fehlerhaftigkeit besteht, ist die streitige Kündigung ohne weiteres als sozialwidrig anzusehen, ohne dass es auf den Prüfungsmaßstab der groben Fehlerhaftigkeit der sozialen Auswahl ankommt. Da U die ihm obliegende Mitteilungspflicht trotz Verlangens des A nicht erfüllt hat, ist ohne weiteres von einer fehlerhaften sozialen Auswahl i.S.d. § 1 Abs. 3 S. 1 KSchG auszugehen mit der Folge, dass die Kündigung unwirksam ist.

Auskunftspflicht des AG hinsichtl. der Gründe für die getroffene Sozialauswahl, § 1 Abs. 3 S. 1, 2. Halbs. KSchG

VII. Ergebnis: Die Kündigungsschutzklage des A ist begründet.

116 BAG, Urt. v. 26.04.2007 – 8 AZR 695/05, ZIP 2007, 2136.

Fall 40: Kündigung wegen häufiger Kurzerkrankungen

Der 47-jährige, verheiratete A ist seit 16 Jahren im Betrieb des U mit 50 Arbeitnehmern als Lagerarbeiter beschäftigt. Nachdem A in der Vergangenheit keine nennenswerten krankheitsbedingten Fehlzeiten gehabt hatte, war er im Jahr 2007 an 56 Arbeitstagen, im Jahre 2008 an 64 Arbeitstagen, im Jahr 2009 an 80 Arbeitstagen, im Jahr 2010 an 75 Arbeitstagen und im Jahr 2011 bis April an 45 Arbeitstagen arbeitsunfähig krank. Wegen der jeweils unterschiedlichen Erkrankungen musste U für die oben genannten Zeiten Entgeltfortzahlung im Krankheitsfall leisten. Nachdem im Rahmen des nach § 84 Abs. 2 SGB IX durchgeführten betrieblichen Eingliederungsmanagements (BEM) eine Möglichkeit zur Vermeidung bzw. Verringerung der krankheitsbedingten Fehlzeiten nicht zu finden war, leitete U am 03.05.2011 die schriftliche Anhörung des Betriebsrates zu der beabsichtigten ordentlichen Kündigung des Arbeitsverhältnisses mit A ein unter Angabe der Personalien des A, der Dauer der Betriebszugehörigkeit, einer Kündigungsfrist von 6 Monaten zum Monatsende, der einzelnen Tage der krankheitsbedingten Arbeitsunfähigkeit, der jeweiligen Höhe der geleisteten Entgeltfortzahlung im Krankheitsfall sowie des Ergebnisses des Eingliederungsmanagements. Obwohl der Betriebsrat mit Schreiben vom 05.05.2011 der beabsichtigten Kündigung unter Hinweis auf die langjährige Betriebszugehörigkeit des A und die unverschuldeten krankheitsbedingten Fehlzeiten widersprach, erklärte U formgerecht mit Schreiben vom 06.05.2011, das A am selben Tag zuging, die ordentliche Kündigung des Arbeitsverhältnisses zum 30.11.2011. Ist die fristgerecht erhobene Kündigungsschutzklage begründet, wenn A im Jahr 2008 wegen einer ausgeheilten Fußverletzung an 10 Arbeitstagen und im Jahr 2009 wegen eines unverschuldeten Arbeitsunfalls an 15 Arbeitstagen arbeitsunfähig krank war?

Das Arbeitsgericht wird der Kündigungsschutzklage stattgeben, wenn die ordentliche Kündigung unwirksam ist.

I. Eine **ordnungsgemäße** und **nach § 623 BGB formgerechte Kündigungserklärung**, die dem A am 06.05.2011 entsprechend § 130 Abs. 1 BGB zugegangen ist, liegt vor.

II. Da A nach dem Sachverhalt entsprechend § 4 S. 1 KSchG f**ristgerecht eine Kündigungsschutzklage erhoben** hat, wird die Wirksamkeit der Kündigung nicht nach § 7 KSchG fingiert, sodass A die Unwirksamkeit der Kündigung geltend machen kann.

III. Vorliegen einer ordnungsgemäßen Anhörung des Betriebsrates?

Die Kündigung könnte nach § 102 Abs. 1 S. 3 BetrVG wegen fehlerhafter Anhörung des Betriebsrates unwirksam sein.

Die Stellungnahme des BR hat auf die Wirksamkeit der Kündigung keinen Einfluss.

1. Nach § 102 Abs. 1 S. 3 BetrVG ist der Betriebsrat zu einer beabsichtigten Kündigung des Arbeitsverhältnisses nur ordnungsgemäß anzuhören. Da dem Betriebsrat nur ein Anhörungsrecht zusteht, kommt es für die Wirksamkeit der Kündigung nicht darauf an, ob der Betriebsrat ihr zugestimmt oder widersprochen hat. Entscheidend ist nur, dass er vor ihrem Ausspruch ordnungsgemäß angehört worden ist.

2. Die ordnungsgemäße Anhörung des Betriebsrates setzt voraus, dass der Arbeitgeber dem Betriebsrat die für seinen Kündigungsentschluss maßgeblichen Tatsachen in der Weise mitteilt, dass der Betriebsrat ohne eigene Nachforschungen in der Lage ist, die Stichhaltigkeit der beabsichtigten Kündigung zu überprüfen. Ob die dem Betriebsrat mitgeteilten Kündigungsgründe die Kündigung tatsächlich rechtfertigen, ist im Rahmen der Betriebsratsanhörung unbeachtlich. Entscheidend ist vielmehr, ob der Arbeitgeber dem Betriebsrat vollständig den Kündigungssachverhalt mitteilt, der aus seiner Sicht für den Kündigungsentschluss maßgeblich ist (sog. subjektive Determination der Betriebsratsanhörung).[117]

AG muss dem BR nach § 102 BetrVG nur die Tatsachen mitteilen, die für seinen Kündigungsentschluss maßgeblich waren

U hat dem Betriebsrat die Personalien des A, die Dauer der Betriebszugehörigkeit, die Kündigungsfrist und die einzelnen Tage der krankheitsbedingten Arbeitsunfähigkeit, die Höhe der jeweils geleisteten Entgeltfortzahlung im Krankheitsfall und das Ergebnis des durchgeführten Eingliederungsmanagements, also die Tatsachen mitgeteilt hat, die für seinen Kündigungsentschluss maßgeblich waren. Eine ordnungsgemäße Anhörung des Betriebsrates nach § 102 BetrVG liegt damit vor.

IV. Besondere Kündigungsschutzbestimmungen greifen zugunsten des A nicht ein.

V. Soziale Rechtfertigung der Kündigung nach § 1 KSchG?

Die ordentliche Kündigung des Arbeitsverhältnisses mit A könnte wegen fehlender sozialer Rechtfertigung nach § 1 Abs. 1 KSchG unwirksam sein.

1. Das KSchG ist auf das Arbeitsverhältnis des A nach §§ 1 Abs. 1, 23 Abs. 1 KSchG anwendbar, weil U mehr als 10 Arbeitnehmer beschäftigt und das Arbeitsverhältnis des A im Zeitpunkt des Kündigungszugangs länger als 6 Monate bestanden hat.

2. Es könnte eine wirksame **personenbedingte Kündigung i.S.d. § 1 Abs. 2 KSchG** vorliegen.[118]

Die Krankheit eines Arbeitnehmers kann grds. eine personenbedingte Kündigung rechtfertigen. Da aber das gesamte Kündigungsrecht nicht vergangenheits-, sondern zukunftsbezogen ist, setzt die Wirksamkeit einer krankheitsbedingten Kündigung voraus, dass im Zeitpunkt des Kündigungszugangs eine negative Prognose hinsichtlich des künftigen Gesundheitszustandes des Arbeitnehmers gerechtfertigt war, die entstandenen und die prognostizierten Fehlzeiten zu einer erheblichen Beeinträchtigung betrieblicher Interessen führen und dem Arbeitgeber aufgrund dieser erheblichen Beeinträchtigung der betrieblichen Interessen eine Weiterbeschäftigung des Arbeitnehmers unzumutbar ist. Die Wirksamkeit der krankheitsbedingten Kündigung ist also in 3 Stufen zu prüfen.

3-stufige Wirksamkeitsprüfung einer krankheitsbedingten Kündigung:
1. Stufe: Negative Gesundheitsprognose
2. Stufe: Erhebliche Störung betrieblicher Interessen (BEM nach § 84 Abs. 2 SGB IX?)
3. Stufe: Umfassende Interessenabwägung

a) Da der Arbeitgeber die Ursachen der krankheitsbedingten Arbeitsunfähigkeit des Arbeitnehmers regelmäßig nicht kennt, reicht zur **Begründung der negativen Gesundheitsprognose** grds. aus, dass der Arbeitgeber sich auf die krankheitsbedingten Fehlzeiten in der Vergangenheit beruft. Hierbei reicht es grds. aus, wenn der Arbeitnehmer während eines Zeitraumes von 2–3 Jahren länger als 6 Wochen pro Jahr arbeitsunfähig krank gewesen

117 Vgl. BAG, Urt. v. 22.04.2010 – 2 AZR 991/08, NZA-RR 2010, 583.
118 Vgl. dazu AS-Skript Arbeitsrecht, Rdnr. 447 ff.

ist, wobei einmalige Ursachen außer Betracht zu bleiben haben. Letzteres folgt daraus, dass die einmaligen Ursachen nicht die Annahme rechtfertigen können, dass es auch in Zukunft zu vergleichbaren krankheitsbedingten Fehlzeiten kommt. Dementsprechend müssen vorliegend die ausgeheilte Fußverletzung und der unverschuldete Arbeitsunfall außer Betracht bleiben. Da aber A nach Abzug dieser einmaligen Ursachen in den letzten 5 Jahren vor Ausspruch der Kündigung jeweils länger als 6 Wochen arbeitsunfähig krank war, ist die negative Gesundheitsprognose aufgrund der Indizwirkung der Vergangenheit gerechtfertigt. Etwas anderes käme nur dann in Betracht, wenn A konkret darlegen würde, weshalb mit vergleichbaren krankheitsbedingten Fehlzeiten in Zukunft nicht mehr zu rechnen ist. Dazu enthält aber der Sachverhalt keine Anhaltspunkte.

b) Fraglich ist, ob eine erhebliche Störung der betrieblichen Interessen des U vorliegt.

Da der Arbeitgeber aufgrund des Arbeitsverhältnisses, das ein Austauschverhältnis ist, die Vergütung grds. nur für tatsächlich geleistete Dienste zahlen soll, kann die **erhebliche Störung der betrieblichen Interessen** nicht nur in der Störung des Betriebsablaufs aufgrund der krankheitsbedingten Fehlzeiten, sondern auch in einer wirtschaftlichen Belastung durch erhebliche Lohnfortzahlungskosten liegen, die der Arbeitgeber aufgrund der krankheitsbedingten Arbeitsunfähigkeit des Arbeitnehmers zu leisten hat. Da allerdings der Wertung des § 3 EFZG zu entnehmen ist, dass der Gesetzgeber dem Arbeitgeber eine Entgeltfortzahlung für die Dauer von 6 Wochen im Jahr zumutet, können insoweit nur die Entgeltfortzahlungskosten berücksichtigt werden, die für den darüber hinausgehenden Zeitraum zu leisten sind.

Beachte: Die Durchführung des BEM nach § 84 Abs. 2 SGB IX, die grds. auch bei nicht schwerbehinderten Menschen und beim Fehlen einer betrieblichen Interessenvertretung i.S.d. § 93 SGB IX erforderlich ist, ist nach h.M. keine formelle Wirksamkeitsvoraussetzung einer krankheitsbedingten Kündigung. Sie ist aber im Rahmen der Störung der betrieblichen Interessen zu berücksichtigen, sodass das Unterlassen des BEM nach dem Verhältnismäßigkeitsprinzip zur Unwirksamkeit der Kündigung führen kann (vgl. FN 120, S. 101).

Vorliegend hat U auch bei Außerachtlassung der einmaligen Ursachen in den letzten 5 Jahren Entgeltfortzahlung für jeweils mehr als 6 Wochen pro Jahr geleistet. Da U vor Ausspruch der Kündigung das BEM nach § 84 Abs. 2 SGB IX ohne Erfolg durchgeführt hat, liegt eine erhebliche Störung der betrieblichen Interessen in Form der erheblichen wirtschaftlichen Belastung durch hohe Entgeltfortzahlungskosten auch nach der notwendigen Berücksichtigung des Verhältnismäßigkeitsprinzips vor.[119]

c) Fraglich ist, ob die **Interessenabwägung**, die auf der 3. Stufe zu prüfen ist, dem U die Fortsetzung des Arbeitsverhältnisses zumutbar macht.

Der 47-jährige, verheiratete A ist zwar seit 16 Jahren im Betrieb des U beschäftigt, es liegen aber nach dem Sachverhalt keine Anhaltspunkte vor, die eine Verringerung der Entgeltfortzahlungskosten in Zukunft rechtfertigen könnten. Angesichts der Tatsache, dass U die letzten vier Jahre Entgeltfortzahlung für jeweils erheblich längere Zeiten als 6 Wochen im Jahr geleistet hat und bei einer Fortsetzung des Arbeitsverhältnisses mit weiteren erheblichen Lohnfortzahlungskosten, die die Dauer von 6 Wochen pro Jahr überschreiten, rechnen muss, kann ihm die Fortsetzung des Arbeitsverhältnisses auf Dauer nicht zugemutet werden. Die krankheitsbedingte Kündigung ist damit als personenbedingte Kündigung nach § 1 Abs. 2 KSchG wirksam.

VI. Ergebnis: Die Kündigungsschutzklage des A ist unbegründet.

---

119 Vgl. BAG, Urt. v. 10.12.2009 – 2 AZR 400/08, NZA 2010, 398; Urt. v. 23.04.2008 – 2 AZR 1012/06, BB 2008, 2409.

Fall 41: Kündigung wegen einer langandauernden Erkrankung

A ist seit 12 Jahren bei U als Hilfsarbeiter beschäftigt und seit über einem Jahr ununterbrochen arbeitsunfähig krank. Bei U, der ca. 35 Arbeitnehmer beschäftigt, besteht kein Betriebsrat. Als U sich Anfang März nach dem Gesundheitszustand des A sowie nach dem voraussichtlichen Rückkehrzeitpunkt erkundigte, antwortete A, dass er sich weiterhin in ärztlicher Behandlung befinde und nach Auskunft der behandelnden Ärzte zur Zeit nicht sagen könne, wann er wieder arbeitsfähig sein werde. Die Durchführung eines BEM nach § 84 Abs. 2 SGB IX lehnte A unter Hinweis darauf ab, dass dies angesichts seines gegenwärtigen Gesundheitszustandes keinen Sinn mache. U erklärte daraufhin mit Schreiben vom 15.03 das A am selben Tag zuging, die frist- und formgerechte Kündigung des Arbeitsverhältnisses zum 31.08. unter Hinweis darauf, dass ihm eine Fortsetzung des Arbeitsverhältnisses mit A wegen der Ungewissheit hinsichtlich des Rückkehrzeitpunktes nicht zumutbar sei. Mit der fristgerecht erhobenen Kündigungsschutzklage wehrt sich A gegen die Kündigung. Ist die Kündigungsschutzklage begründet?

Die Kündigungsschutzklage ist begründet, wenn die ordentliche Kündigung unwirksam ist.

I. U hat mit Schreiben vom 15.03. formgerecht nach § 623 BGB eine ordentliche Kündigung des Arbeitsverhältnisses mit A zum 31.08. erklärt. Eine **ordnungsgemäße Kündigungserklärung**, die dem A nach § 130 Abs. 1 BGB zuging und damit wirksam geworden ist, liegt vor.

II. Die ordentliche Kündigung gilt nicht aufgrund der gesetzlichen Fiktion nach § 7 KSchG als wirksam, weil A entsprechend § 4 S. 1 KSchG **fristgerecht Kündigungsschutzklage** erhoben hat.

III. Eine Unwirksamkeit der Kündigung nach § 102 Abs. 1 S. 3 BetrVG wegen fehlerhafter Anhörung des Betriebsrates kommt nicht in Betracht, weil bei U **kein Betriebsrat** existiert.

IV. Besondere Kündigungsschutzbestimmungen greifen zugunsten des A nicht ein.

V. Unwirksamkeit der Kündigung wegen fehlender sozialer Rechtfertigung nach § 1 KSchG?

Die ordentliche Kündigung des Arbeitsverhältnisses mit A könnte nach § 1 Abs. 1 KSchG sozial ungerechtfertigt und damit unwirksam sein.

1. Das KSchG ist nach §§ 1 Abs. 1, 23 Abs. 1 KSchG anwendbar, weil A länger als 6 Monate bei U beschäftigt ist, bei dem insgesamt mehr als 10 Arbeitnehmer tätig sind.

2. Die ordentliche Kündigung des Arbeitsverhältnisses mit A könnte als **personenbedingte Kündigung** nach § 1 Abs. 2 KSchG gerechtfertigt sein.

a) Die krankheitsbedingten Fehlzeiten eines Arbeitnehmers können grds. eine personenbedingte Kündigung i.S.d. § 1 Abs. 2 KSchG rechtfertigen. Voraussetzung dafür ist aber zunächst, dass eine sog. negative Gesundheitsprognose vorliegt, d.h. dass auch in Zukunft mit krankheitsbedingten Fehlzeiten zu rechnen ist.

Da A ununterbrochen seit über einem Jahr arbeitsunfähig krank ist, wäre bereits aufgrund dieser langandauernden Erkrankung mangels gegenteiliger Anhaltspunkte davon auszugehen, dass mit krankheitsbedingten Fehlzeiten weiterhin zu rechnen ist. Vorliegend kommt hinzu, dass nach der eigenen Auskunft des A positiv feststeht, dass seine krankheitsbedingte Arbeitsunfähigkeit auf unabsehbare Zeit fortbestehen wird. Eine **negative Gesundheitsprognose** liegt damit vor.

b) Neben der negativen Gesundheitsprognose setzt die Wirksamkeit einer krankheitsbedingten Kündigung weiterhin voraus, dass die entstandenen und prognostizierten Fehlzeiten zu einer erheblichen Beeinträchtigung betrieblicher Interessen führen. Die **erhebliche Beeinträchtigung der betrieblichen Interessen** kann dabei in Produktionsablaufstörungen und/ oder in einer erheblichen wirtschaftlichen Belastung durch die aufzuwendenden Entgeltfortzahlungskosten liegen. Die erhebliche Störung der betrieblichen Interessen muss dabei der Arbeitgeber nach § 1 Abs. 2 S. 4 KSchG im Einzelnen darlegen und ggf. beweisen.

aa) Da A ununterbrochen seit einem Jahr wegen derselben Krankheit arbeitsunfähig ist, entstehen bei Fortdauer dieser Krankheit wegen des Ablaufs des 6-wöchigen Zeitraumes der Entgeltfortzahlung im Krankheitsfall nach § 3 EFZG keine weiteren Lohnfortzahlungskosten. U kann sich deshalb bei der langandauernden Erkrankung des A nicht auf eine erhebliche Störung der betrieblichen Interessen in Form von erheblichen Lohnfortzahlungskosten berufen.

bb) Da U nicht im Einzelnen vorgetragen hat, ob und ggf. inwieweit es aufgrund des krankheitsbedingten Ausfalls des A zu Produktionsablaufstörungen gekommen ist, was bei einem Hilfsarbeiter nur in Ausnahmefällen gelingen kann, könnte vom Fehlen der erheblichen Störung der betrieblichen Interessen des U und damit von der Unwirksamkeit der Kündigung auszugehen sein.

cc) Die erhebliche Störung der betrieblichen Interessen könnte aber darin liegen, dass nach der eigenen Auskunft des A der mögliche Rückkehrzeitpunkt ungewiss ist.

(1) Mit dem Abschluss des Arbeitsverhältnisses wird ein dauerhafter Leistungsaustausch bezweckt. Steht fest, dass der Arbeitnehmer aufgrund seines Gesundheitszustandes die vertraglich geschuldete Tätigkeit auf Dauer nicht mehr verrichten kann, ist das Arbeitsverhältnis als ein gegenseitiges Austauschverhältnis schon aus diesem Grund auf Dauer ganz erheblich gestört, weil der bezweckte Leistungsaustausch nicht stattfinden kann. In diesem Fall bedarf es daher keiner darüber hinausgehenden Darlegung einer unzumutbaren Betriebsbeeinträchtigung, weil sie auf der Hand liegt. Hier steht aber nicht fest, dass A auf Dauer die vertraglich geschuldete Tätigkeit nicht mehr verrichten kann. Es ist vielmehr ungewiss, ob und ggf. wann A wieder arbeitsfähig sein wird.

(2) Teilweise wird die Ungewissheit der Wiedererlangung der Arbeitsfähigkeit bei einer langandauernden Erkrankung der dauerhaften Leistungsunfähigkeit gleichgestellt mit der Folge, dass eine weitere Darlegung der betrieblichen Beeinträchtigungen nicht erforderlich ist.

Dieser Ansicht ist zwar zuzugeben, dass die Ungewissheit der Rückkehr des erkrankten Arbeitnehmers die Personaldispositionen des Arbeitgebers erschweren kann. Dies ändert aber nichts daran, dass bei diesem Sachverhalt auch mit einer Wiedererlangung der Arbeitsfähigkeit gerechnet werden kann. Da der Arbeitgeber die Möglichkeit hat, nach § 14 Abs. 2 TzBfG befristete Arbeitsverhältnisse auch ohne Sachgrund für die Dauer von insgesamt 2 Jahren abzuschließen, ist mit dem BAG davon auszugehen, dass die Ungewissheit hinsichtlich des Rückkehrzeitpunktes nur dann der dauerhaften Leistungsunfähigkeit gleichgestellt werden kann, wenn in dem maßgeblichen Zeitpunkt des Kündigungszugangs feststeht, dass innerhalb von 2 Jahren mit einer Rückkehr des erkrankten Arbeitnehmers nicht zu rechnen ist.[120]

Da vorliegend lediglich unklar ist, ob und ggf. wann A zurückkommt, liegt diese Voraussetzung nicht vor, sodass die langandauernde Erkrankung des A der dauerhaften Leistungsunfähigkeit nicht gleichgestellt werden kann. Dementsprechend kann nicht davon ausgegangen werden, dass die erforderliche erhebliche Störung der betrieblichen Interessen auf der Hand liegt und deshalb nicht besonders dargelegt werden muss. Die Tatsache, dass A die Durchführung des angebotenen BEM nach § 84 Abs. 2 SGB IX abgelehnt hat, ändert daran nichts, weil das BEM im Hinblick auf das Verhältnismäßigkeitsprinzip, also im Interesse des Arbeitnehmers, vor dem Ausspruch einer krankheitsbedingten Kündigung grds. durchzuführen ist, um mit seiner Hilfe im Verhältnis zur Kündigung mildere Mittel (z.B. Umgestaltung des Arbeitsplatzes, anderweitige Beschäftigungsmöglichkeit auf einem ggf. durch Umsetzungen freizumachenden Arbeitsplatz) zu prüfen bzw. zu entwickeln. Die Ablehnung der Durchführung des BEM durch den Arbeitnehmer kann daher lediglich zur Folge haben, dass er sich auf die Unverhältnismäßigkeit einer Kündigung wegen Nichtdurchführung des BEM nicht berufen kann. Liegt dagegen – wie hier – bereits nach dem Vorbringen des Arbeitgebers keine erhebliche Störung der betrieblichen Interessen vor, ist die Kündigung bereits aus diesem Grunde unwirksam, sodass es auf die Nichtdurchführung des BEM aufgrund der Ablehnung durch den Arbeitnehmer gar nicht ankommt. Da die ordentliche Kündigung des Arbeitsverhältnisses mit A bereits mangels erheblicher Störung betrieblicher Interessen unwirksam ist, kommt es auf eine Interessenabwägung ebenfalls nicht mehr an.

VI. Ergebnis: Die Kündigungsschutzklage des A ist begründet, weil die Kündigung seines Arbeitsverhältnisses nicht aus personenbedingten Gründen i.S.d. § 1 Abs. 2 KSchG gerechtfertigt ist.

---

120 Vgl. BAG, Urt. v. 24.03.2011 – 2 AZR 170/10, NZA 2011, 993; Urt. v. 30.09.2010 – 2 AZR 88/09, NZA 2011, 39; Urt. v. 12.04.2002 – 2 AZR 148/01, BB 2002, 2675 m.Anm. von Steinau-Steinrück.

Fall 42: Kündigung wegen Alkoholabhängigkeit

A ist seit 5 Jahren im Betrieb des U mit 50 Arbeitnehmern als Arbeiter beschäftigt. In der Vergangenheit fiel A, dessen krankheitsbedingte Fehlzeiten gestiegen sind, u.a. damit auf, dass bei ihm eine „Alkoholfahne" festzustellen war. Als A am 10.03. ohne Entschuldigung nicht zur Arbeit erschien, kündigte U das Arbeitsverhältnis ordentlich zum 31.05. Mit der fristgerecht erhobenen Kündigungsschutzklage macht A geltend, dass die ausgesprochene Kündigung unwirksam sei, weil die Vertragsstörungen in der Vergangenheit auf seine alkoholbedingte Abhängigkeit zurückzuführen seien und er auf ärztliche Empfehlung eine Entziehungskur mache, sodass die Kündigung unverhältnismäßig sei. U ist der Ansicht, dass die Kündigung jedenfalls deshalb nicht zu beanstanden sei, weil er von der Alkoholabhängigkeit des A keine Kenntnis gehabt habe. Ist die Kündigung wirksam?

I. Die Kündigung könnte aus verhaltensbedingten Gründen i.S.d. § 1 Abs. 2 KSchG gerechtfertigt sein.

A fehlte zwar am 10.03., ohne dass er einen Verhinderungsgrund dem U mitgeteilt hat. Eine verhaltensbedingte Kündigung liegt aber nur dann vor, wenn sie auf ein steuerbares Verhalten des Arbeitnehmers gestützt wird. Da A wegen der alkoholbedingten Abhängigkeit am 10.03. nicht erschienen ist, liegt nach st.Rspr. des BAG keine steuerbare Pflichtwidrigkeit, sondern eine Suchterkrankung vor, sodass die Wirksamkeit der Kündigung nach den Grundsätzen der krankheitsbedingten Kündigung zu beurteilen ist. Eine verhaltensbedingte Kündigung scheidet damit aus.

II. Wegen der Alkoholabhängigkeit des A könnte eine wirksame personenbedingte Kündigung i.S.d. § 1 Abs. 2 KSchG vorliegen.

1. Bei einer alkoholbedingten Abhängigkeit des Arbeitnehmers, die in der Vergangenheit zu erheblichen Fehlzeiten führte, kann regelmäßig davon ausgegangen werden, dass bei Nichtbehandlung der Alkoholabhängigkeit weiterhin mit erheblichen krankheitsbedingten Fehlzeiten und Betriebsbeeinträchtigungen gerechnet werden muss.

2. Vorliegend befindet sich jedoch A wegen der Alkoholabhängigkeit in ärztlicher Behandlung und führt eine Entziehungskur durch. Es kann deshalb jedenfalls ohne gegenteilige Anhaltspunkte nicht davon ausgegangen werden, dass die Entziehungskur keinen Erfolg haben wird und deshalb weiterhin mit einer Beeinträchtigung des Arbeitsverhältnisses durch Ausfälle infolge der alkoholbedingten Abhängigkeit gerechnet werden muss. Da zumindest nicht feststeht, dass auch nach Durchführung der Entziehungskur weiterhin mit erheblichen alkoholbedingten Fehlzeiten des A zu rechnen ist, könnte die Kündigung schon aus diesem Grund unwirksam sein.

Fraglich ist aber, ob A sich auf die Alkoholabhängigkeit nach Ausspruch der Kündigung berufen kann, weil er den U auf die Alkoholabhängigkeit vor dem Zeitpunkt des Zugangs der Kündigung, der für die Wirksamkeitsprüfung maßgeblich ist, nicht hingewiesen hat, sodass U, dem dieser Umstand nicht positiv bekannt war, dem A eine Möglichkeit zur Durchführung einer

Therapie gar nicht einräumen konnte. Insoweit ist jedoch zu berücksichtigen, dass die Suchterkrankung für den Betroffenen selbst häufig nicht erkennbar ist bzw. aufgrund der Sucht als solche nicht wahrgenommen wird. Dementsprechend kann sich auch der Arbeitgeber auf die fehlende positive Kenntnis von der Suchterkrankung jedenfalls dann nicht berufen, wenn er aufgrund des Verhaltens des Arbeitnehmers Anhaltspunkte für das Vorliegen der Suchterkrankung hatte. In diesen Fällen muss der Arbeitgeber dem erkennbar suchterkrankten Arbeitnehmer die Möglichkeit einräumen, die Suchterkrankung behandeln zu lassen. Auf eine negative Gesundheitsprognose verbunden mit einer erheblichen Störung der betrieblichen Interessen kann sich der Arbeitgeber in solchen Fällen nur dann berufen, wenn der Arbeitnehmer die Durchführung einer Therapie abgelehnt hat.[121] Da U jedenfalls wegen der häufigen „Alkoholfahne" des A Anhaltspunkte für die Alkoholabhängigkeit des A hatte, hätte er ihm vor Ausspruch der Kündigung Gelegenheit zur Durchführung einer Therapie einräumen müssen. Da U dies nicht einmal versucht hat, kann er sich bei dem therapiebereiten A nicht auf das Vorliegen einer negativen Gesundheitsprognose berufen. Die Kündigung ist daher unwirksam.

Endergebnis: Die Kündigungsschutzklage des A ist begründet.

Anmerkung:

Nach der Rspr. des BAG, die in der Lit. heftig umstritten ist, ist jedenfalls eine ordentliche Kündigung eines suchterkrankten Arbeitnehmers regelmäßig wirksam, wenn der Arbeitnehmer nach der Durchführung einer Entziehungskur rückfällig geworden ist.[122]

121 Vgl. BAG, Urt. v. 17.06.1999 – 2 AZR 639/98, NJW 2000, 2762.
122 Vgl. BAG, Urt. v. 16.09.1999 – 2 AZR 123/09, NZA 2000, 141.

Fall 43: Verhaltensbedingte Kündigung – Unentschuldigtes Fehlen

Der 29-jährige A ist seit 3 Jahren im Betrieb des U mit 15 Vollzeitkräften beschäftigt. Ein Betriebsrat existiert bei U nicht. Nachdem A am 10.03., 25.03. und 15.04. unentschuldigt gefehlt hatte, erklärte U mit formgerechten Schreiben vom 16.04., das dem A am selben Tag zuging, die ordentliche Kündigung zum 31.05. A erhebt am 18.04. bei dem örtlich zuständigen Arbeitsgericht selbst eine Kündigungsschutzklage und beantragt die Feststellung der Unwirksamkeit der Kündigung vom 16.04. Hat die Klage Aussicht auf Erfolg?

Abwandlung:

Ändert sich die Rechtslage, wenn A bereits eine Abmahnung wegen Verspätung um 2 Stunden und eine weitere Abmahnung wegen verspäteter Anzeige der krankheitsbedingten Arbeitsunfähigkeit erhielt?

Die Kündigungsschutzklage hat Erfolg, wenn sie zulässig und begründet ist.

A. Zulässigkeit der Klage

I. Die **Rechtswegzuständigkeit des Arbeitsgerichts** ist gemäß § 2 Abs. 1 Nr. 3 b ArbGG gegeben, weil eine Streitigkeit zwischen einem Arbeitnehmer und einem Arbeitgeber über das Bestehen oder Nichtbestehen des Arbeitsverhältnisses vorliegt.

II. Nach dem Sachverhalt hat A die Kündigungsschutzklage vor dem nach § 46 Abs. 2 ArbGG i.V.m. §§ 2 ff. ZPO örtlich zuständigen Arbeitsgericht erhoben.

III. Die **Parteifähigkeit** bestimmt sich nach § 46 Abs. 2 ArbGG i.V.m. § 50 ZPO. A und U sind demnach als natürliche Personen parteifähig.

IV. Nach § 11 ArbGG können die Parteien den Rechtsstreit vor dem Arbeitsgericht selbst führen. Da somit **kein Anwaltszwang** besteht, konnte A die Kündigungsschutzklage selbst erheben.

V. Statthafte Klageart

1. Bei der Kündigungsschutzklage handelt es sich um eine **Feststellungsklage i.S.d. § 256 ZPO**. Der **Antrag** ist aber nicht auf die Feststellung des Bestehens oder Nichtbestehens eines Rechtsverhältnisses, sondern gemäß § 4 S. 1 KSchG **auf die Feststellung der Unwirksamkeit der Kündigung** zu richten. Da A die Feststellung der Unwirksamkeit der Kündigung vom 16.04. beantragt hat, liegt eine ordnungsgemäße Klageerhebung vor.

2. Da die Einhaltung der dreiwöchigen Klagefrist des § 4 S. 1 KSchG erforderlich ist, um die Fiktion der Wirksamkeit der Kündigung nach § 7 KSchG zu verhindern, ist das Feststellungsinteresse bereits aus diesem Grunde gegeben und muss deshalb nicht besonders begründet werden.

VI. Einhaltung der Klagefrist des § 4 S. 1 KSchG?

Da A gegen die am 16.04. zugegangene Kündigung bereits am 18.04. Kündigungsschutzklage erhoben hat, ist die dreiwöchige Klagefrist des § 4 S. 1 KSchG eingehalten. Es kann daher offen bleiben, ob die Einhaltung der Klagefrist des § 4 S. 1 KSchG eine Zulässigkeitsvoraussetzung oder eine Frage der Begründetheit der Kündigungsschutzklage (so ganz h.M.) ist.

VII. Ergebnis zu A.: Die Kündigungsschutzklage ist zulässig.

B. Begründetheit der Klage

Die Klage ist begründet, wenn die Kündigung unwirksam ist.

I. U erklärte mit den **nach § 623 BGB formgerechten Schreiben** vom 16.04 eine ordentliche Kündigung zum 31.05., die mit **Zugang** am selben Tag gem. § 130 Abs. 1 BGB wirksam geworden ist.

II. Die Kündigung gilt nicht aufgrund der gesetzlichen Fiktion des § 7 KSchG als wirksam, weil A **innerhalb von 3 Wochen nach Kündigungszugang** entspr. § 4 S. 1 KSchG eine **Kündigungsschutzklage** erhoben hat.

III. Eine Unwirksamkeit der Kündigung nach § 102 Abs. 1 S. 3 BetrVG kommt nicht in Betracht, weil im Betrieb des U **kein Betriebsrat** existiert.

IV. Besonderer Kündigungsschutz greift zugunsten des A nicht ein.

V. Soziale Rechtfertigung der Kündigung nach § 1 KSchG?

1. Das Arbeitsverhältnis zwischen A und U, bei dem 15 Vollzeitkräfte beschäftigt sind, bestand länger als 6 Monate, sodass das **KSchG** auf das Arbeitsverhältnis des A **nach §§ 1 Abs. 1, 23 Abs. 1 KSchG anwendbar** ist.

2. Da die Kündigung des Arbeitsverhältnisses mit A vom U auf unentschuldigte Fehlzeiten gestützt wird, kann die Kündigung nur durch verhaltensbedingte Gründe i.S.d. § 1 Abs. 2 KSchG gerechtfertigt sein.

a) Die **Wirksamkeit einer verhaltensbedingten Kündigung** setzt das Vorliegen einer Vertragspflichtverletzung voraus, wobei das Verschulden des Arbeitnehmers zwar grds., nicht aber zwingend erforderlich ist.

Wirksamkeitsprüfung einer verhaltensbedingten Kündigung in 2 Stufen:
1. Stufe: Pflichtverletzung, die an sich als verhaltensbedingter Kündigungsgrund geeignet ist
2. Stufe: Interessenabwägung unter Berücksichtigung des Verhältnismäßigkeitsprinzips
(a.A.: 3 Stufen, Verhältnismäßigkeit als selbstständige 2. Stufe)

b) Das unentschuldigte Fehlen stellt eine Verletzung der Arbeitspflicht als der Hauptpflicht des Arbeitnehmers dar, sodass eine schwerwiegende Vertragspflichtverletzung vorliegt, die A auch schuldhaft begangen hat. Dies gilt erst recht dann, wenn es sich dabei – wie hier – um unentschuldigte Fehlzeiten im Wiederholungsfall handelt. Ob sich die unentschuldigten Fehlzeiten über die Störung des Arbeitsverhältnisses hinaus auch konkret nachteilig auf den Betriebsablauf oder den Betriebsfrieden ausgewirkt haben, ist nicht eine Frage der grds. Eignung als Kündigungsgrund, sondern nach h.M. erst im Rahmen der Interessenabwägung zu prüfen.[123]

3. Liegt ein Sachverhalt vor, der an sich geeignet ist, eine verhaltensbedingte Kündigung zu rechtfertigen, ist die Kündigung gleichwohl nur dann wirksam, wenn sie unter Berücksichtigung des Verhältnismäßigkeitsprinzips einer Interessenabwägung standhält.

Verhältnismäßigkeitsprinzip: Abmahnung grds. vor jeder verhaltensbedingten Kündigung erforderlich.

Die wiederholten unentschuldigten Fehlzeiten stellen Störungen des Arbeitsverhältnisses im sog. Leistungsbereich dar. Da der Arbeitnehmer bei Vertragspflichtverletzungen im sog. Leistungsbereich nicht unbedingt sofort mit einer verhaltensbedingten Kündigung rechnen muss, ist grds. eine vorherige einschlägige Abmahnung als ein im Verhältnis zu der Kündigung milderes Mittel erforderlich, mit der die Vertragspflichtverletzung unmiss-

---

123 BAG, Urt. v. 27.02.1997 – 2 AZR 302/96, NZA 1997, 761, 763 mit Meinungsübersicht.

verständlich beanstandet und dem Arbeitnehmer für den Wiederholungsfall arbeitsrechtliche Konsequenzen angedroht werden. Dies gilt insb. dann, wenn der Arbeitgeber – wie hier U – auf vergleichbare Vertragspflichtverletzung zunächst gar nicht reagiert. Die ordentliche Kündigung des Arbeitsverhältnisses mit A ist somit mangels Vorliegens einer vorangegangenen Abmahnung unverhältnismäßig und damit unwirksam.

VI. Ergebnis zu B.: Die zulässige Kündigungsschutzklage ist begründet.

Abwandlung:

Fraglich ist, ob sich die Rechtslage dadurch ändert, dass A zuvor bereits eine Abmahnung wegen Verspätung und eine weitere Abmahnung wegen verspäteter Anzeige der krankheitsbedingten Arbeitsunfähigkeit erhielt.

Die Kündigung des Arbeitsverhältnisses mit A könnte aus verhaltensbedingten Gründen i.S.d. § 1 Abs. 2 KSchG gerechtfertigt sein.

I. Unentschuldigtes Fehlen stellt eine schwerwiegende Verletzung der Arbeitspflicht als der Hauptpflicht des Arbeitnehmers dar (s. Ausgangsfall).

II. Fraglich ist, ob die Kündigung einer umfassenden Interessenabwägung unter Berücksichtigung des Verhältnismäßigkeitsprinzips deshalb standhält, weil A bereits eine Abmahnung wegen Verspätung um 2 Stunden und eine weitere Abmahnung wegen verspäteter Anzeige der krankheitsbedingten Arbeitsunfähigkeit erhielt.

1. Nach dem Verhältnismäßigkeitsprinzip ist lediglich eine vorherige Abmahnung erforderlich, die einschlägig ist, nicht dagegen eine Abmahnung wegen derselben Pflichtverletzung. Der Umstand, dass A zuvor keine Abmahnung wegen unentschuldigten Fehlens erhielt, führt also nicht dazu, dass die Kündigung unverhältnismäßig und damit unwirksam ist.

Die Abmahnung hat nach ihrem Sinn und Zweck zwei Funktionen:
1. Beanstandungsfunktion: Dem AN soll eine bestimmte Pflichtverletzung klar vor Augen geführt werden.
2. Warn- bzw. Androhungsfunktion: Dem AN wird deutlich gemacht, dass er im Wiederholungsfall mit arbeitsrechtlichen Konsequenzen, insb. mit einer Kündigung rechnen muss.

2. Fraglich ist, ob die erteilten Abmahnungen einschlägig sind. Voraussetzung für die Einschlägigkeit der Abmahnung und der damit verbundenen Beanstandungs- und Warnfunktion ist, dass der Arbeitnehmer aufgrund dieser Abmahnung mit einer Kündigung bei einer vergleichbaren Pflichtverletzung rechnen muss.

Bei der ersten Abmahnung wegen einer Verspätung um 2 Stunden handelt es sich um eine Abmahnung, mit der ebenfalls eine Verletzung der Arbeitspflicht als der Hauptpflicht des A beanstandet wird. Eine einschlägige Abmahnung liegt also insoweit vor, wobei die Verspätung in quantitativer Hinsicht eine nicht so schwerwiegende Verletzung der Arbeitspflicht darstellt wie das unentschuldigte Fehlen an einem ganzen Tag. Ob die Abmahnung wegen der Verletzung der Mitteilungspflicht im Krankheitsfall einschlägig ist, weil es sich dabei – anders als bei Fehlzeiten und Verspätungen – nicht um die Verletzung der Hauptpflicht, sondern einer Nebenpflicht des Arbeitnehmers nach § 5 EFZG handelt, ist umstritten. Diese Abmahnung ist aber auf jeden Fall im Rahmen der Interessenabwägung zulasten des A zu berücksichtigen. Da A lediglich eine dreijährige Betriebszugehörigkeit vorzuweisen hat und auch besondere Umstände (z.B. familiäre Probleme) nicht ersichtlich sind, hält die verhaltensbedingte Kündigung auch einer Interessenabwägung stand. Die verhaltensbedingte Kündigung des Arbeitsverhältnisses mit A ist damit wirksam.

III. Ergebnis: Die zulässige Kündigungsschutzklage ist unbegründet.

Fall 44: Kündigung wegen verbotener privater Internetnutzung

Der 28-jährige verheiratete und gegenüber 2 Kindern unterhaltspflichtige Buchhalter B ist seit 6 Jahren im Betrieb des U beschäftigt. Im Betrieb des U, bei dem ca. 30 Arbeitnehmer tätig sind und kein Betriebsrat existiert, ist die Privatnutzung des Internets vom U ausdrücklich untersagt worden. Nachdem U feststellte, dass B jedenfalls in den letzten zwei Monaten regelmäßig den Internetzugang für private Zwecke während der Arbeitszeit in einem Umfang von durchschnittlich 2 Stunden pro Tag nutzte, hat er mit dem formgerechten Schreiben vom 20.03., das B am selben Tag zugegangen ist, die ordentliche Kündigung des Arbeitsverhältnisses zum 30.04. erklärt. Ist die fristgerecht erhobene Kündigungsschutzklage begründet?

Die Begründetheit der Kündigungsschutzklage hängt davon ab, ob das Arbeitsverhältnis zwischen den Parteien durch die ordentliche Kündigung vom 20.03. zum 30.04 aufgelöst worden ist.

I. U hat mit Schreiben vom 20.03. formgerecht nach § 623 BGB eine ordentliche Kündigung des Arbeitsverhältnisses mit B zum 30.04. erklärt, die mit Zugang beim B am selben Tag gemäß § 130 Abs. 1 BGB wirksam geworden ist. Eine **ordnungsgemäße Kündigungserklärung** liegt somit vor.

II. Da B gegen die ordentliche Kündigung seines Arbeitsverhältnisses gemäß § 4 S. 1 KSchG **fristgerecht Kündigungsschutzklage erhoben** hat, hat er den Eintritt der Wirksamkeitsfiktion des § 7 KSchG verhindert. Er kann daher die Unwirksamkeit der Kündigung geltend machen.

III. Eine Unwirksamkeit der Kündigung wegen fehlerhafter Anhörung des Betriebsrates nach § 102 Abs. 1 S. 3 BetrVG scheidet aus, weil im Betrieb des U **kein Betriebsrat** existiert.

IV. Besondere Kündigungsschutzbestimmungen greifen zugunsten des B nicht ein.

V. Unwirksamkeit der Kündigung wegen fehlender sozialer Rechtfertigung nach § 1 KSchG?

Die ordentliche Kündigung könnte sozial ungerechtfertigt und damit nach § 1 Abs. 1 KSchG unwirksam sein.

1. Das **KSchG** ist auf das Arbeitsverhältnis des B n**ach §§ 1 Abs. 1, 23 Abs. 1 KSchG anwendbar,** weil das Arbeitsverhältnis des B im Zeitpunkt des Kündigungszugangs länger als 6 Monate gedauert hat und U mehr als 10 Arbeitnehmer i.S.d. § 23 Abs. 1 KSchG beschäftigt.

2. Die **Kündigung** könnte a**us verhaltensbedingten Gründen i.S.d. § 1 Abs. 2 KSchG** gerechtfertigt sein.

a) B hat das Internet trotz ausdrücklichen Verbots des U während der Arbeitszeit für private Zwecke genutzt, sodass eine Vertragspflichtverletzung vorliegt, die grds. geeignet ist, eine verhaltensbedingte Kündigung zu rechtfertigen.

b) Fraglich ist, ob dem U aufgrund dieser schuldhaft begangenen Pflichtverletzung die Fortsetzung des Arbeitsverhältnisses auf Dauer unter Berücksichtigung des Verhältnismäßigkeitsprinzips unzumutbar war.

aa) Bedenken gegen die Wirksamkeit der verhaltensbedingten Kündigung könnten vorliegend deshalb bestehen, weil U die Kündigung ohne vorherige Abmahnung des B erklärt hat.

Vorherige Abmahnung als im Verhältnis zur Kündigung milderes Mittel ausnahmsweise entbehrlich, wenn der AN mit der Duldung seines Verhaltens unter keinen Umständen rechnen durfte.

Eine vorherige Abmahnung ist zwar als milderes Mittel grds. vor jeder Kündigung aus verhaltensbedingten Gründen erforderlich. Etwas anderes gilt aber dann, wenn eine so schwerwiegende Vertragspflichtverletzung vorliegt, dass der Arbeitnehmer auch ohne vorherige Abmahnung unter keinen Umständen mit der Duldung der Pflichtwidrigkeit durch den Arbeitgeber rechnen durfte, sondern mit dem Verlust des Arbeitsplatzes bei Aufdeckung der Pflichtwidrigkeit rechnen musste.[124]

bb) Da B das Internet für private Zwecke während der Arbeitszeit genutzt hat, hat er nicht nur gegen das ausdrückliche Verbot der Privatnutzung des Internets verstoßen, sondern auch die Arbeitspflicht als die ihm obliegende Hauptpflicht verletzt. Aufgrund dieser Umstände liegt eine schwerwiegende Vertragspflichtverletzung vor, die B vorsätzlich begangen hat. Ob bei einer gelegentlichen Nutzung des Internets für private Zwecke trotz eines ausdrücklichen Verbots eine verhaltensbedingte Kündigung ohne vorherige Abmahnung wirksam ist, könnte fraglich sein, insbesondere dann, wenn es sich dabei um eine jeweils kurzfristige Nutzung gehandelt hat. Da aber B nicht nur die Arbeitspflicht verletzt, sondern durch das Verschweigen der Privatnutzung des Internets während der Arbeitszeit jedenfalls in den letzten zwei Monaten auch das Entgelt für durchschnittlich 2 Stunden pro Tag entgegen genommen hat, obwohl ihm für diese Zeiten wegen der fehlenden Arbeitsleistung gar kein Vergütungsanspruch zustand, konnte er aufgrund des ausdrücklichen Verbots der privaten Internetnutzung unter keinen Umständen mit der Duldung seines Verhaltens rechnen. Aufgrund dieser schwerwiegenden vorsätzlichen Vertragspflichtverletzung ist die ordentliche Kündigung des 30-jährigen, gegenüber zwei Kindern unterhaltspflichtigen und seit vier Jahren bei U beschäftigten B als solche auch nach einer Interessenabwägung unter Berücksichtigung des Verhältnismäßigkeitsprinzips ohne vorherige einschlägige Abmahnung wirksam.

VI. U hat das Arbeitsverhältnis des 28-jährigen B, der bei ihm seit sechs Jahren beschäftigt war, entsprechend dem Wortlaut des § 622 Abs. 2 S. 1 Nr. 1, S. 2 BGB mit einer Kündigungsfrist von einem Monat zum Monatsende „fristgerecht" gekündigt, weil danach bei der Berechnung der verlängerten Kündigungsfristen nur die Zeiten vor Vollendung des 25. Lebensjahres zu berücksichtigen sind. § 622 Abs. 2 S. 2 BGB ist aber wegen Verstoßes gegen das europarechtliche Altersdiskriminierungsverbot nach heute h.M. nicht anwendbar,[125] sodass bei der Berechnung der Kündigungsfrist von einer sechsjährigen Betriebszugehörigkeit des A auszugehen ist mit der Folge, dass sein Arbeitsverhältnis nur mit einer Kündigungsfrist von zwei Monaten zum Monatsende, also zum 31.05. wirksam gekündigt werden konnte.

VII. Ergebnis: Die Kündigungsschutzklage ist begründet, soweit sich A gegen die Beendigung des Arbeitsverhältnisses bereits zum 30.04. wehrt. Im Übrigen ist sie unbegründet, weil die Kündigung zum 31.05. wirksam ist.

---

124 Vgl BAG, Urt. v. 09.06.2011 – 2 AZR 381/10, NZA 2011, 1027.

125 Vgl. EuGH, Urt. v. 19.01.2010 – C-555/07, NZA-2010, 85; BAG, Urt. v. 09.09.2010 – 2 AZR 714/08, BB 2012, 127 m. Anm. Christ; Preis/Temming NZA 2010, 185; Gaul/Koehler ArbRB 2010, 53.

Fall 45: Fristlose Kündigung wegen Diebstahls

Der 33-jährige, ledige A ist seit 5 Jahren bei U als Lagerarbeiter beschäftigt. Am 10.03. beobachtete der Schichtführer S, wie A während der Nachtschicht mit einem Eimer Farbe über einen Zaun kletterte und anschließend den Eimer in dem Kofferraum seines Pkw verstaute. S überlegte zunächst, ob er diesen Vorfall U anzeigen sollte. Am 15.03. entschloss S sich aber letztlich dazu, U über den Vorfall vom 10.03. in Kenntnis zu setzen, was er auch am selben Tag tat. U stellte darauf hin den A am 21.03. zur Rede, der die Entwendung des Farbeimers im Wert von 20 € zugab. Mit Schreiben vom 22.03., das am selben Tag dem Betriebsratsvorsitzenden ausgehändigt wurde, leitete U die Anhörung des Betriebsrates zu der beabsichtigten fristlosen Kündigung des Arbeitsverhältnisses mit A unter Hinweis auf die zugegebene vorsätzliche Vermögensschädigung ein. Mit dem eigenhändig unterschriebenen Schreiben vom 27.03., das dem A am 29.03. zuging, erklärte U die fristlose Kündigung des Arbeitsverhältnisses mit A, ohne dass der Betriebsrat sich zu der beabsichtigten Kündigung geäußert hatte. Mit der am 31.03. beim zuständigen Arbeitsgericht erhobenen Kündigungsschutzklage macht A die Unwirksamkeit der Kündigung geltend. Ist die Kündigungsschutzklage begründet?

Die Kündigungsschutzklage des A ist begründet, wenn die fristlose Kündigung des Arbeitsverhältnisses vom 27.03. unwirksam ist.

I. Eine fristlose Kündigungserklärung, die dem Schriftformzwang des § 623 BGB entspricht sowie dem A am 29.03. zugegangen und damit gemäß § 130 Abs. 1 BGB wirksam geworden ist, liegt vor. Somit ist eine **wirksame ordnungsgemäße Kündigungserklärung** gegeben.

II. A hat am 31.03., also zwei Tage nach Kündigungszugang und damit **fristgerecht** entsprechend § 13 Abs. 1 S. 2 KSchG i.V.m. § 4 S. 1 KSchG **Kündigungsschutzklage erhoben** und somit den Eintritt der Wirksamkeitsfiktion des § 7 KSchG verhindert. Die fristlose Kündigung des Arbeitsverhältnisses gilt damit nicht gemäß § 13 Abs. 1 S. 2. KSchG i.V.m. § 7 KSchG als wirksam.

III. Unwirksamkeit der Kündigung wegen fehlerhafter Anhörung des Betriebsrates nach § 102 Abs. 1 S. 3 BetrVG?

Da U die fristlose Kündigung des Arbeitsverhältnisses mit Schreiben vom 27.03. erklärt hat, obwohl der Betriebsrat keine Stellungnahme abgegeben hat, könnte die Kündigung gemäß § 102 Abs. 1 S. 3 BetrVG unwirksam sein.

1. Nach § 102 Abs. 1 S. 3 BetrVG ist eine ordnungsgemäße Anhörung des Betriebsrates vor jeder Kündigung erforderlich. Eine Kündigung, bei der diese formelle Wirksamkeitsvoraussetzung nicht vorliegt, ist nach § 102 Abs. 1 S. 3 BetrVG unwirksam.

2. Der Betriebsrat hat zwar vorliegend keine Stellungnahme zu der beabsichtigten fristlosen Kündigung des Arbeitsverhältnisses mit A abgegeben. Dies ist aber auch nicht erforderlich, weil nach § 102 BetrVG keine Zustimmung, sondern lediglich eine Anhörung des Betriebsrates vorgeschrieben ist. Eine ordnungsgemäße Anhörung des Betriebsrates zu einer fristlosen

Kündigung liegt daher bereits dann vor, wenn der Betriebsrat vor Ausspruch der Kündigung ordnungsgemäß unterrichtet und die Kündigung erst nach Ablauf der dreitägigen Stellungnahmefrist des § 102 Abs. 2 S. 3 BetrVG abgegeben worden ist.

Das Schweigen des Betriebsrates zu einer außerordentlichen Kündigung gilt – anders als bei einer ordentlichen Kündigung – nicht als Zustimmung, vgl. § 102 Abs. 2 S. 2 u. S. 3 BetrVG.

Da U vorliegend mit Schreiben vom 22.03., das am selben Tag zuging, den Betriebsrat vollständig über den Kündigungssachverhalt unterrichtet und die Kündigung erst nach Ablauf der dreitägigen Stellungnahmefrist des § 102 Abs. 2 S. 3 BetrVG mit Schreiben vom 27.03., das am 29.03. dem A zuging, erklärt hat, liegt eine ordnungsgemäße Betriebsratsanhörung vor. Die fristlose Kündigung des Arbeitsverhältnisses mit A ist demnach nicht bereits wegen fehlender Anhörung des Betriebsrates nach § 102 Abs. 1 S. 3 BetrVG unwirksam.

IV. Besondere Kündigungsschutzbestimmungen stehen der Wirksamkeit der fristlosen Kündigung nicht entgegen.

V. Vorliegen eines wichtigen Kündigungsgrundes i.S.d. § 626 BGB?

Fraglich ist, ob die fristlose Kündigung des Arbeitsverhältnisses mit A einer nach § 626 BGB vorzunehmenden Wirksamkeitsprüfung standhält.

Wirksamkeit einer außerordentlichen Kündigung in 2 Stufen zu prüfen:
1. Stufe: Sachverhalt, der an sich geeignet ist, einen wichtigen Kündigungsgrund i.S.d. § 626 Abs. 1 BGB abzugeben
2. Stufe: Außerordentliche Kündigung auch nach einer Interessenabwägung unter Berücksichtigung des Verhältnismäßigkeitsprinzips unausweichlich Es darf also selbst das Abwarten der Kündigungsfrist nicht zumutbar sein.

1. Es müsste ein wichtiger Grund i.S.d. § 626 Abs. 1 BGB vorliegen.

Die Wirksamkeit einer außerordentlichen Kündigung setzt zunächst voraus, dass ein **Sachverhalt** vorliegt, der **an sich geeignet ist, einen wichtigen Kündigungsgrund i.S.d. § 626 Abs. 1 BGB abzugeben**.

Eine vorsätzliche Schädigung des Vermögens des Arbeitgebers ist nach allgemeiner Ansicht an sich geeignet, einen wichtigen Kündigungsgrund i.S.d. § 626 Abs. 1 BGB abzugeben, ohne dass es auf die strafrechtliche Wertung der Vermögensschädigung ankommt.[126]

2. Fraglich ist, ob die fristlose Kündigung des Arbeitsverhältnisses mit A nach einer umfassenden **Interessenabwägung unter Berücksichtigung des Verhältnismäßigkeitsprinzips** wirksam ist.

a) Ist ein Sachverhalt an sich geeignet, einen wichtigen Kündigungsgrund i.S.d. § 626 Abs. 1 BGB abzugeben, ist im zweiten Schritt zu prüfen, ob die außerordentliche Kündigung nach einer umfassenden Interessenabwägung unter Berücksichtigung des Verhältnismäßigkeitsprinzips gerechtfertigt ist. Dies ist nur dann der Fall, wenn die außerordentliche Kündigung die unausweichlich letzte Maßnahme für den Kündigungsberechtigten war, also alle in Betracht kommenden milderen Mittel (z.B. Abmahnung, ordentliche Kündigung) unzumutbar waren. Die außerordentliche Kündigung ist also nur dann wirksam, wenn dem Arbeitgeber die Fortsetzung des Arbeitsverhältnisses selbst bis zum Ablauf der Kündigungsfrist nicht zumutbar ist.[127]

b) Eine vorsätzliche Vermögensschädigung des Arbeitgebers stellt eine schwerwiegende Vertragspflichtverletzung dar, die den Vertrauensbereich betrifft. Eine vorherige Abmahnung ist zwar grds. vor jeder fristlosen Kün-

---

126 Vgl. BAG, Urt. v. 10.06.2010 – 2 AZR 541/09, NZA 2010, 1227 (Entwendung von Leergutbons im Wert von 1,30 €); krit. Kleinebrink BB 2011, 2617.

127 Vgl. BAG, Urt. v. 07.07.2011 – 2 AZR 355/10, NZA 2011, 1412; Urt. v. 16.12.2010 – 2 AZR 485/08, NZA 2011, 571; AS-Skript Arbeitsrecht, Rdnr. 497 ff.

digung, also auch bei Störungen im Vertrauensbereich erforderlich. Vorliegend ist jedoch zu beachten, dass A, der als Lagerarbeiter beschäftigt war und daher ständig mit aufzubewahrendem Firmeneigentum zu tun hatte, sodass er mit einer Duldung seines Verhaltens nicht rechnen konnte, wenn die vorsätzliche Entwendung des im Firmeneigentum stehenden Farbeimers aufgedeckt wird. Da die Zerstörung des Vertrauensverhältnisses grds. nicht davon abhängig ist, welchen Wert die entwendeten Gegenstände haben, ergibt sich etwas anderes auch nicht daraus, dass A „lediglich" einen Farbeimer im Wert von 20 € entwendet hat, zumal A eine Sache an sich genommen hat, für die er nach seinem Aufgabenbereich als Lagerarbeiter verantwortlich war. Eine fristlose Kündigung kann zwar im Einzelfall nach einer umfassenden Interessenabwägung unter Berücksichtigung des Verhältnismäßigkeitsprinzips bei einer sehr langen beanstandungsfreien Betriebszugehörigkeit und einem geringen Wert der entwendeten Sache ausnahmsweise unwirksam sein.[128] Ein solcher Ausnahmefall kann aber nicht bereits dann angenommen werden, wenn ein lediger Arbeitnehmer mit einer lediglich 5-jährigen Betriebszugehörigkeit eine Sache im Wert von 20 € entwendet, für die er nach seinem unmittelbaren Aufgabenbereich verantwortlich war. Die fristlose Kündigung ist damit wegen der Zerstörung des Vertrauensverhältnisses mit A auch nach einer Interessenabwägung an sich gerechtfertigt.

3. Nach § 626 Abs. 2 BGB kann die außerordentliche Kündigung nur innerhalb von 2 Wochen nach Kenntnis des Kündigungssachverhalts wirksam erklärt werden. Nach Ablauf dieser zweiwöchigen Kündigungserklärungsfrist wird unwiderlegbar vermutet, dass ein an sich gegebener wichtiger Grund nicht mehr geeignet ist, die Unzumutbarkeit der Vertragsfortsetzung selbst bis zum Ablauf der Kündigungsfrist zu begründen.[129]

Beachte: Bei Versäumung der 2-wöchigen Kündigungserklärungsfrist des § 626 Abs. 2 BGB wird unwiderlegbar vermutet, dass ein an sich gegebener wichtiger Grund nicht mehr geeignet ist, die Unzumutbarkeit der Vertragsfortsetzung selbst bis zum Ablauf der Kündigungsfrist zu begründen.

a) Vorliegend hat zwar der Schichtführer bereits am 10.03. von der vorsätzlichen Entwendung des Firmeneigentums durch A positive Kenntnis gehabt. Maßgeblich für den Beginn der zweiwöchigen Kündigungserklärungsfrist des § 626 Abs. 2 BGB ist aber, dass der Arbeitgeber selbst oder eine kündigungsberechtigte Person von dem Kündigungssachverhalt Kenntnis erlangt hat.

b) Da U erst am 15.03. von der vorsätzlichen Entwendung des Firmeneigentums durch A Kenntnis erlangt hat und das Kündigungsschreiben vom 27.03. dem A am 29.03., also am letzten Tag der zweiwöchigen Kündigungserklärungsfrist des § 626 Abs. 2 BGB zugegangen ist, scheitert die Wirksamkeit der fristlosen Kündigung auch nicht wegen Versäumung der Kündigungserklärungsfrist des § 626 Abs. 2 BGB.

VI. Ergebnis: Das Arbeitsgericht wird die Kündigungsschutzklage als unbegründet abweisen, weil die fristlose Kündigung wirksam ist.

---

128 Vgl. dazu Urt. v. 16.12.2010, FN 127; BAG, Urt. v. 10.06.2010, FN 126.

129 Vgl. BAG, Urt. v. 09.06.2011 – 2 AZR 323/10, NZA 2011, 1342.

Fall 46: Ordentliche Kündigung eines Betriebsratsmitglieds

Das ledige Betriebsratsmitglied B ist seit drei Jahren in dem Textilbetrieb des U beschäftigt, der zwei Betriebsabteilungen mit jeweils einer eigenen Produktionshalle und einem Produktionsleiter unterhält. B war immer als Arbeiter in der kleineren Betriebsabteilung „Sportkleidung" mit 15 Arbeitnehmern beschäftigt. In der größeren Betriebsabteilung mit 155 Arbeitnehmern stellt U Arbeitsschutzkleidung her. Nachdem U in den letzten Jahren immer höhere Verluste bei der Herstellung der Sportkleidung zu verzeichnen hatte, entschloss er sich am 15.03. dazu, die Abteilung „Sportkleidung" zum 30.06. zu schließen. Nach Durchführung einer auf beide Abteilungen bezogenen sozialen Auswahl leitete U mit Schreiben vom 20.03. die Anhörung des Betriebsrates zu der beabsichtigten Entlassung von 15 Arbeitnehmern, u.a. auch des B, unter Angabe des Kündigungssachverhalts, der jeweiligen Personalien, der Kündigungsfristen und -termine und der sozialen Auswahlkriterien ein. Der Betriebsrat widersprach der beabsichtigten Kündigung des Arbeitsverhältnisses mit B mit Schreiben vom 24.03. unter Hinweis darauf, dass eine ordentliche Kündigung des Arbeitsverhältnisses mit B wegen seiner Betriebsratstätigkeit ausgeschlossen sei. Nach Zugang der Stellungnahme des Betriebsrates erklärte U mit dem formgerechten Schreiben vom 26.03., das B am selben Tag zuging, die fristgerechte Kündigung zum 30.06. Mit der am 27.03. beim Arbeitsgericht eingegangenen Klage wehrt sich B gegen die Kündigung. Er vertritt dabei u.a. die Ansicht, dass die Kündigung jedenfalls deshalb unwirksam sei, weil er ohne weiteres in der Abteilung „Arbeitsschutzkleidung" weiterbeschäftigt werden könnte. U ist dagegen der Ansicht, dass die Kündigung wirksam sei, weil – was zutrifft – in der Abteilung „Arbeitsschutzkleidung" vergleichbare Arbeitsplätze zwar vorhanden, aber nicht frei seien. Ist die Kündigungsschutzklage begründet?

Die Klage ist begründet, wenn die ordentliche Kündigung des Arbeitsverhältnisses mit dem Betriebsratsmitglied B unwirksam ist.

I. U hat mit dem nach § 623 BGB formgerechten Schreiben vom 26.03. die ordentliche Kündigung des Arbeitsverhältnisses mit B zum 30.06. erklärt. Eine **ordnungsgemäße Kündigungserklärung**, die mit Zugang am 26.03. gemäß § 130 Abs. 1 BGB wirksam geworden ist, liegt vor.

II. B hat bereits am 27.03., also einen Tag nach Kündigungszugang Kündigungsschutzklage erhoben, damit die **dreiwöchige Klagefrist des § 4 S. 1 KSchG gewahrt** und den Eintritt der Wirksamkeitsfiktion nach § 7 KSchG verhindert. B kann daher die Unwirksamkeit der Kündigung geltend machen.

III. Da U von den insgesamt 170 beschäftigten Arbeitnehmern „lediglich"15 Arbeitnehmer entlassen hat, liegt **keine nach § 17 Abs. 1 Nr. 2 KSchG anzeigepflichtige Massenentlassung** vor. Die Wirksamkeit der Kündigung scheitert somit nicht am Fehlen einer Massenentlassungsanzeige nach § 17 KSchG.[130]

130 Vgl. dazu BAG, Urt. v. 22.04.2010 – 9 AZR 948/08, NZA 2010, 1057.

IV. Die Kündigung des Arbeitsverhältnisses mit B könnte wegen fehlerhafter **Anhörung des Betriebsrates** nach § 102 Abs. 1 S. 3 BetrVG unwirksam sein.

1. Eine Kündigung ist nach allgemeiner Ansicht nicht nur dann nach § 102 Abs. 1 S. 3 BetrVG unwirksam, wenn der Betriebsrat vor Ausspruch der Kündigung überhaupt nicht angehört worden ist, sondern auch dann, wenn die Anhörung nicht ordnungsgemäß war. Vorliegend hat jedoch U dem Betriebsrat im Rahmen des Anhörungsverfahrens die Personalien des B, die Kündigungsfrist, den Kündigungstermin, den Kündigungssachverhalt und die Kriterien für die getroffene soziale Auswahl nach § 1 Abs. 3 KSchG mitgeteilt, sodass der Betriebsrat ohne eigene Nachforschungen in der Lage war, die Stichhaltigkeit der Kündigung zu überprüfen. Da der Arbeitgeber dem Betriebsrat nur die Tatsachen mitteilen muss, die aus seiner subjektiven Sicht für den Kündigungsentschluss maßgeblich waren, kommt es bei der Beurteilung der ordnungsgemäßen Betriebsratsanhörung nicht darauf an, ob die mitgeteilten Tatsachen die Kündigung tatsächlich rechtfertigen. Eine ordnungsgemäße Unterrichtung des Betriebsrates als solche liegt vor.

2. U hat zwar die Kündigung vor Ablauf der einwöchigen Stellungnahmefrist, die dem Betriebsrat nach § 102 Abs. 2 S. 1 BetrVG zusteht, erklärt. Da jedoch dieser bereits mit Schreiben vom 24.03. eine abschließende Stellungnahme zu der Kündigung des Arbeitsverhältnisses mit B abgegeben hat, musste U den Ablauf der einwöchigen Stellungnahmefrist nicht abwarten. Vielmehr konnte U dem B nach Zugang der Stellungnahme des Betriebsrates kündigen. Eine ordnungsgemäße Unterrichtung des Betriebsrates liegt damit vor.

Beachte: Das Abwarten der einwöchigen Stellungnahmefrist des BR nach § 102 Abs. 2 S. 1 BetrVG ist nur dann erforderlich, wenn der BR vorher keine abschließende Stellungnahme abgegeben hat.

V. Wirksamkeit der ordentlichen Kündigung des Arbeitsverhältnisses mit einem Betriebsratsmitglied?

1. Nach § 15 Abs. 1 S. 1 KSchG ist die Kündigung des Arbeitsverhältnisses mit einem Betriebsratsmitglied unzulässig, es sei denn, dass ein wichtiger Kündigungsgrund i.S.d. § 626 BGB vorliegt und der Betriebsrat der außerordentlichen Kündigung zugestimmt hat. Danach könnte die ordentliche Kündigung des Arbeitsverhältnisses mit dem Betriebsratsmitglied B nach § 134 BGB i.V.m. § 15 Abs. 1 KSchG unwirksam sein.

2. Eine ordentliche Kündigung des Arbeitsverhältnisses eines Betriebsratsmitglieds ist allerdings nicht ausnahmslos ausgeschlossen. Vielmehr ist sie bei Vorliegen der Ausnahmetatbestände des § 15 Abs. 4 und 5 KSchG zulässig.

Ordentliche Kündigung des Arbeitsverhältnisses mit einem Betriebsratsmitglied nur grds. ausgeschlossen. Ausnahmen: § 15 Abs. 4, 5 KSchG

a) Da U sich nicht zur Stilllegung des gesamten Betriebes, sondern nur der Betriebsabteilung „Sportkleidung" entschlossen hat, kommt als Ausnahmetatbestand § 15 Abs. 5 KSchG in Betracht.

b) Nach § 15 Abs. 5 KSchG ist die **Kündigung des Arbeitsverhältnisses mit einem Betriebsratsmitglied bei Stilllegung seiner Beschäftigungsabteilung** ausnahmsweise dann zulässig, wenn eine Beschäftigung in einer anderen Abteilung aus betrieblichen Gründen nicht möglich ist, § 15 Abs. 5 S. 2 KSchG. Da U jedenfalls noch die Betriebsabteilung „Arbeitsschutzkleidung" mit vergleichbaren Arbeitsplätzen unterhält, ist fraglich, ob U das Betriebsratsmitglied B in dieser Beschäftigungsabteilung zur Vermeidung der ordentlichen Kündigung beschäftigen muss.

aa) Bedenken dagegen könnten deshalb bestehen, weil die in der Betriebsabteilung „Arbeitsschutzkleidung" vorhandenen vergleichbaren Arbeitsplätze nicht frei sind.

bb) Greift der besondere Kündigungsschutz nach § 15 KSchG nicht ein, ist eine betriebsbedingte Kündigung nur dann unwirksam, wenn eine anderweitige Beschäftigungsmöglichkeit auf einem freien Arbeitsplatz besteht, sodass der Arbeitgeber zu einer „Freikündigung" eines Arbeitsplatzes nicht verpflichtet ist. Wären diese Grundsätze auch im vorliegenden Fall anwendbar, wäre die Kündigung des Arbeitsverhältnisses mit dem Betriebsratsmitglied B nach § 15 Abs. 5 KSchG ausnahmsweise möglich.

Bei Schließung der Beschäftigungsabteilung eines Betriebsratsmitglieds ist der AG nach § 15 Abs. 5 KSchG notfalls zur „Freikündigung" eines Arbeitsplatzes in einer anderen Abteilung verpflichtet, sofern der andere Arbeitsplatz nicht „höherwertig" ist.[131]

cc) Fraglich ist daher, ob der Arbeitgeber im Interesse eines durch § 15 KSchG geschützten Betriebsratsmitglieds zu einer „Freikündigung" eines mit einem anderen Arbeitnehmer besetzten Arbeitsplatzes verpflichtet ist.

Mit dem besonderen Kündigungsschutz für Betriebsratsmitglieder nach § 15 KSchG wird neben dem Schutz des Betriebsratsmitglieds selbst u.a. der Zweck verfolgt, die Kontinuität des Betriebsratsmandats dadurch zu gewährleisten, dass die personelle Besetzung des gewählten Betriebsrates während der gesamten Dauer der Amtszeit möglichst unverändert bleibt. Da eine anderweitige Beschäftigungsmöglichkeit auf einem anderen freien Arbeitsplatz, auf dem der gekündigte Arbeitnehmer aufgrund seiner Fähigkeiten eingesetzt werden könnte, zur Unwirksamkeit der betriebsbedingten Kündigung eines nicht durch § 15 KSchG besonders geschützten Arbeitnehmers führt (vgl. auch § 1 Abs. 2 S. 1 Nr. 1 b KSchG) und § 15 Abs. 5 S. 2 KSchG eine „Übernahmeverpflichtung" des Arbeitgebers vorsieht, der nur betriebliche Gründe entgegen gesetzt werden können, kann dem Schutzzweck des § 15 Abs. 5 KSchG nur dadurch Rechnung getragen werden, dass der Arbeitgeber notfalls zu einer Freikündigung eines nicht besonders geschützten Arbeitnehmers verpflichtet ist. Ob und ggf. inwieweit die sozialen Belange des von der Freikündigung betroffenen Arbeitnehmers und berechtigte betriebliche Interessen an seiner Weiterbeschäftigung gegen die Interessen der Belegschaft an der Kontinuität des Betriebsrates und die Interessen des durch § 15 KSchG geschützten Funktionsträgers an seiner Weiterbeschäftigung abzuwägen sind, ist zwar umstritten.[132] Da jedoch U derartige Umstände nicht vorgetragen, sondern sich lediglich auf das Fehlen eines freien Arbeitsplatzes berufen hat, bedarf dieser Meinungsstreit vorliegend keiner Entscheidung. U war somit unter Berücksichtigung von Sinn und Zweck des § 15 Abs. 5 KSchG zur „Freikündigung" eines vergleichbaren Arbeitsplatzes verpflichtet, um eine Weiterbeschäftigung des Betriebsratsmitglieds B zu ermöglichen.

VI. Ergebnis: Die ordentliche Kündigung des Arbeitsverhältnisses mit dem Betriebsratsmitglied B ist nach § 134 BGB wegen Verstoßes gegen § 15 Abs. 1 KSchG unwirksam. Die Kündigungsschutzklage ist damit begründet.

---

131 Vgl. dazu BAG, Urt. v. 23.02.2010 – 2 AZR 656/08, NZA 2010, 1288.

132 Vgl. dazu BAG, Urt. v. 12.03.2009 – 2 AZR 47/08, NZA 2009, 1264 mit Meinungsübersicht.

Fall 47: Fristlose Kündigung eines Betriebsobmanns

B ist bei U, bei dem 15 Arbeitnehmer beschäftigt sind, seit fünf Jahren tätig und wurde bei den letzten Betriebsratswahlen zum Betriebsobmann (einköpfiger Betriebsrat) gewählt. Die als Ersatzmitglieder gewählten C und D sind inzwischen ausgeschieden, weitere Ersatzmitglieder sind nicht vorhanden. Nachdem B am 10.04. den U bei einer verbalen Auseinandersetzung als Ausbeuter und Halsabschneider bezeichnete, hat U das Arbeitsverhältnis mit B mit formgerechten Schreiben vom 15.04. wegen grober Beleidigung fristlos gekündigt. B wehrt sich gegen diese Kündigung mit der fristgerecht erhobenen Klage unter Berufung darauf, dass U ihm als dem Betriebsobmann nicht ohne weiteres kündigen könne. Ist die Klage begründet?

Die Kündigungsschutzklage des B ist begründet, wenn die Kündigung unwirksam ist.

I. Eine nach § 623 BGB formgerechte Erklärung einer fristlosen Kündigung liegt vor.

II. B hat nach dem Sachverhalt entspr. § 13 Abs. 1 S. 2 KSchG i.V.m. § 4 S. 1 KSchG **fristgerecht Kündigungsschutzklage** erhoben, sodass die Kündigung nicht nach § 7 KSchG als wirksam gilt.

III. Fraglich ist, ob U das Arbeitsverhältnis mit dem Betriebsobmann B ohne weiteres fristlos kündigen konnte.

1. Nach § 15 Abs. 1 KSchG ist zwar die **Kündigung des Arbeitsverhältnisses mit einem Betriebsratsmitglied aus wichtigen Grund i.S.d. § 626 BGB** möglich, aber **nur nach vorheriger Zustimmung des Betriebsrates nach § 103 BetrVG.** Da B als das von der fristlosen Kündigung betroffene Betriebsratsmitglied an dem Zustimmungsverfahren nach § 103 BetrVG wegen rechtlicher Verhinderung nicht teilnehmen durfte und Ersatzmitglieder nicht mehr vorhanden sind, könnte die fristlose Kündigung auch ohne Zustimmung des Betriebsrates wirksam sein.

2. Nach § 103 BetrVG muss allerdings die verweigerte Zustimmung des Betriebsrates zu einer außerordentlichen Kündigung des Arbeitsverhältnisses mit einem Betriebsratsmitglied vom Arbeitsgericht ersetzt werden. Vorliegend konnte zwar der Betriebsrat die Zustimmung nicht verweigern, dies ändert aber nichts daran, dass sie fehlt, obwohl ein einköpfiger Betriebsrat besteht. Wäre sie vorliegend entbehrlich, würde dies im Ergebnis zur Folge haben, dass ein einköpfiger Betriebsrat beim Fehlen von Ersatzmitgliedern bei einer außerordentlichen Kündigung nicht durch § 103 BetrVG geschützt wäre, was mit Sinn und Zweck dieser Schutzvorschrift nicht zu vereinbaren wäre. Sind daher Ersatzmitglieder nicht vorhanden, muss der Arbeitgeber bei einer beabsichtigten fristlosen Kündigung des Arbeitsverhältnisses mit einem Betriebsobmann das **Zustimmungsersetzungsverfahren beim ArbG nach § 103 BetrVG** einleiten. Da U dies unterließ, ist die erklärte Kündigung nach § 134 BGB i.V.m. § 15 Abs. 1 S. 1 KSchG, § 103 BetrVG unwirksam.

IV. Ergebnis: Die Kündigungsschutzklage des B ist begründet, weil die fristlose Kündigung seines Arbeitsverhältnisses vom 15.04. unwirksam ist.

Fall 48: Kündigung und rückwirkende Anerkennung als schwerbehinderter Mensch

A ist seit 15 Jahren im Betrieb des U, bei dem kein Betriebsrat besteht, beschäftigt. Auf Anraten seines Hausarztes hatte er wegen seiner langandauernden Beschwerden am 10.02. einen Antrag auf Anerkennung als schwerbehinderter Mensch gestellt und dabei alle erforderlichen Unterlagen eingereicht. Am 05.03. wurde A von dem vom Versorgungsamt beauftragten Sachverständigen untersucht. Mit dem formgerechten Schreiben vom 10.03. kündigte U u.a. das Arbeitsverhältnis mit A, nachdem er zuvor die Entscheidung getroffen hatte, den Personalbestand der rückläufigen Auftragslage anzupassen. Nachdem A, dem die Kündigung am 11.03. zuging, am 16.03. eine Kündigungsschutzklage erhob, hat ihm das Versorgungsamt mit Bescheid vom 20.03. mitgeteilt, dass er mit Wirkung zum 10.02. als schwerbehinderter Mensch mit einem Grad der Behinderung (GdB) von 60 anerkannt wird. Über den Anerkennungsbescheid hat A den U, der von dem gestellten Anerkennungsantrag keine Kenntnis hatte, am 24.03. persönlich unterrichtet. U ist der Ansicht, dass die nachträgliche Anerkennung des A als schwerbehinderter Mensch auf die Wirksamkeit der ausgesprochenen Kündigung keinen Einfluss habe, zumal ihm beim Ausspruch der Kündigung nicht einmal der Anerkennungsantrag bekannt gewesen sei. Ist die Kündigungsschutzklage begründet, wenn die betriebsbedingte Kündigung selbst nicht zu beanstanden ist?

Die Kündigungsschutzklage des A ist begründet, wenn die ordentliche Kündigung des Arbeitsverhältnisses mit A unwirksam ist.

I. Eine nach § 623 BGB **formgerechte Erklärung einer fristgerechten Kündigung**, die dem A am 11.03. nach § 130 Abs. 1 BGB zugegangen und damit wirksam geworden ist, liegt vor.

II. A hat fünf Tage nach Zugang der Kündigungserklärung eine Kündigungsschutzklage erhoben, damit die **dreiwöchige Klagefrist des § 4 S. 1 KSchG gewahrt** und den Eintritt der Wirksamkeitsfiktion nach § 7 KSchG verhindert.

III. Fraglich ist, ob **besondere Kündigungsschutzbestimmungen** der Wirksamkeit der Kündigung entgegen stehen.

1. Nach **§ 85 SGB** IX bedarf zwar die **ordentliche Kündigung des Arbeitsverhältnisses mit einem schwerbehinderten Menschen i.S.d. § 2 Abs. 2 SGB IX** der vorherigen Zustimmung des Integrationsamtes, sofern – wie hier – die Ausnahmeregelung des § 90 Abs. 1 SGB IX nicht eingreift. Da jedoch A erst mit Bescheid vom 20.03. rückwirkend als schwerbehinderter Mensch mit einem GdB von 60 anerkannt worden ist, ist fraglich, ob diese Kündigungsschutzbestimmung zugunsten des A eingreift.

Nachweis der Schwerbehinderung gegenüber dem Arbeitgeber bei Kündigungszugang nicht erforderlich

Es wird zwar teilweise unter Berufung auf den Wortlaut des § 90 Abs. 2 a, 1. Alt. SGB IX die Ansicht vertreten, dass der Arbeitnehmer spätestens im Zeitpunkt des Kündigungszugangs den Nachweis der Schwerbehinderung erbringen muss, sodass eine nachträgliche Anerkennung nicht ausreicht. Diese Ansicht übersieht aber, dass der Anerkennungsbescheid lediglich deklaratorische Bedeutung hat und bereits durch die 2. Alt. des § 90 Abs. 2 a SGB IX deutlich zum Ausdruck gebracht wird, dass die Schwerbehinderung bei Kündigungszugang nicht zwingend durch den Anerkennungsbescheid nachgewiesen werden muss, weil in diesem Fall auf das Fehlen der Feststellung der Schwerbehinderung nach § 69 Abs. 1 SGB IX wegen fehlender Mitwirkung abgestellt wird. Im Umkehrschluss folgt daraus, dass der Arbeitnehmer, der – wie hier A – die ihm obliegenden Mitwirkungshandlungen vorgenommen hat, die Möglichkeit der Berufung auf den besonderen Kündigungsschutz nach § 85 SGB IX hat. Da A den Anerkennungsantrag einen Monat vor Kündigungszugang gestellt hat, kann offen bleiben, ob sich zur Vermeidung von Missbrauchsfällen, die mit der Einführung des § 90 Abs. 2 a SGB IX verhindert werden sollen, nur der Arbeitnehmer auf den besonderen Kündigungsschutz nach § 85 SGB IX berufen kann, der mindestens drei Wochen vor Kündigungszugang den Anerkennungsantrag gestellt hat.[133] Die Berufung des A auf den besonderen Kündigungsschutz des § 85 SGB IX ist deshalb nicht dadurch ausgeschlossen, dass er erst nach Kündigungszugang (11.03.) mit Rückwirkung zum 10.02. als schwerbehinderter Mensch i.S.d. § 2 Abs. 2 SGB IX anerkannt worden ist.

2. Die Berufung des A auf den besonderen Kündigungsschutz nach § 85 SGB IX könnte deshalb ausgeschlossen sein, weil U von dem Anerkennungsantrag keine Kenntnis hatte und deshalb vor Ausspruch der Kündigung die erforderliche Zustimmung des Integrationsamtes gar nicht einholen konnte.

Nach der geänderten Rspr. des BAG Berufung des Arbeitnehmers auf den besonderen Kündigungsschutz als schwerbehinderter Mensch bei Unkenntnis des Arbeitgebers bei Kündigungszugang nur dann, wenn innerhalb von drei Wochen nach Kündigungszugang Hinweis auf die Schwerbehinderung bzw. den gestellten Anerkennungsantrag

Nach dem eindeutigen Wortlaut des § 85 SGB IX hängt der besondere Kündigungsschutz der schwerbehinderten Menschen nicht von der Kenntnis des Arbeitgebers, sondern ausschließlich von der objektiv vorliegenden Schwerbehinderung ab. Dementsprechend steht die fehlende Kenntnis des Arbeitgebers von der Schwerbehinderung bzw. dem Anerkennungsantrag dem besonderen Kündigungsschutz nach § 85 SGB IX nicht entgegen. Da jedoch der Arbeitgeber, der von der Schwerbehinderung des gekündigten Arbeitnehmers keine Kenntnis hat, berechtigterweise darauf vertrauen darf, dass die Wirksamkeit der von ihm erklärten Kündigung nicht erst nach längerer Zeit wegen einer ihm bei Kündigungssauspruch unbekannten Schwerbehinderung in Frage gestellt wird, muss der Arbeitnehmer innerhalb einer angemessenen Frist nach Zugang der Kündigung den besonderen Kündigungsschutz geltend machen. Ob diese Frist entsprechend der teilweise in der Lit. in Anlehnung an § 9 MuSchG vertretenen Ansicht zwei Wochen, der früheren Rspr. einen Monat oder in Anlehnung an § 4 S. 1 KSchG drei Wochen entsprechend der geänderten Rechtsprechung des BAG beträgt,[134] kann offen bleiben, weil A die Anerkennung als schwerbehinderter Mensch 13 Tage nach Kündigungszugang mitgeteilt und damit auch die kürzeste Mitteilungsfrist von 2 Wochen eingehalten hat. A kann sich somit auf den besonderen Kündigungsschutz nach § 85 SGB IX berufen

IV. Ergebnis: Die Kündigungsschutzklage des A ist begründet, weil die Kündigung nach § 134 BGB i.V.m. § 85 SGB IX unwirksam ist.

---

133 So die heute ganz h.M., vgl. BAG, Urt. v. 29.11.2007 – 2 AZR 613/06, NZA 2008, 36.
134 Vgl. dazu BAG, Urt. v. 09.06.2011 – 2 AZR 703/09, NZA 2012, 56.

Fall 49: Verlängerung der Befristung oder Neueinstellung?

A war bei U als Koch zu einem monatlichen Gehalt von 2.000 € aufgrund eines auf ein Jahr vom 01.01. bis zum 31.12. befristeten, formgerechten Arbeitsvertrages beschäftigt. Ein Befristungsgrund lag nicht vor. Am ersten Arbeitstag des Folgejahres, dem 02.01, unterzeichneten A und U eine Vereinbarung, nach der der Arbeitsvertrag bei einer Erhöhung der Vergütung um 200 € um sechs Monate bis zum 30.06. „verlängert" wurde. Liegt ein wirksam befristeter Arbeitsvertrag vor?

I. Nach dem Wortlaut der Vereinbarung vom 02.01. liegt ein bis zum 30.06. befristeter Vertrag vor. Fraglich ist, ob die Befristung wirksam ist.

II. Die **Zulässigkeit befristeter Arbeitsverträge richtet sich nach § 14 TzBfG.** Danach ist die Befristung nach § 14 Abs. 1 TzBfG grds. beim Vorliegen eines sachlichen Befristungsgrundes zulässig, der vorliegend fehlt. Nach § 14 Abs. 2 TzBfG ist allerdings auch eine sachgrundlose Befristung ausnahmsweise zulässig, wenn sie eine Gesamtdauer von 2 Jahren nicht überschreitet, wobei innerhalb dieser Gesamtdauer auch eine dreimalige Verlängerung möglich ist. Fraglich ist deshalb, ob die zwischen A und U am 02.01. getroffene Vereinbarung durch § 14 Abs. 2 TzBfG gedeckt ist.

1. Nach dem Wortlaut der Vereinbarung vom 02.01. liegt eine „Verlängerung" des bisher auf ein Jahr befristeten Arbeitsvertrages um weitere sechs Monate vor, sodass die nach § 14 Abs. 2 TzBfG zulässige Gesamtbefristungsdauer von zwei Jahren nicht überschritten ist. Fraglich ist aber, ob die Vereinbarung vom 02.01. tatsächlich eine Verlängerung des bisherigen Arbeitsvertrages i.S.d. § 14 Abs. 2 TzBfG darstellt.

2. Eine Verlängerung setzt bereits begrifflich voraus, dass die Vertragslaufzeit des bisherigen Arbeitsverhältnisses noch nicht abgelaufen ist. Ist dagegen – wie hier – die bisherige Vertragslaufzeit abgelaufen, kann sie nicht mehr verlängert werden. Dementsprechend liegt eine **Verlängerung i.S.d. § 14 Abs. 2 TzBfG** nach ganz h.M. nur dann vor, wenn die Verlängerung noch während der Laufzeit des bisherigen Vertragsverhältnisses vereinbart worden ist. Ist die bisherige Vertragslaufzeit bereits abgelaufen, stellt die „Verlängerungsvereinbarung" einen Neuabschluss eines sachgrundlos befristeten Arbeitsvertrages dar, der wegen des vorangegangenen Arbeitsverhältnisses nach § 14 Abs. 2 S. 2 TzBfG nicht mehr zulässig ist. Vorliegend kommt hinzu, dass nach der Vereinbarung vom 02.01. nicht nur die Dauer des bisherigen Arbeitsverhältnisses bei im Übrigen gleichbleibenden Bedingungen verlängert werden sollte, sondern auch das Gehalt um 200 € erhöht worden ist. Da A nach dem bisherigen Arbeitsvertrag darauf keinen Anspruch hatte, liegt zusätzlich auch eine Änderung des bisherigen Vertragsinhalts vor, was ebenfalls der Verlängerung des bisherigen Arbeitsvertrages i.S.d. § 14 Abs. 2 TzBfG entgegensteht.

III. Ergebnis: Die „Verlängerungsvereinbarung" vom 02.01. stellt tatsächlich eine nach § 14 Abs. 2 S. 2 TzBfG unzulässige Neueinstellung dar, sodass nach § 16 TzBfG ein unbefristeter Arbeitsvertrag besteht. Um die Heilung der Unwirksamkeit der Befristung nach § 7 KSchG zu verhindern, muss A nach § 17 TzBfG innerhalb von drei Wochen nach Befristungsablauf eine sog. Entfristungsklage erheben.

Fall 50: Befristung zur Vertretung oder Dauerbedarf?

A ist seit drei Jahren bei U aufgrund mehrerer befristeter Arbeitsverträge beschäftigt. Hierbei handelte es sich jeweils um auf zwei bis sechs Wochen befristete Verträge, die jeweils unter Hinweis auf den Erholungsurlaub eines bestimmten Arbeitnehmers abgeschlossen wurden. Nachdem der letzte formgerecht abgeschlossene Vertrag, der u.a. eine Befristung für die Dauer von sechs Wochen wegen des Erholungsurlaubs des den Heimaturlaub verbringenden Arbeitnehmers B vorsah, am 30.04. abgelaufen ist und U dem A keinen neuen Arbeitsvertrag angeboten hat, erhebt A am 15.05. Klage auf Feststellung der Unwirksamkeit der Befristungsvereinbarungen. Ist die Klage begründet?

Die Klage ist begründet, wenn das Arbeitsverhältnis zwischen A und U nicht am 30.04. durch Befristungsablauf beendet worden ist.

I. Da A die Klage auf Feststellung der Unwirksamkeit „der Befristungsvereinbarungen" am 15.05., also entsprechend § 17 S. 1 TzBfG innerhalb von drei Wochen nach Ablauf der letzten Befristungsvereinbarung erhoben hat, kann er die Unwirksamkeit der bis zum 30.04. vereinbarten Befristung geltend machen. Die davor liegenden befristeten Arbeitsverträge gelten dagegen wegen der Versäumung der dreiwöchigen Klagefrist des § 17 S. 1 TzBfG aufgrund der Fiktion des § 7 KSchG, der nach § 17 S. 2 TzBfG entsprechend gilt, als wirksam. A kann deshalb nur die Unwirksamkeit der letzten Befristungsvereinbarung geltend machen.

II. Die letzte Befristungsvereinbarung wurde wegen des Erholungsurlaubs des den sechswöchigen Heimaturlaub verbringenden B vereinbart, sodass die Befristung nach § 14 Abs. 1 Nr. 3 TzBfG zulässig sein könnte.

1. Die Zulässigkeit einer unter Berufung auf einen Sachgrund vereinbarten Befristung setzt nach § 14 Abs. 1 TzBfG – anders als die sachgrundlose Befristung, § 14 Abs. 2 S. 2 TzBfG – nicht voraus, dass zwischen den Parteien zuvor kein Arbeitsverhältnis bestand. Die Befristung ist somit nicht bereits deshalb unwirksam, weil zwischen A und U (wirksam nach § 7 KSchG i.V.m. § 17 S. 2 TzBfG) befristete Arbeitsverhältnisse bestanden.

2. Fraglich ist, ob die zur Vertretung des sich im Erholungsurlaub befindlichen B vereinbarte Befristung nach § 14 Abs. 1 Nr. 3 TzBfG wirksam ist.

Der sachliche Rechtfertigungsgrund bei den Vertretungsfällen besteht darin, dass nur ein vorübergehender Beschäftigungsbedarf wegen eines zeitweiligen Ausfalls der Stammkraft besteht, sodass die Prognose des Arbeitgebers über den voraussichtlichen Wegfall des Vertretungsbedarfs durch Rückkehr der Stammkraft ein Teil des Sachgrundes ist. Da hier mit der Beschäftigung des A während des Urlaubs der einzelnen Arbeitnehmer, der eingeplant werden muss, erst die Personalstärke erreicht wurde, die zur Erledigung des regelmäßigen Arbeitsanfalls erforderlich war, liegt kein vorübergehender Bedarf, sondern eine „Dauervertretung" vor, die eine Befristung nach § 14 Abs. 1 Nr. 3 TzBfG nicht rechtfertigt.

III. Ergebnis: Die Klage ist begründet, weil die Befristung nicht nach § 14 Abs. 1 Nr. 3 TzBfG wirksam ist. Zwischen A und U besteht deshalb nach § 16 TzBfG ein unbefristetes Arbeitsverhältnis.